中国轨道交通
安全风险管控与隐患排查

刘永勤　高爱林　王思锴　主编

中 国 计 划 出 版 社

图书在版编目（CIP）数据

中国轨道交通安全风险管控与隐患排查 / 刘永勤主编. -- 北京 : 中国计划出版社, 2017.12
ISBN 978-7-5182-0741-1

Ⅰ. ①中… Ⅱ. ①刘… Ⅲ. ①城市铁路－铁路施工－安全管理 Ⅳ. ①U239.5

中国版本图书馆CIP数据核字(2017)第268897号

中国轨道交通安全风险管控与隐患排查
刘永勤　高爱林　王思锴　主编

中国计划出版社出版
网址：www.jhpress.com
地址：北京市西城区木樨地北里甲11号国宏大厦C座3层
邮政编码：100038　电话：(010) 63906433（发行部）
新华书店经销
北京东君印刷厂印刷

787mm×1092mm　1/16　17印张　409千字
2017年12月第1版　2017年12月第1次印刷

ISBN 978-7-5182-0741-1
定价：62.00元

本书编委会

主　　编：刘永勤　高爱林　王思锴

编　　委：王　彪　曹宝宁　张建全　周瑞敏　昝海柱
赵志国　杨　阳　吴洪强　邵　瑞　王　峰
闫宇蕾　刘　丹　许　鑫　李芳凝　陈殿干
岳玉强　李　东　李　范　徐国勇

组织编写：北京城建勘测设计研究院有限责任公司

前　言

近年来，我国城市轨道交通工程建设不断提速，呈现高速发展态势，未来十几年，全世界城市轨道交通建设投资四分之三集中在中国。由于地铁工程受地质复杂性、环境严格性、工艺多样性影响，为高风险工程，随着建设规模逐年增长，有经验、有能力的管理技术力量不断稀释摊薄，管理难度加大，安全生产事故总量呈现逐年上升的趋势，安全生产管理工作形势较为严峻，迫切需要采取新的管理手段，从体制机制建设上攻克安全管理的难题。

本书根据中共中央国务院《关于推进安全生产领域改革发展的意见》（中发〔2016〕32号）《关于实施遏制重特大事故工作指南构建双重预防机制的意见》（安委办〔2016〕11号）等文件的指导思想，总结了城市轨道交通工程建设各阶段安全风险分级管控、隐患排查治理职责划分及管控要点，结合信息化、数字化技术手段，通过视频监控、现场监测、现场巡查等方式，形成了一套轨道交通工程现场安全风险管控和隐患排查治理工作实施流程。

全书共分为安全技术风险管理、安全隐患排查治理、信息化技术应用、全国典型城市案例四部分，14个章节，第1章概述了构建双重预防机制的必要性及现状；第2～6章介绍了安全风险管控概述、各参建单位管理要点、勘察与环境调查技术措施、监测技术措施、巡视要点；第7～11章介绍了隐患排查概述、各参建单位管理要点及施工期、装饰装修铺轨及设备安装阶段、试运营阶段的管理要点；第12章和第13章介绍了安全风险及隐患排查信息化系统及远程自动化实时监测系统；第14章以北京、天津、宁波、青岛、西安五个城市为实例，介绍了城市轨道交通风险分级管控及隐患排查治理的具体做法。

由于编者水平有限，难免有疏漏和不当之处，恳请读者批评指正。

本书编委会

2017年12月

目　录

安全技术风险管理篇

安全隐患排查治理篇

第1章　绪　　论

1.1　中国轨道交通安全风险管控与隐患排查的必要性和紧迫性

近年来，中国城市轨道交通建设进入高峰期。在进入21世纪后的10余年间，中国的城市轨道交通建设完成了发达国家一百年的发展历程。截至2016年9月，我国有27座城市开通轨道交通，运营总里程约3481.34km。预计到2020年，我国城市轨道交通规划总里程超过8500km，全国规划建设城市轨道交通的城市将达到50座左右。

城市轨道交通工程是一项复杂的高风险性系统工程，建设过程中受到地质条件、周边环境、工艺工法等多种因素的影响，大规模、高速度的建设使得工程质量安全管理难度加大。近年来，尽管城市轨道交通工程质量安全管理水平有了较大的提升，但是工程质量安全事故仍时有发生，以以下33件案例为例（根据网络报道信息），可以看出事故的类型主要有管线破坏，道路塌陷，开挖面或掌子面涌水、涌砂，高空坠落，物体打击，爆炸，火灾，电击等事故，具体参见表1-1。为了减少在后续的轨道交通建设过程中的安全质量问题，完善城市轨道交通安全技术风险管理及安全隐患排查工作是必要的。

表1-1　城市轨道交通质量安全事故（事件）案例表

城市	基本情况	事故类型	原因分析	伤亡情况或社会影响
北京	2014年3月23日，北京地铁昌平线二期06标	坍塌		1人伤亡
	2014年4月4日，北京东四环大郊亭桥西约200米处地面	坍塌		部分道路及管道断裂，交通严重拥堵
	2014年12月7日，北京7号线地铁广渠门内站	其他	电焊作业造成	起火面积达$10m^2$，无人员伤亡
深圳	2015年6月25日，深圳7号线7304-1标福皇盾构区间盾构换刀引起地面坍塌	道路塌陷	换刀前未进行地面注浆加固且存在违规换刀	1人死亡，4人受伤
	2016年6月28日，在深圳龙岗坂田布龙路与五和大道交会处铁路桥下，在建的地铁10号线工地发生一起管道被挖，发生泄漏的意外事故	管线破坏	管线调查不实；未按要求物探；现场监管缺失	无伤亡；社会影响大，疏散附近大量居民

续表 1-1

城市	基本情况	事故类型	原因分析	伤亡情况或社会影响
南昌	2016 年 1 月 25 日，地铁 2 号线 3 标段施工单位中铁十八局地面巡查人员发现在丰和南大道公交站台附近出现地面塌陷	道路塌陷	原因不明	无伤亡；道路交通中断
	2016 年 5 月 14 日，南昌地铁 2 号线八一广场站施工现场邻近道路因涌砂涌水出现塌陷，塌陷面积达几十平方米	道路塌陷	基坑桩间土控制不力；降雨量多，地下水位上涨；管线破裂加剧地层损失	无伤亡；道路交通中断
	2016 年 6 月 18 日，南昌地铁 2 号线 3 标段盾构机在穿越丰和立交附近时，突然出现涌水涌砂现象。巡查发现路面出现塌陷	掌子面涌水、涌砂；道路塌陷	降雨量大，地下水位上涨，原道路为极细砂回填，地质条件差	无伤亡；道路交通中断
沈阳	2015 年 5 月 11 日，沈阳地铁十号线沈河区“泉园一路”站	塌陷		1 人死亡
	2016 年 6 月 30 日，沈阳地铁 9 号线（兴华公园站）兴华南街南九马路路口东北侧路面塌陷	道路塌陷	兴华南街九马路路东国美电器门前因暴雨持续冲刷造成（电力）管沟漏水，引发路面塌陷	无伤亡；局部交通中断
	2016 年 7 月 25 日，沈阳地铁 9 号线兴华南街南九马路路口东北侧路面塌陷（与 6 月 30 日事故发生部位接近）	道路塌陷		无伤亡；局部交通中断
长春	2016 年 6 月 29 日 15 时 10 分，地铁 1 号线 09 标段长春站南广场至北京大街盾构区间联络通道（人民大街与珠江路交会处）在开挖过程中发生涌水涌砂，6 月 30 日 0 时 45 分许，引起路面塌陷	道路塌陷（长 15m、宽 15m、深 4m）	施工区域上方存在水囊，隧道开挖过程中发生突涌	无伤亡；道路交通中断
杭州	2015 年 11 月 28 日，杭州地铁 4 号线甬江路施工发生基坑涌水	基坑涌水	地连墙施工存在质量缺陷	路面塌陷
	2016 年 7 月 8 日，杭州地铁 4 号线南段中医药大学站南基坑施工时，发生基坑土体突涌	基坑突涌	土质条件比较复杂，局部软土，局部粉砂土，土本身差异较大；雨水多，土体强度下降，渗漏风险大	4 人轻伤，4 人死亡；社会影响极其恶劣
	2016 年 7 月 31 日，杭州地铁 4 号线春富路发生路面塌陷	路面塌陷	盾构接受条件差，地质环境复杂	市民中心站进水
	2016 年 8 月 28 日，南星桥处施工时挖破管线	挖破管线	探沟开挖工法选择不当	天然气泄漏

续表 1-1

城市	基本情况	事故类型	原因分析	伤亡情况或社会影响
武汉	2013 年 9 月 18 日，武汉市汉阳区轨道交通四号线二期第 10 标工程	触电		2 人死亡
	2015 年 1 月 2 日，武汉 3 号线市宏区间施工造成燃气泄漏、积聚发生爆炸	爆炸	隧道施工盾构范围内有燃气管道侵限，造成盾构机刀盘直接擦过	死亡 2 人
	2015 年 10 月 27 日，武汉 6 号线江汉路站劳务工在绑扎钢筋时被钢筋砸中	其他		死亡 1 人
	2016 年 7 月 17 日，6 号线一期工程琴台站至武胜路站区间左线 DK16＋505 盾构隧道处，因持续降雨水位升高，造成地下水水压过高，引起隧道内局部涌水涌砂	盾构隧道内涌水、涌砂	由于持续降雨水位升高，汉江附近地下水水压过高所致	无伤亡；风险危害大
福州	2016 年 8 月 9 日晚 8 时许，福州地铁屏山站施工点（风井）失火，现场浓烟滚滚	火灾（阴燃）	配电箱火星引燃废料所致	无伤亡；未造成太大影响
昆明	2016 年 8 月 10 日，雨水倒灌进入在建隧道内	其他	地铁附近有一条暗河突然涨水，倒灌进地铁隧道	无伤亡；未造成太大影响
兰州	2014 年 4 月 28 日，兰州地铁 1 号线施工工地东方红广场段	坍塌	进行污水管道改造作业	2 人死亡
	2015 年 10 月 21 日，兰州东岗车辆基地发生火灾事故	火灾事故	施工现场管理方面存在很多的问题，对现场存在的风险和隐患意识不到；施工单位应急管设施不全，现场消防水池蓄水量不足，应急抢险组织不当	运用库主体过火面积约 500 平方米
宁波	2014 年 5 月 10 日，宁波市轨道交通 1 号线公共装饰Ⅲ标工程	高空坠落	违规操作	1 人死亡
	2014 年 8 月 3 日，宁波市轨道交通 2 号线一期高架土建工程施工 TJ2111 标段	高空坠落	违规操作	1 人死亡
	2015 年 5 月 4 日，宁波市鄞州区，轨道交通 1 号线一期天童庄车辆段与综合基地±0. 00 以上工程施工Ⅱ标	高空坠落	违规操作	2 人死亡
	2015 年 9 月 15 日，轻纺城站 A 区发生吊装坠物	高空坠落	现场防护不到位等	轻伤 1 人
厦门	2015 年 8 月 25 日，1 号线将军祠至文灶站区间发生地表塌陷	地表塌陷	连日暴雨地表水渗透造成隧道上方一根直径 600mm 给水管周边土体软化，失去径向支撑作用	施工围挡一侧待拆除危房局部外墙坍塌

续表 1-1

城市	基 本 情 况	事故类型	原因分析	伤亡情况或社会影响
苏州	2014 年 8 月 15 日，苏州Ⅳ-TS-06 标人民路与大石头巷交叉口西侧乐桥站起重机失稳侧翻	汽车吊倾覆	违规操作	干将路至道前街交通中断约 5 小时，造成 3 辆社会车辆受损，临近房屋 3 处受损
	2015 年 12 月 28 日，苏州Ⅲ-TS-12 标东兴路站油漆工在对塔吊涂刷油漆时不慎跌落	高处坠落	总包单位对进场作业人员安全教育不到位、对施工现场监管不到位	致 1 人死亡
南京	2014 年 5 月 4 日，南京地铁四号线九华山站	地基渗水	违规作业	1 人死亡
	2014 年 12 月 3 日，南京地铁 3 号线夫子庙站 2 号出入口	吊机侧翻	违规作业	2 死 2 伤，5 辆小轿车、1 辆电动车不同程度损坏
	2014 年 12 月 17 日，南京玄武区蒋王庙的地铁四号线隧道工地	钢筋架垮塌	进行钢筋捆扎的时候，发生钢筋骨架倾覆事故	4 死 3 伤
	2015 年 10 月 29 日，南京地铁 4 号线施工地附近，北京东路和龙蟠中路交叉口	路面塌陷	位于沙流层特殊地质，推动闸门发生喷涌	一辆救护车车胎卡在了里面
天津	2014 年 7 月 25 日，天津市南开区地铁中央广场（南马路五金城）工程	高处坠落	悬挑式卸料平台倒运材料时平台突然坠落	1 人死亡
	2015 年 3 月 29 日，天津 6 号线南大区间发生隧道透水事件	隧道透水	施工单位强制纠偏，纠偏量严重超标，盾构机姿态调整量过大，造成管片破损透水	隧道变形，路面塌陷
青岛	2014 年 3 月 7 日，青岛市地铁 2 号线土建二标 03 工区海啤区间 2 号井	物体打击	违规作业	1 人死亡

1.2　概　　念

1.2.1　安全风险概念

城市轨道交通工程安全风险是指潜在发生事故的工程自身［如基坑工程、盾构区间工程、浅埋暗挖（区间）工程及其附属设施等工程］及在其影响范围内的周边环境［如周边建（构）筑物、道路、管线等］的复杂工程集合体，它反映一个工程由于工程施工和地质、环境相互影响、相互作用的复杂风险关系。

1.2.2 安全质量隐患概念

城市轨道交通安全质量隐患是指违反城市轨道交通相关法律、法规、规章、标准、规程和安全质量管理制度的规定或因工程技术措施不足，安全质量管理不到位等其他因素，存在可能导致物体打击、坍塌、施工机具伤害等安全事故，或隧道不均匀沉降、耐久性差等质量缺陷的物的不安全状态、人的不安全行为和管理上的缺陷。

隐患排查是用系统安全的分析方法，对企业生产经营场所或活动中的人、机、料、法、环进行综合分析，将隐性的影响安全生产的管理缺陷、技术缺陷、设备缺陷等因素查找出来，以便采取相应的措施消除这些不安全因素，保证系统的安全运行。隐患排查可以根据原因分析推论结果，也可以根据结果分析查找原因，即假设一个结果（如事故），或假设一个原因（如人的不安全行为、物的不安全状态、管理缺陷），通过分析研究，把可能产生的问题按因果关系排列出来，然后逐个问题进行分析、审查、调查，把可能造成危险源失控的危险有害因素即事故隐患查找出来。

1.3 现行法规、标准及政策导向

1.3.1 法律法规及规范性文件

1. 国家层面

现行相关法律法规对工程建设安全风险管理及相关隐患排查做了严格的规定（如建筑法、安全生产法、生产安全事故隐患排查治理规定等），对建设工程质量安全管理及隐患排查内容、各主体责任做了明确的规定，但目前尚无专门针对轨道交通工程的相关法律法规。具体的见表1-2。

表1-2　近年来对轨道交通工程安全风险管理及隐患排查政府文件一览

序号	名　称
1	国务院安委会办公室关于实施遏制重特大事故工作指南构建双重预防机制的意见（安委办〔2016〕11号）
2	国务院关于进一步加强企业安全生产工作的通知（京建法〔2016〕13号）
3	国务院办公厅关于加强城市快速轨道交通建设管理的通知（国办发〔2003〕81号）
4	关于加强地铁建设和运营安全管理工作的紧急通知（建质电〔2007〕21号）
5	地铁及地下工程建设风险管理指南（试行）（建质〔2007〕254号）
6	住房和城乡建设部关于进一步加强地铁建设安全管理工作的紧急通知（建质电〔2008〕118号）
7	关于加强重大工程安全质量保障措施的通知（发改投资〔2009〕3183号）
8	危险性较大分部分项工程安全管理办法（建质〔2009〕87号）
9	城市轨道交通工程安全质量管理暂行办法（建质〔2010〕5号）
10	国务院安委会办公室关于建立安全隐患排查治理体系的通知（安委办〔2012〕1号）
11	城市轨道交通工程设计文件编制深度规定（建质〔2013〕160号）
12	城市轨道交通建设工程质量安全事故应急预案管理办法（建质〔2014〕34号）
13	城市轨道交通建设工程验收管理暂行办法（建质〔2014〕42号）

续表 1-2

序号	名　称
14	中华人民共和国安全生产法
15	生产安全事故隐患排查治理暂行规定
16	国务院安委会办公室关于在中央企业开展安全生产隐患排查治理专项行动的指导意见（安委会〔2007〕18号）
17	国务院安委会办公室关于各地对安全生产隐患排查治理专项行动进行检查监督的指导意见（安委办明电〔2007〕11号）
18	国务院安委会办公室关于各地对安全生产隐患排查治理专项行动进行检查监督的指导意见（安委办明电〔2009〕1号）
19	十八届三中全会关于全面深化改革若干重大问题的决定

《国务院安委会办公室关于实施遏制重特大事故工作指南构建双重预防机制的意见》提出：

（1）着力构建企业双重预防机制。从全面开展安全风险辨识、科学评定安全风险等级、有效管控安全风险、实施安全风险公告警示、建立完善隐患排查治理体系等五个方面，对双重机制的构建提出了要求。

（2）强化政策引导和技术支撑。从完善相关政策措施，深入推进企业安全生产标准化建设，充分发挥第三方服务机构作用，强化智能化、信息化技术的应用等四个方面，提出了意见。

（3）有关工作要求。分别就强化组织领导、强化示范带动，强化舆论引导，强化督促检查等四个方面，提出了意见。

《国务院关于进一步加强企业安全生产工作的通知》提出：

（1）及时排查治理安全隐患。企业要经常性开展安全隐患排查，并切实做到整改措施、责任、资金、时限和预案“五到位”。建立以安全生产专业人员为主导的隐患整改效果评价制度，确保整改到位。对隐患整改不力造成事故的，要依法追究企业和企业相关负责人的责任。对停产整改逾期未完成的不得复产。

（2）加强建设项目安全管理。强化项目安全设施核准审批，加强建设项目的日常安全监管，严格落实审批、监管的责任。企业新建、改建、扩建工程项目的安全设施，要包括安全监控设施和防瓦斯等有害气体、防尘、排水、防火、防爆等设施，并与主体工程同时设计、同时施工、同时投入生产和使用。严格落实建设、设计、施工、监理、监管等各方安全责任。

《城市轨道交通工程安全质量管理暂行办法》是首部针对城市轨道交通工程建设安全质量管理的规范性文件，其主要以两法三条例为上位法，结合城市轨道交通工程特点和既有管理经验，对工程建设相关各方（建设、勘察设计、施工、监理、监测等主体）的安全质量责任权利等进行了固化和强化，主要规定了周边环境保护、安全风险评估与管理、第三方监测、工期及造价控制、专项工作及专家论证、关键节点条件验收、应急管理等七项关键制度，涉及安全风险管理的条款主要有：

（1）建设单位对工程项目管理负总责。建设单位必须建立健全安全质量责任制和管理制度，设置安全质量管理机构，配备与建设规模相适应的安全质量管理人员，对勘察、设计、施工、监理、监测等单位进行安全质量履约管理。

（2）建设单位应当在初步设计阶段组织开展城市轨道交通工程安全质量风险评估（含建设工期、造价对工程安全质量影响性评估）并组织专家论证，同时按照有关规定组织专家进行抗震、抗风等专项论证。建设单位在报送初步设计文件审查时，应当提交经专家论证的安全质量风险评估报告。

（3）建设单位应当及时组织勘察单位向设计单位进行勘察文件交底，在施工前组织勘察、设计单位向施工、监理、监测等单位进行勘察、设计文件交底。勘察、设计文件交底应当重点说明勘察、设计文件中涉及工程安全质量的内容，并形成文字记录，由各方签字并盖章。

（4）勘察单位提交的勘察文件应当真实、准确、可靠，符合国家规定的勘察深度要求，满足设计、施工的需要，并结合工程特点明确说明地质条件可能造成的工程风险，必要时针对特殊地质条件提出专项勘察建议。

（5）设计单位提交的设计文件应当符合国家规定的设计深度要求，并应根据工程周边环境的现状评估报告提出设计处理措施，必要时进行专项设计。设计文件中应当注明涉及工程安全质量的重点部位和环节，并提出保障工程安全质量的设计处理措施。施工图设计应当包括工程及其周边环境的监测要求和监测控制标准等内容。

（6）设计单位应当对安全质量风险评估确定的高风险工程的设计方案、工程周边环境的监测控制标准等组织专家论证。

（7）施工单位应当按照有关规定对危险性较大分部分项工程（含可能对工程周边环境造成严重损害的分部分项工程）编制专项施工方案。对超过一定规模的危险性较大分部分项工程专项施工方案应当组织专家论证。

（8）监测单位应当根据勘察设计文件、安全质量风险评估报告、监测合同及有关资料编制第三方监测方案，经专家论证并经监测单位主要负责人签字后实施。监测单位应当按照第三方监测方案开展监测和巡视工作，及时向建设、监理、设计单位提供监测报告。发现异常时，立即向建设单位反馈。

《安全生产事故隐患排查治理暂行规定》是为了建立安全生产事故隐患排查治理长效机制，强化安全生产主体责任，加强事故隐患监督管理，防止和减少事故，保障人民群众生命财产安全，根据安全生产法等法律、行政法规，制定的规定，涉及安全隐患排查的条款主要有：

（1）任何单位和个人发现事故隐患，均有权向安全监管监察部门和有关部门报告。安全监管监察部门接到事故隐患报告后，应当按照职责分工立即组织核实并予以查处；发现所报告事故隐患应当由其他有关部门处理的，应当立即移送有关部门并记录备查。

（2）安全监管监察部门应当建立事故隐患排查治理监督检查制度，定期组织对生产经营单位事故隐患排查治理情况开展监督检查；应当加强对重点单位的事故隐患排查治理情况的监督检查。对检查过程中发现的重大事故隐患，应当下达整改指令书，并建立信息管理台账。必要时，报告同级人民政府并对重大事故隐患实行挂牌督办。

（3）安全监管监察部门应当会同有关部门把重大事故隐患整改纳入重点行业领域的安全专项整治中加以治理，落实相应责任。

《安全生产法》第38条规定：“生产经营单位应当建立健全生产安全事故隐患排查治

理制度，采取技术、管理措施，及时发现并消除事故隐患。事故隐患排查治理情况应当如实记录，并向从业人员通报。”

党的十八届三中全会通过的《中共中央关于全面深化改革若干重大问题的决定》提出：深化安全生产管理体制改革，建立隐患排查治理体系和安全预防控制体系，遏制重特大安全事故。

2. 地方层面

据不完全统计，目前，全国有多个城市针对城市轨道交通安全风险管理和隐患排查治理专门制定了地方法规或规章制度，见表 1-3。

表 1-3 轨道交通建设主要地方性法规一览表

序号	名 称
1	南京市轨道交通管理条例（南京市人民代表大会常务委员会 公告 第 6 号 2008 年）
2	广州市城市轨道交通管理条例（广州市第十三届人民代表大会常务委员会 公告 第 18 号 2008 年）
3	西安市城市轨道交通管理条例（西安市人民代表大会常务委员会 公告 第 75 号 2011 年）
4	重庆市城市轨道交通管理办法（重庆市人民代表大会常务委员会 公告 第 176 号 2011 年）
5	天津市轨道交通管理规定（津政令第 101 号 2006 年，市人民政府第 70 次常务会议通过）
6	沈阳市城市轨道交通建设管理办法（沈阳市人民政府令 第 2 号 2008 年）
7	深圳市地下铁道建设管理暂行规定（深圳市人民政府令第 101 号 2001 年）
8	上海市轨道交通管理条例（上海市人民代表大会常务委员会公告 第 5 号 2013 年）
9	武汉市轨道交通管理条例（武汉市人民代表大会常务委员会 2012 年）
10	长沙市轨道交通管理条例（武汉市人民代表大会常务委员会 2012 年）
11	安徽省生产安全事故隐患排查治理办法（安徽省人民政府令 第 259 号 2015 年）
12	河南省安全生产事故隐患排查治理办法（河南省人民政府令 第 173 号 2016 年）
13	北京市安全生产事故隐患排查治理办法（北京市人民政府令 第 266 号 2015 年）暂未有效
14	贵阳市安全生产事故隐患排查治理办法（贵阳市人民政府令 第 29 号 2015 年）
15	青岛市安全生产事故隐患排查治理办法（青岛市人民政府令 第 225 号 2013 年）
16	郑州市生产安全重大事故隐患排查治理办法（郑州市人民政府 第 194 号 2006 年）
17	辽宁省重特大生产安全事故隐患排查治理办法（辽宁省人民政府 第 205 号 2007 年）
18	上海市安全生产事故隐患排查治理办法（上海市人民政府令 第 91 号 2012 年）
19	山东省重特大生产安全事故隐患排查治理办法（山东省人民政府 第 177 号 2005 年）
20	北京市轨道交通运营安全条例（北京市人民代表大会常务委员会 第 7 号 2015 年）尚未生效
21	深圳市城市轨道交通运营管理办法（深圳市人民政府令 第 278 号 2015 年）
22	福州市轨道交通运营管理办法（福州市人民政府令 第 68 号 2016 年）
23	杭州市城市轨道交通运营管理办法（杭州市人民政府令 第 268 号 2012 年）

上述各地方法规主要规定了城市轨道交通的规划和建设管理、地铁保护区管理、运营管理和应急处理等内容，部分地方法规规定的建设安全管理及责任、工程监测、风险评估等制度：

上述各地方法规主要规定了城市轨道交通的安全风险管理、隐患排查、试运行等内容。

（1）安全风险管理。

南京规定：（第十三条）轨道交通工程建设项目的勘察、设计、施工、监理等，应当遵守法律、法规，执行相关技术标准，并且符合保护周围的建筑物、构筑物以及其他相关设施的规定。

广州规定：（第九条）城市轨道交通工程建设应当遵守有关建设安全管理的法律、法规，符合技术标准和规范的要求，建立并执行建设过程动态安全监测制度。

西安规定：（第十三条）城市轨道交通工程建设实行安全质量管理责任制。建设单位必须建立安全质量管理制度，设置专门的安全质量管理机构，对勘察、设计、施工、监理、监测等单位实施安全质量履约管理。

重庆规定：（第十三条）轨道交通建设单位负责组织实施轨道交通工程建设。承担轨道交通勘察、设计、施工、监理、施工图审查、监测、质量检测等工作的单位应当具备相应资质，按照各自职责，依法承担质量、安全等相应责任。（第十五条）轨道交通工程初步设计阶段，建设单位应当组织开展安全质量风险评估并组织专家论证。建设单位报送初步设计审查时，应当提交经专家论证的风险评估报告。（第十六条）轨道交通工程建设实行第三方监测制度，建设单位应当委托工程监测单位和质量检测单位进行第三方监测和质量检测。建设单位应当根据监测情况采取措施，保证工程安全。

天津规定：（第十条）轨道交通工程建设项目的勘察、设计、施工、监理，应当通过招标投标，由具备相应资质等级的单位承担。

沈阳规定：（第二十二条）轨道交通建设使用地下空间，应当按国家有关规定进行建设和管理，并采取必要措施防止和减少对地上周围已有建筑物、构筑物的损失和影响，保证其安全。

安徽规定：（第八条）排查事故隐患可以采用企业自查、委托为安全生产提供技术或者管理服务的机构排查、负有安全生产监督管理职责的部门监督检查等方式。无法明确责任单位的事故隐患，由所在地县级人民政府确定有关单位负责排查治理。

上海规定：（第十条）轨道交通项目的建设应当采取措施，防止和减少对上方和周围已有建筑物、构筑物的影响，保障其安全。

另外，各地主管部门陆续出台了较多的针对安全风险管理的地方性规范文件。以北京为例，近几年颁布了《关于北京市轨道交通工程建设实施现场视频监控、门禁智能监控和量测监控的通知》（京建质〔2009〕91号）、《关于进一步加强施工现场监控的通知》（京轨建安字〔2009〕30号）、《北京市建设委员会关于加强北京市轨道交通工程施工安全质量管理意见》的通知（京建施〔2009〕140号）、《北京市轨道交通建设工程重要部位和环节施工前条件验收暂行管理办法》（京建发〔2009〕746号）、《北京市住房和城乡建设管理委员会关于印发〈关于加强盾构机安全使用管理的规定〉的通知》（京建法〔2009〕4号）、《关于防范暗挖施工造成城区道路坍塌的实施意见》（京建发〔2013〕288号）等。

上海轨道交通主管部门发布的《上海市人民政府关于进一步加强本市轨道交通管理的意见》（沪府发〔2012〕38号），在第三部分内容中关于落实进一步加强本市轨道交通管理的措施的章节，第二部分规范工程建设中有相关要求：建立施工阶段安全评估机制，开展专项安全评估，及时发现并有效排除安全隐患。

苏州市轨道交通主管部门发布了《关于加强轨道交通工程关键工序节点验收工作的通知》（苏建质〔2008〕58号）、《关于进一步加强轨道交通工程盾构进出洞作业风险控制的通知》苏建质〔2008〕51号、《关于吸取杭州地铁事故教训加强我市轨道交通工程基坑施工安全工作的通知》(苏建安监〔2008〕16 号）等。

重庆市轨道交通主管部门发布了关于印发《重庆市轨道交通第三方监测管理暂行办法》的通知（渝建发〔2014〕21 号)。

南宁市轨道交通主管部门发布了《南宁市城市轨道交通建设工程验收管理办法（试行)》(南建质安〔2014〕59 号)、南宁市城乡建设委员会关于加强南宁市轨道交通工程建设关键节点施工前条件验收的通知（试行)〔2013〕等。

（2）隐患排查治理。

安徽规定：（第四条）生产经营单位是事故隐患排查治理的责任主体，应当建立全员负责的事故隐患排查治理体系。

河南规定：（第四条）事故隐患排查治理坚持生产经营单位全面负责、政府部门依法监管、社会和群众广泛参与以及属地管辖、行业监管、分级负责的原则，实行生产经营单位自查、自报、主治和政府部门监督管理的排查治理工作机制。

北京规定：（第十条）生产经营单位应当建立健全事故隐患排查治理制度，细化和明确从业人员、基层班组等基层作业单位和工艺、技术、设备等部门，事故隐患排查的具体内容、周期、责任等事项，对事故隐患的排查、登记、报告、监控、治理、验收各环节和资金保障等事项做出具体规定。

贵阳规定：（第二十八条）重大事故隐患治理完成后、上报申请验收前，有条件的单位应当组织本单位的技术人员和专家对重大事故隐患的治理情况进行评估；其他生产经营单位应当委托具备相应资质的安全生产技术、管理服务机构对重大事故隐患的治理情况进行评估。安全生产技术、管理服务机构对出具的评估结论承担法律责任。

青岛规定：（第三十三条）安全监管部门和有关部门的工作人员玩忽职守、滥用职权、徇私舞弊的，由其所在单位或者上级主管部门依法给予处分；构成犯罪的，依法追究刑事责任。

郑州规定：（第十条）生产经营单位应当开展经常性的安全生产检查活动，运用预先危险分析、故障危险分析、事故树分析、故障树分析等方法，查找各类事故隐患。

辽宁规定：（第九条）难以确认和立即排除的事故隐患，生产经营单位应当按照省有关事故隐患评估的规定及时组织专家进行评估，并编制事故隐患评估报告书。

上海规定：（第十条）生产经营单位应当加强对从业人员开展安全教育培训，保证其熟悉安全管理规章制度，具备与岗位职责相适应的技术能力和安全作业知识。

山东规定：（第九条）经评估属于重特大事故隐患的，生产经营单位应当根据评估报告书制定重特大事故隐患治理方案。

（3）试运行。

北京、深圳、杭州、福州均规定，在项目完工之后，建设单位对轨道交通建设初验合格后，建设单位应当向运营单位提供技术档案和相关资料，并配合运营单位开展试运行工作，对设备、设施进行调试和安全测试。试运行期限不得少于 3 个月，并且试运行期间不得进行载客运营。

1.3.2 技术标准规范

1. 国家标准

截至目前，针对城市轨道交通工程的标准规范基本健全，涉及安全风险管理及安全隐患排查的相关内容的标准规范见表 1-4：

表 1-4 针对城市轨道交通工程的标准规范一览表

序号	名 称	编 号
1	项目风险管理 应用指南	GB/T 20032—2005
2	风险管理 原则与实施指南	GB/T 24353—2009
3	风险管理 术语	GB/T 23694—2009
4	城市轨道交通技术规范	GB 50490—2009
5	城市轨道交通地下工程建设风险管理规范	GB 50652—2011
6	城市轨道交通建设项目管理规范	GB 50722—2011
7	地铁工程施工安全评价标准	GB 50715—2011
8	风险管理 风险评估技术	GB/T 27921—2011
9	城市轨道交通岩土工程勘察规范	GB 50307—2012
10	地铁工程设计规范	GB 50157—2013
11	城市轨道交通工程监测技术规范	GB 50911—2013
12	城市轨道交通工程安全控制技术规范	GB/T 50839—2013
13	铁路应用 机车车辆 电气隐患防护的规定	GB/T 21414—2008
14	铁路轨排铺轨机	GB/T 25339—2010
15	电气设备的安全 风险评估和风险降低 第 4 部分：风险降低	GB/T 22696.4—2011
16	轨道交通 设备环境条件 第 1 部分：机车车辆设备	GB/T 32347.1—2015
17	城市轨道交通试运营基本条件	GB/T 30013—2013

其中，现行国家标准《城市轨道交通地下工程建设风险管理规范》GB 50652—2011 是国内首部针对城市轨道交通工程建设的风险管理规范，是当前城市轨道交通工程风险管理工作的主要依据。主要规定了：风险管理的原则、程序、内容与方法，风险等级标准及判据，工程建设全过程和各阶段环节包括规划、可研、勘察与设计（总体、初设、施工图）、招标投标与合同签订、施工（施工准备期、施工期，土建、车辆及机电系统安装与调试、试运行和竣工验收）的风险管理内容、工作要点和形成成果等。主要条款有：

（1）城市轨道交通地下工程风险管理，应从规划、可行性研究、勘察设计、施工甚至竣工验收并交付使用，实施全过程的建设风险管理。

（2）城市轨道交通地下工程建设风险管理应根据工程建设阶段、规模、重要性程度及建设风险管理目标等制定风险等级标准。

（3）规划阶段安全风险管理应完成下列工作：编制工程建设风险识别清单；分析工程建设（包括运营阶段）中潜在的重大风险（Ⅰ级和Ⅱ级风险）因素；评估多种规划方案的建设风险；提出风险处置方案；编写工程建设风险评估报告，给出风险清单、不同规划方案进行对比，并应提出重大建设风险的处置措施。

（4）可研阶段安全风险管理应完成下列工作：城市轨道交通地下工程现场风险调查；工程可行性方案风险分析评估，重大关键节点工程进行专项风险评估；重要、特殊的地下工程结构设计和施工方法的适用性风险分析；施工及运营期环境影响风险分析；可行性方案风险综合比选与方案优化，确定推荐方案；提出降低可行性方案风险的处置措施，包括工程保险建议方案；编制风险评估报告，并通过专家评审。

（5）勘察阶段安全风险管理应完成下列工作：工程潜在风险辨识，编制风险记录表；勘察成果审查；对勘察成果进行地质评价。

（6）总体设计阶段安全风险管理应完成下列工作：专项风险评估；评估地下工程自身的风险等级；评估周边环境影响的风险等级；对重大风险编制风险处置措施与应急技术处置方案；编制风险记录文件；车辆、机电设备及系统选型与配置。

（7）初步设计阶段安全风险管理应完成下列工作：编制工程建设风险清单，对全线地下工程的风险进行风险分级评估；对工程自身风险进行风险评估；重大风险编制风险应急方案；专题风险评估；专家论证；编制风险记录文件；车辆、机电设备及系统选型与配置。

（8）施工图设计阶段安全风险管理应完成下列工作：对环境风险因素进行现状调查、监测、评估；结合施工图设计方案再次进行建设风险辨识，编制风险清单；对重大环境影响风险开展工程建设风险专项设计；关键工序或难点进行专项风险评估；编制施工注意事项说明及事故应对技术处置方案；编制风险记录文件。

（9）施工准备期安全风险管理应完成下列工作：征地、拆迁、管线切改、交通疏解及场地准备等风险分析；场地地质条件风险分析；临近建（构）筑物（包括建筑物、管线、道路、既有轨道交通等）的影响风险分析；工程建设工期及进度安排风险分析；工程施工组织设计及技术方案可行性风险分析；施工监测布置及监测预警标准风险分析；现场风险管理制度及组织的建立；现场施工安全防范措施及抢险物资储备；设计方应配合开展施工图设计风险交底，应根据现场施工反馈信息，对施工图实际风险进行动态管理；制定风险管理计划；编制施工风险管理实施说明书；建立风险管理实施说明书；建立风险管理工作制度；根据工程前期阶段已有的风险管理成果，制定风险处置措施；对重大风险进行施工专项风险评估，并制定应急预案。

（10）施工期安全风险管理应完成下列工作：施工中的风险辨识和评估；编制现场施工风险评估报告，并以正式文件发送给工程建设各方，经各方交流后形成现场风险管理实施文件记录；施工对临近建（构）筑物影响风险分析；施工风险管理动态跟踪管理；施工风险预警预报；施工风险通告；现场重大事故上报及处置；设备系统安装与调试。

（11）设计方在施工期负责方案交底和风险管理监督，其安全风险管理工作有：对重大工程进行工程设计交底；对周边重要环境影响区进行风险影响分级，共同参与周边环境保护措施；制定工程重大风险预警控制指标，明确现场监控检测要求；参与制定施工注意事项及事故应急技术处置方案；配合施工进度进行重大风险沟通与交流；参与建设单位风险管理，检查现场施工注意事项落实情况；指导审查施工单位风险管理方案、处置措施与应急预案；协调实施现场施工风险跟踪管理。

（12）施工单位在施工期负责现场风险管理的执行和落实，其安全风险管理工作有：建立工程施工风险实施细则；Ⅲ级以上风险确定工程预警监控指标及标准；Ⅱ级以上风险事故编制风险处置预案；进行施工风险交底，制定工程建设风险管理培训计划；完成施工风险动态评估，分析梳理Ⅱ级及以上风险，提交重大工程风险动态评估报告；向工程建设各方通告现场施工风险状况；工程设计、施工方案如有重大变更，应根据变更情况对工程建设风险进行重新分析与评估；因建设风险处置措施的实施而发生的费用增加或工期延长，应经过建设单位批准后方可实施；对与公司有关的事故、意外或缺陷等进行风险记录；必须做到施工安全措施费用专款专用。

(13) 监理单位在施工期负责施工现场风险管理执行与督查，其安全风险管理工作有：将建设风险管理纳入日常监理工作；确保现场监理人员及时到位；评估施工单位风险管理实施情况；协助建设单位对工程质量、安全和进度进行风险检查；评估监理工作内容不全或失察风险；对施工重大风险，应在施工前检查施工单位风险预防措施，并应进行旁站监理，做好监理现场记录；对施工单位存在的风险或违反风险管理规定的行为，监理单位有责任向施工单位提出警告，不听劝阻或情节严重的，监理单位有权利予以停工处置，并及时上报建设单位；对施工现场监测和第三方监测进行监理。

(14) 第三方监测单位在施工期负责现场监测工作和风险预警，其安全风险管理工作有：制定合理的监测方案，并对监测方案进行风险评估；评估监测点布置不当、监测点或监测设备损坏风险；对监测数据的准确性和可靠性进行风险分析；应将风险管理纳入日常监测数据分析，及时提交施工风险预警、预报信息。

(15) 车辆及机电系统安装于调试风险管理主要的安全风险管理工作有：车辆及机电设备系统安装与调试；试运行中统一指挥调度轨行区的设备系统安装调试风险分析；系统联调及并网运营风险分析；不同期建设线路或多条线路联合调试协调；复杂跨线工程建设风险专项分析；编制系统安装与调试风险控制应急预案；轨道、供电、接触网、信号、通信、车辆、屏蔽门及调度指挥等各系统专项风险评估，编写风险记录文件；提供试运行风险评估报告。

现行国家标准《城市轨道交通试运营基本条件》GB/T 30013—2013 规定：

(1) 应按照国家有关规定开展试运行。

(2) 通过对试运行过程分析，关键设备系统可靠度应满足以下要求：

1) 系统故障率应低于 16 次/万列公里；

2) 车辆故障率应低于 1.2 次/万列公里；

3) 供电系统故障率应低于 3 次/万列公里；

4) 信号系统故障率应低于 0.4 次/万列公里；

5) 屏蔽门系统故障率应低于 8 次/万列公里；

6) 机电设备故障率应低于 2.2 次/万列公里。

(3) 通过对试运行过程分析，服务性指标应满足以下要求：

1) 列车运行图兑现率：不应低于 99%；

2) 列车正点率：不应低于 98.5%；

3) 列车掉线率：应低于 0.8 列/万列公里。

2. 行业标准

目前，针对城市轨道交通安全质量或风险管理的标准规范主要来自国家安监总局系统颁发的几部行标，见表 1-5。

表 1-5　针对城市轨道交通工程的行业标准规范一览表

序号	名　称	编　号	备注
1	城市轨道交通安全预评价细则	AQ 8004—2007	
2	城市轨道交通安全验收评价细则	AQ 8005—2007	

续表 1-5

序号	名　　称	编　　号	备注
3	铁路隧道工程施工安全技术规程	TB 10304—2009	
4	城市轨道交通运营管理指南	CCES 01—2010	
5	风险管理 原理和导则	JIS Q 31000—2010	
6	城市轨道交通试运营前安全评价规范	AQ 8007—2013	
7	风险管理 ISO 31000 实施指南	ISO/TR 31004—2013	其他国家
8	城市轨道交通结构安全保护技术规范	CJJ/T 202—2013	
9	铁路建设工程建设风险管理技术规范	Q/CR 9006—2014	
10	项目风险管理 应用指南	BS EN 62198—2014	英国
11	风险管理 事件树分析	GOST R IEC 62502—2014	俄罗斯

3. 地方标准

目前，国内部分城市出台了针对城市轨道交通安全风险管理及隐患排查标准规范，主要围绕城市轨道交通工程监测、环境风险控制、风险评估与设计等方面展开，见表 1-6。

表 1-6　针对城市轨道交通工程的地方标准规范一览表

序号	名　　称	编　　号	备注
1	上海市基坑工程设计规程	DBJ-61—1997	
2	上海地铁基坑工程施工规程	SZ-08—2000	
3	基坑工程施工监测规程	DB/TJ 08-2001—2006	
4	地铁工程监控量测技术规程	DB 11/409—2007	
5	重点单位重要部位安全技术防范系统要求 第7部分：城市轨道交通	DB 31 329.7—2007	
6	穿越既有交通基础设施工程技术要求	DB 11/T 716—2010	
7	天津市地下铁道基坑工程施工技术规程	DB 29-143—2010	
8	天津市地下铁道暗挖法隧道工程施工技术规程	DB /T 29-146—2010	
9	现场施工安全生产管理规范	DGJ 08-903—2010	
10	穿越城市轨道交通设施检测评估及监测技术规范	DB 11/T 915—2012	
11	深圳市轨道交通工程周边环境调查导则	DB SJG 23—2012	
12	城市轨道交通工程设计规范	DB 11/995—2013	
13	城市轨道交通运营服务	DB 32/T 2531—2013	
14	建筑工程施工质量安全风险管理指南	DB 31/T 688—2013	
15	城市轨道交通土建工程设计安全风险评估规范	DB 11/1067—2014	
16	城市轨道交通试运营标准	DB 31/T 854—2014	
17	城市轨道交通运营安全管理规范	DB 12/T 602—2015	
18	城市轨道交通运营服务规范	DB 12/T 601—2015	
19	城市轨道交通运营安全管理规范	DB 11/T 1166—2015	
20	城市轨道交通工程建设安全风险技术管理规范	DB 11/1316—2016	

1.3.3 指南

截至目前，针对城市轨道交通工程的指南基本健全，涉及安全风险管理及隐患排查相关内容的行动指南见表1-7：

表1-7 近年来对轨道交通工程安全质量和风险管理要求的政府文件一览

序号	名称
1	南京轨道交通指南
2	上海轨道交通安全指南
3	城市轨道交通安全指南
4	城市轨道交通技术规范实施指南
5	城市轨道交通工程风险评估指南
6	城市轨道交通建设项目管理指南
7	城市轨道交通工程质量安全检查指南
8	上海轨道交通工程检测技术管理指南
9	城市轨道交通工程建设安全管理指南
10	轨道交通工程勘察设计风险控制指南
11	城市轨道交通工程周边环境调查指南
12	城市轨道交通工程常见质量问题控制指南
13	轨道交通工程建设安全风险控制实施指南
14	苏州轨道交通建设技术—施工和监测技术指南
15	城市轨道交通工程质量安全检查指南（试行）
16	事故隐患排查治理分级指南
17	北京市隐患排查治理实施指南
18	安全生产事故隐患排查检查标准指南
19	安全生产事故隐患排查（检查）指南
20	安全生产事故隐患排查治理工作指南
21	安全生产事故隐患排查治理体系建设实施指南
22	生产经营企业事故预防与隐患排查管理指南
23	风险分级管控与隐患排查治理体系建设实施指南
24	天津市建设工程施工作业前安全隐患排查实施办法
25	城市轨道交通运营管理指南
26	北京市轨道交通运营安全条例实施指南
27	城市轨道交通工程设备安装调试作业指南

1.4 城市轨道交通安全技术风险管理现状

1.4.1 国外现状

英国伦敦作为世界上第一个建设地铁的城市（1863年开通运营），其城市轨道交通已有超过150年的历史，美国纽约地铁（1907年开通运营）、法国巴黎地铁（1900年开通运营）也均有超过百年的历史，三个城市长期以来在轨道交通工程质量安全管理方面形成的组织架构和经验教训值得研究借鉴；德国慕尼黑地铁以严谨、安全著称，其在施工安全管理方面所做的努力值得研究；而日本东京作为亚洲最早拥有地铁的城市，东京地铁在运行里程、客流量、运营管理等各方面均处于国际领先水平，风险管理方面的经验尤其值得学习。

1. 英国伦敦

（1）《铁路及其他轨道交通系统安全条例》。

英国于2006年颁布了《铁路及其他轨道交通系统安全条例》（ROGS）。以轨道交通运营安全和基础设施安全认证、认可或授权为核心进行规定。根据《安全条例》，轨道交通运输企业需要向铁路条例办公室（ORR）申请安全认证，从而可以在轨道交通从事运营管理基础设施供应商需要申请安全认可或授权，从而可以进行基础设施的开发和维护。ORR接收这些申请，具体处理这些申请并评估申请内容则由ORR下属部门轨道交通督查机构（HMRI）完成。

《安全条例》对铁路和城市轨道交通的安全管理系统做出要求。这些要求主要集中在安全监管的操作过程上，包括了对基础设施的管理运营操作的禁令和规定、评估安全认证和许可过程的操作要求、评估监管人员以及运营者的职责等。其主要内容有基础设施的利用，安全管理信息系统，安全认证，安全认可或授权，安全认证、认可或授权变化告知，安全认证、认可或授权申请指导，撤销安全认证、认可或授权，风险评估，年度安全报告。

《安全条例》定义安全认证为ORR认为轨道交通运营者符合ROGS的要求，而向其颁布的安全认证证书。ROGS的要求包括技术、程序和维护等有关交通安全系统的要素，可以保证交通系统的安全运行和管理。安全认证有效期为5年，5年后运营商需要重新接受审查评估，从而获得安全认证。安全认证内容包括运营类型和范围，如地铁或轻轨、运营区域等安全管理系统，轨道交通运营者为运营安全建立的组织和管理体系法律法规要求，贯彻执行相关运输安全法规、健康和安全法规的等运输系统关于安全的运营与维护的技术标准和程序业务类型和符合法律的要求，如车辆操作、设备和设施的运行符合相关安全法规轨道交通车辆及其符合安全法规的要求，包括批准、授权和认可。

（2）安全组织架构。

伦敦地铁董事会负责做治理公司策略上的决定和管理控制任何对公司有影响的风险，包括健康和安全风险。董事会将决策权授予各执行团队。健康、安全与环境协会重点做安全方面的决定。董事的保证审查团队则在健康和安全问题上向董事会提出建议。伦敦地铁的董事经理负责顾客、员工和其他受到影响人员的健康安全，并履行作为伦敦地铁网络中基础设施管理者的义务。所有的执行经理都需要向董事经理汇报工作。在董事经理管理下的执行经理有首席运营官、首席维修官、安全主任、策略与服务发展主任、项目经理监管主任和人事经理等。

2. 美国

1931年美国管理协会成立，其保险部最先倡导风险管理，并开展风险管理的研究和咨询活动。1932年纽约经纪人协会标志着风险管理的兴起。1953年8月13日的美国通用汽车公司的自动变速装置发生大火，导致该公司承受了高达5000万美元的损失，这场大火震动了世界企业界和学术界，使风险管理的研究开始进入了一个新的阶段。1963年，梅尔（Mehr）和赫奇斯（Hedges）合著“*Risk Management in Business Enterprise*”成为该科学领域影响最为深远的历史文献，引起欧美各国的普遍重视，此后，对风险管理的研究逐步趋向系统化，专门化，使风险管理逐渐成为企业管理中一门独立科学。1975年，美国保险管理协会更名为风险与保险管理协会（Risk & Insurance Management Society，简称RIMS），拥有3500家大型工商企业为会员，这标志着风险管理从原来意义上的用保险方式处置风险转变到真正按照风险管理的方式处置风险。协会的活动为风险管理在工商企业界的推广、风险管理教育的普及和人才培养诸方面做出了突出的贡献，促进了全球性风险管理运动的发展。时至今日，RIMS仍然是世界上最重要的风险管理协会。20世纪中期，全美大多数大学工商管理学院均普遍开设风险管理课程。

美国还设立了ARM（Associate in Risk Management）证书，授予通过风险管理资格考试者，该证书具有相当的权威性。获得证书即表明已在风险管理领域取得一定的资格，为全美和西方国家所认可，是从业的重要依据。1983年在美国风险与保险管理协会年会上，云集来自各国的风险管理领域的专家学者，讨论并通过了“101条风险管理准则”，作为各国风险管理的一般原则（其中包括风险识别和衡量、风险控制、风险财务处理、索赔管理、职工福利、退休年金、国际风险管理、行政事务处理、保险单条款安排技巧、管理哲学等）。这标志着风险管理已经达到一个新的水平。

3. 法国巴黎

在法国，任何新建和拆除工程（包括市政、道路、桥梁、河道，但军事、保密等工程除外），都要求业主向政府建筑执照管理部门申请领取建筑执照。

法国的建筑业资格由法国房屋建筑资格认证协会组织评审认可。批准过程取决于一部关于公众轨道运输安全的法令（编号2003-425，2003年5月9日颁布），该法令定义了批准过程的不同阶段和这些不同阶段的内容。2003年5月23日颁布了两份法律决议，第一份细化了不同安全案例的内容（安全定义案例、初步的安全案例和安全案例），第二份细化了关于同意独立安全评审员的程序。

安全定义案例（DDS）是运输组织当局（AOT）、国家安全当局的有关代表之间开始对话的第一步，其结构和内容（以及随后的安全案例的结构和内容）应按照2003年5月23日的法律决议强制执行。安全定义案例通过提出初步的安全和质量计划及主要特征（功能的、技术的、通用的安全目标）而建立起法律框架，同时还包括了适用于系统的一整套法规、标准和指令等。

法令2003-425没有强制DDS须由独立安全评审员进行评估。初步的安全案例（DPS）详细指定了安全目标、要求、方法和原则等。在“项目的安全”章节中包含了初步危害分析（PHA），DPS还包括了对DDS所有章节的更新，尤其是关于安全方面最重要的章节：自然和技术风险、项目的安全、安全和质量的组织、参考的系统、测试程序等。

DPS文件中应附加1份由某个EOQA（法国政府承认和认可的一种独立安全评估机构）提交的独立安全评审员报告。在某些情况下，几个EOQA可以参与同一个项目的不同子系统（如基础设施、轨道、机车车辆等）。DPS由法国政府的代表批准。安全案例（DS）是最终的和最重要的文件，它包括DDS和DPS的更新，并且必须说明DPS中描述的要求已得到满足。DS中包含危害日志，以跟踪在PHA中识别的所有危害，包括了所参考的证明文件（详细的安全分析、计算书、测试报告、操作和维护要求等），由同一独立安全评审机构递交的第二份独立安全评审员报告应包括在该文件中，DS文件给出了系统达到安全目标的保证。在有关系统的整个生命周期，DS文件由运营商不断地更新和管理。

在某些情况下，必须在现场测试之前增加另一个安全案例。这种情况是，如果某些测试需要在公众区域实施（经常是指有轨电车），或者如果需要第三方参与（典型的例子是，如果在系统正式地投入服务之前计划进行公众演示）。在这些情况下，必须提供一个授权这些测试的特定案例（DAUTE），以证明在测试期间采取了确保公众安全的防范措施。所有公共交通系统的安全水平必须定期地（每 10 年）再评价。因此，安全案例必须保持更新，并且提交给独立安全评审机构进行评估，以保持系统运营的授权。

4. 德国慕尼黑

在设计施工流程中，地铁工作小组处于核心地位，如制定工程时间表，监管设计、检测及申请施工许可等各流程。鉴于慕尼黑地铁的工程重要性，除检测工程师外，还需由地铁工作小组根据设计 CPT（Cone Penetration Test）数据结合相应工况荷载组合检查结构分析方法，由二者共同协商分析确定设计方案是否可行；换言之，设计方案必须经由地铁工作小组才能下放施工单位。为有效实施监管工作，地铁工作小组派驻现场观察员，负责监督并详细记录现场施工流程；除此之外地铁工作小组会定期与施工方会晤，如有需要时设计方、施工方与地铁工作小组三方会晤，联系机制根据 VOB 及规范执行。

5. 日本东京

东京地铁秉承严谨的规划设计和先进的施工技术，逐步建立了世界上首屈一指的地铁系统。以日本地铁营团南北线溜池山王车站为例，从计划到设计花费了 5 年时间，车站设计者认真研究各种不利边界条件，通过调研和详细计算，不但解决了各种不利地质条件、近距离高层建筑、与正在运营的既有地铁线和高速公路交叉、狭小建筑空间工序的相互影响等诸多难题，而且结合新旧建筑物以及与周边环境的相互关系，统筹考虑，详尽规划多层地下空间的开发利用，建造全新式样的多个出入口，统筹考虑通风风道，最大限度地保护环境等诸多问题。最终形成一整套车站设计方案，把车站的使用功能、硬件设施、环境条件等各种细节有机地结合在一起。

日本地下空间修筑技术在世界上处于领先地位，地铁施工主要采用盾构法，根据地质条件与施工约束条件等不同，还有明挖法、冷冻法、沉箱法等。日本的盾构种类繁多，有单圆盾构、双圆盾构、嵌套母子盾构、三面盾构、复合圆盾构等，功能齐全，技术先进。

在运营期，日本是一个多灾害的国家，因此非常重视地铁防灾减灾措施。所有车站都设有防灾设备，设置综合防灾监视系统，采用集中控制的模式。为了防备事故和自然灾害，东京地铁的所有职工均定期接受防灾训练。2001 年，国土交通省颁布了《关于制定铁道技术标准的省令》，对铁路设施、车辆结构、维护管理以及驾驶方式等规定了标准，铁路运营公司也由各自制定安全管理标准改为须遵守该省令，进而确保铁路安全的管理模式。为了促使铁路运营公司进一步采取必要措施，以确保运输的安全，2006 年 3 月颁布了部分修订的《铁道事业法》。在《铁道事业法》的部分修订中，东京地铁制定了《安全管理规程》，在安全最优先的方针下，要求从经营高层到在营业线上进行日常维修管理的工作人员协同一致，致力于体制的强化，构筑更加安全的管理体制。

1.4.2 国内现状

目前，我国大陆城市轨道交通工程安全风险管理的标准规范基本健全，相关部门规章等规范性文件较为系统和完善，对安全风险管理的目标、原则、内容、标准、程序、责任和相关工作要求等有较全面和明确的规定，但完全针对城市轨道交通工程安全风险管理的法律法规尚存空白。

其中，部分有城市轨道交通建设管理经验的地区均制定了相应的地方法规、政策文件和标准体系，部分地方法规、政策文件和标准体系涵盖有安全质量、风险控制与管理的相关内容，部分城市甚至构建了安全风险管理体系文件，但内容、程序等的全面性、体系性及其实际应用情况差异性较大，具有明显的地方特点，距严谨、完整的体系尚有一定距离。如北京、郑州、西安、大连等地制定了全套的安全风险管理制度体系文件（包括多个子文件），上海、西安、成都、苏州等地制定了专门的安全风险管理办法（一个文件）；北京、上海、西安、成都、大连等地制定的是专门针对安全风险管理的制度文件，广州、郑州、长春等地制定了较全面的安全质量风险体系文件，安全风险管理只是其中的重要组成部分和关键内容；绝大部分城市的安全风险管理制度文件是针对土建工程建设的，上海、成都、苏州等地则涵盖了整体方案、机电设备等风险管理内容；绝大部分城市的政府主管部门也制定了相应的安全风险管理政策文件，部分城市制定了地方标准（北京、西安等），以指导和督查各参建单位有效开展安全风险管理工作。

（1）环境保护方面。

绝大部分城市开展了环境调查工作，其中北京、深圳等委托专门单位开展勘察设计期环境调查工作，并形成环境资料清单专册；成都、西安、广州等由设计单位自行进行环境调查，必要时形成环境资料清单。北京等少部分城市开展了主动的重点环境设施（也属高环境风险工程）的现状检测评估工作，大部分城市仅在产权单位有需要时开展；一部分城市针对高环境风险工程开展了专项设计（形成专册），其他城市针对高环境风险工程开展了专项设计类似工作（未另行单独形成专项设计专册，变形控制指标及控制值、工程专项措施及环境保护措施、工程监测要求等仍体现在本体设计文件中）。

（2）风险评估方面。

各城市大多开展了风险评估工作，但工作模式与成果体现方式差异较大。北京、天津、沈阳、广州、上海、成都、深圳、武汉、南京等地将风险评估工作纳入工程设计工作中，将有关风险辨识、分级、分析评价等内容作为设计的一部分内容或形成风险工程设计专册，施工阶段进行风险核查调整；西安、南宁、长春、苏州等地开展了专门的安全风险评估工作，形成风险评估报告，并分初步设计、施工图设计和施工准备期不断细化和调整；北京、长春等地针对重大环境风险开展了现状安全评估工作。

（3）重大方案论证和过程控制方面。

各地对重大风险十分重视，均通过方案论证和专家审查加强对风险的控制与管理，主要包括：风险分级评估、关键节点工程技术方案、重大环境风险监控指标、专项设计、第三方监测方案等。有的是由设计单位组织，建设单位等有关单位出席；有的是由建设单位组织，设计等有关单位出席等。

（4）现场安全风险管理方面。

目前，各地均开展了现场风险管理工作，但工作内容、模式等有较大不同，上海、西安、武汉等地专门针对工程安全风险进行控制与管理，主要内容包括现场巡视、安全风险动态评估、预警与报送、阶段性风险管控成果等，北京、郑州、沈阳、大连、广州等地不仅包括安全风险管控，还部分涉及安全质量隐患管理等方面内容；除西安、深圳等地外，绝大部分城市主要通过信息系统平台开展安全风险信息化管理工作；大部分城市通过安装视频监控系统加强了对现场安全和工程风险的实时管理，北京、天津、上海、南京等地通过研制的盾构施工实时信息系统或自动化监测系统分别加强对盾构区间隧道工程和重大环境风险工程的实时监控与风险管理。

（5）第三方服务内容与模式方面。

在风险评估方面，部分建设单位采用了委托第三方的咨询单位开展专门的安全风险评估工作，如上海委托科研高校开展可研阶段风险预评估，西安、大连、长春、东莞、太原、青岛、呼和浩特等地委托专业安全咨询单位实施对初步设计、施工图或施工准备期的风险评估，形成专门的风险评估报告；北京、西安等地针对重大环境风险，委托有资质和经验的设计咨询单位开展专项安全评估工作。

在现场风险管理方面，绝大部分城市的建设单位委托了专业咨询单位或科研高校开展现场安全巡视、预警评价等工作，形成阶段性成果报告和专项风险分析总结报告，如北京、天津、成都、重庆、大连、郑州、太原、青岛、呼和浩特等地；有些城市则另行或同时委托安全监理单位开展现场安全风险状态评价工作，内容主要是安全质量隐患管理方面，如北京、沈阳、大连、郑州、广州、昆明等城市；绝大部分城市委托工程保险单位开展了现场风险勘察工作。

相比大陆而言，香港地铁公司采用了一套完善的安全管理方式，在坚持“安全至上”的方针指导下，通过制定安全策略和建立安全管理系统，以及推行安全管理计划，积极进行安全管理指引和有效措施来消除隐患、减少危险，确保严格遵守安全法例要求和维持一个极具安全意识的环境。香港地铁公司在安全政策中表明致力确保乘客、群众承包商及员工的安全，并通过整体表现指标，将安全定位策略及业务策划中重要的一环。地铁公司每三年便会邀请国际的专家来香港进行全面深入的观察和研讨，为安全管理系统提供客观的改善建议。

1.5　城市轨道交通隐患排查治理现状

1.5.1　国外现状

1. 美国

美国政府对安全生产的监督主要通过实地监察来实现，具备一套十分严厉的安全检查执法制度。在美国，每天都有安全检察员在各地的工作场所执行检查工作，其监察时间并不提前通知施工单位，避免施工单位临时应付监察的行为。监察频率则视伤害数量、员工投诉而定，也可以随机抽查。美国职业安全与健康管理局（Occupational Safety and Health Administration，OSHA）对事故的记录，是通过综合管理信息系统（Integrated Management Information System，IMIS）进行的。工人死亡事故均需记录在IMIS中。此外，OSHA还提出了作业隐患分析（Job Safety Analysis，JSA）或工序隐患分析（Activity Hazard Analysis，AHA），主要是根据各项作业情形，分析在作业时的6个方面：工作内容、工作人员、工作地点、工作时间、工作方法与作业程序和采用此种作业方法的原因，通过分解工作步骤来界定隐患、管理隐患从而达到减少事故的目的，注重工人、工作、工具和作业环境之间的关系。

2. 英国

英国健康安全委员会（HSC）进行安全和健康管理的出发点和主要原则是：谁造成工作中的危险，谁就要负责保护工人和可能被涉及的公众，因此政府只关注企业和项目是否达到法律法规设定的相应相求，而不会采用强制性技术标准规定企业和项目应采用何种技术措施去达到法律法规的要求。因为，英国政府认为企业才是安全和健康管理的责任主体，政府的主要职责是监察和建议。

HSC 于 2007 年出版了"*Construction*（*Design and Management*）*Regulations*"，简称 CDM，该规范针对建筑业的各参与方提出了不同的安全责任要求，尤其是对建设单位及总承包商，提出了包括安全培训、事故隐患的界定有管理等的安全管理要求：同时也将安全责任扩展到设计阶段（即设计安全），强调了设计师在设计过程中就应考虑到结构施工的可操作性，确保工人的施工安全。

3. 澳大利亚

澳大利亚劳动保护管理局（Work Cover NSW）采用的事故隐患管理工具由澳大利亚新南威尔士大学的安全科学与建筑研究中心开发，包括职业健康与安全管理工具、主要隐患分册、管理培训工具、安全绩效评测工具及安全设计共五部分。

1.5.2 国内现状

我国轨道交通隐患排查标准制度相对健全，包括安全生产法，还有国务院下发的各类有关安全生产的管理办法与通知等，各个地方及部委也有针对安全方面下发的各类指导意见及指南。标准规范里也有关于安全检查标准与评价标准的要求。但目前针对隐患及排查治理的内容并没有相关描述，隐患体系构建的依据更多的是依据国家与地方有关安全生产方面的规定。

隐患排查治理体系近几年在个别城市的应用得到了较好的效果，在国务院号召的双重机制下，有必要在全国范围内推广隐患治理体系，尤其是一些建设经验缺乏，管理经验不足的新兴城市。当然各个城市建设大环境、背景与规模存在差异，标准做法不尽相同，体系内容的深度与定位多依据当地的经验与相关规定，内容多少存在差异。因此隐患排查治理体系各有特色。如北京采用三级管理，分别为公司层、项目管理层、现场实施层（监理管理项目部），西安、成都、南宁、徐州、青岛、大连、郑州、昆明等城市根据自身特点采用二级管理模式。北京将隐患等级划分四级，而西安则将隐患等级分为三级。管理程序与排查要点内容上差别不大。

目前隐患排查治理体系存在的主要问题：一是隐患排查治理体系与其他体系的关系。隐患排查治理体系可作为安全质量管理体系的一部分，也可以单独构建子体系，其与风险体系侧重点不同，隐患排查治理体系重点在于施工期的隐患治理，而风险系统侧重风险预估与预控，事实上，两个体系之间也存在业务交叉的地方。二是各单位的隐患排查治理体系如何协调统一。目前的隐患排查治理体系是以建设单位为主，其他单位参与。如何与各地监督部门（安监局，质监站等）的事故隐患排查体系，以及各参建单位如施工单位的隐患排查治理体系协调也是重难点。

安全技术风险管理篇

第2章　概　　述

2.1　轨道交通安全技术风险概念及特点

按照风险产生的原因不同，轨道交通工程风险可以分为自然风险、技术风险、管理风险、社会风险及经济风险等几大类。轨道交通工程技术风险可定义为轨道交通工程建设过程中因人的技术能力的不确定性或局限性（包括技术上的不足或缺陷以及技术分析和决策失误等）而引起项目目标不能实现的可能性，主要表现在工程勘察、设计、施工等过程中技术标准的选择、分析计算方法及模型的采用、技术方案的选择、施工工艺的选择及施工组织设计、设备的选型、新技术及新材料的采用等各个方面。

一般来讲，轨道交通工程技术风险的控制从手段方法上分为技术手段和管理方法，控制主体包括各风险控制主体自身（如设计、施工等单位）和借助第三方服务。技术手段包括加强技术科技攻关投入或专题研究、重视风险预测评价和实施技术论证，管理手段包括建立健全安全技术风险管控体系，对重大方案和关键环节开展专家论证把关，加强施工组织管理，第三方服务包括开展技术咨询、现场风险监控管理服务和引入目前国际流行的工程保险制度等。

城市轨道交通工程技术风险管控实施的目的就是降低或减少因各类技术风险引起的事故产生的损失，可以从两个方面定义：从技术风险控制的工作内容是指城市轨道交通建设过程中，针对不同阶段（可研阶段、初设阶段、施工准备阶段、施工阶段等）、不同工程类别（车站基坑与附属、区间隧道与联络通道、高架线、车辆段与停车线等）、不同工法（明挖、浅埋暗挖、矿山法、盾构、TBM 等）、不同主体单位（勘察、设计、施工、监测等）等识别的风险给出对应的技术措施或处置预案，并实施动态风险监测、跟踪与记录等的工作。（包括建立各类技术风险管理制度及技术标准、方案审查、现场巡视、监测数据的系统分析、视频监控、动态风险评估、预警响应与应急处置等），以降低事故发生概率、减少事故损失。

2.2　组 织 机 构

各个城市根据自身的轨道交通建设模式和管理模式制定相应的安全风险分级组织管理模式，大多城市均设立了风险管理组织机构，且都有明确的责任体系划分。

北京（建管公司）、上海、广州、成都、重庆、西安等轨道交通建设规模较大的城市基本采用三级管理体系；大连、长春、南宁、郑州、苏州等轨道交通建设规模较小的城市基本采用两级管理体系。

建设单位在勘察设计阶段的安全风险管理主管部门有的是总工办，有的是规划设计部门；在施工阶段的安全风险管理主管部门则基本分为三种情况：一种是较普遍的归安全质量监管部门管理，安全质量监管部门不设或设有专门安全风险管理人员，主要负责组织第三方监测、现场安全巡视、工程安全状态评价、发布预警和相关安全风险管理制度的制定及执行情况的监督管理，工程建设实施部门负责预警响应、执行落实相关安全风险管理制度文件等，但也有全归安全质量监管部门的情况。第二种是单设独立的安全风险监管部门（如北京、福州的安全监控中心、上海的风险管理中心、杭州的重大风险技术管理中心等），全面和专门负责与安全风险相关工作的管理。第三种是安全风险主管部门是设在总公司安全质量监管部门或是在建设管理单位，不同城市情况也不一样；绝大部分城市属前者，深圳等少数城市属后者，而北京、上海、广州、成都等城市二者兼之。

现以北京（建管公司）和天津泰达城轨的组织结构为代表。其中北京（建管公司）组织机构是建设多条线的代表，天津泰达城轨组织机构则是建设单条线的代表，分别见图 2-1、图 2-2。

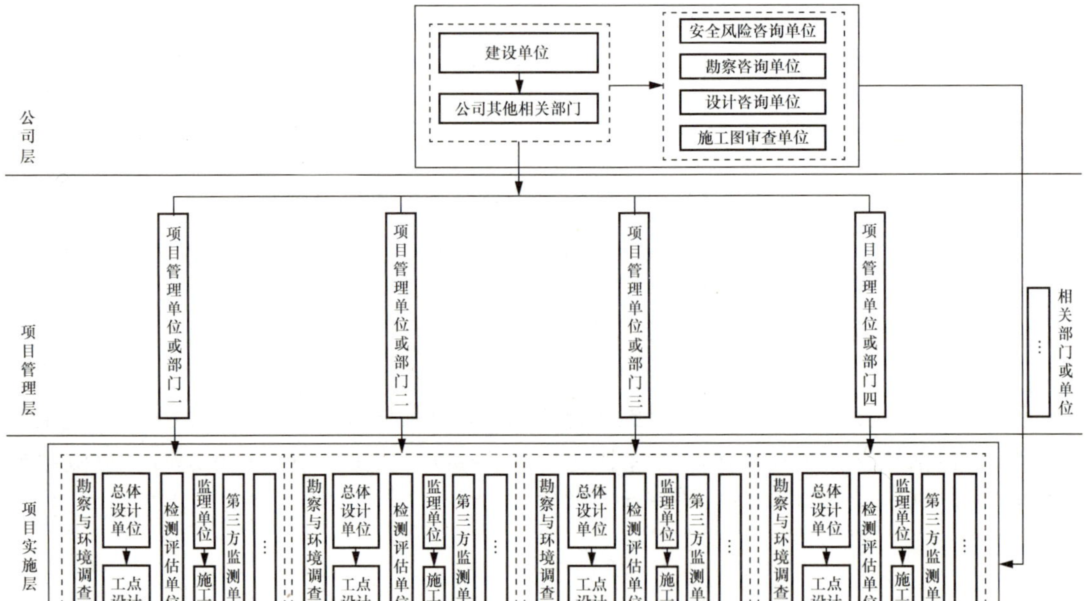

图 2-1 北京（建管公司）技术风险管理组织机构图

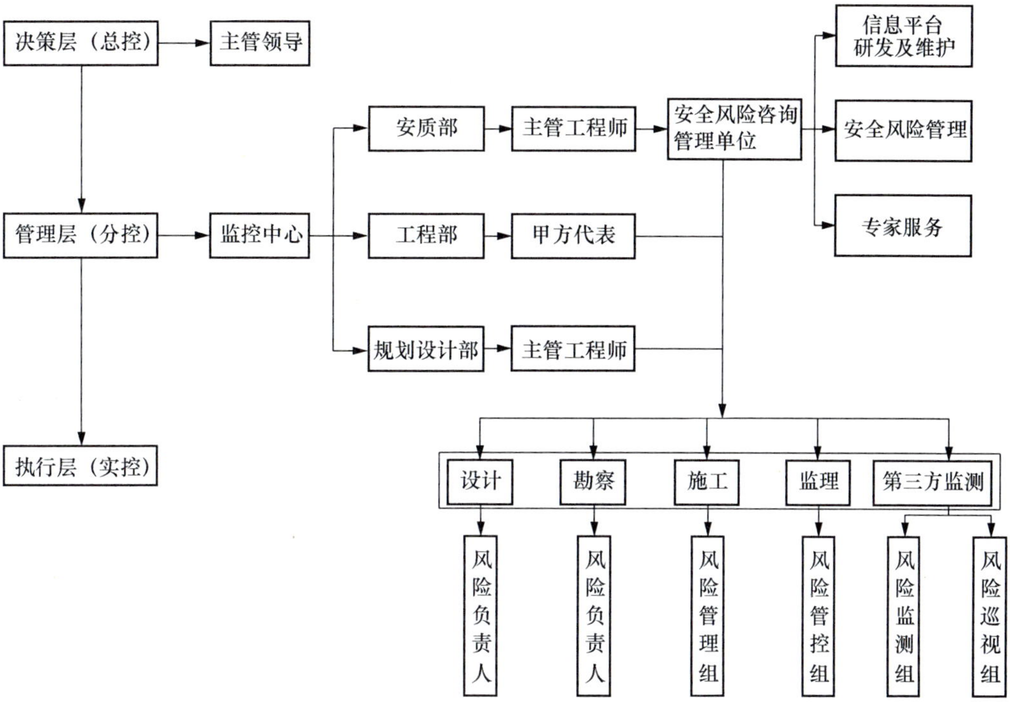

图 2-2　天津泰达城轨技术风险管理组织机构图

第3章 各参建单位管理要点

3.1 建 设 单 位

建设单位负责工程建设项目安全风险管理的总体组织，协调管理并监督管理其他参建单位或合同主体单位的安全风险管理开展情况。

（1）对工程项目管理负总责。必须建立健全安全质量责任制和管理制度，设置安全质量管理机构，配备与建设规模相适应的安全质量管理人员，对勘察、设计、施工、监理、监测等单位进行安全质量履约管理。

（2）组织《安全风险管理体系》的建立、修订、宣贯、解释和运行跟踪。

（3）组建公司和安全风险管理组织机构，明确内部职责与分工。

3.1.1 勘察阶段管理要点

（1）组织设计单位（包括总体设计单位和工点设计单位）提出初步勘察的技术要求，并将技术要求送交勘察单位，建设单位根据初步勘察的技术要求布置初步勘察任务。

（2）对初步勘察大纲进行审查，设计单位一同参加审查，形成审查意见。

（3）组织对初步勘察报告进行审查验收，设计单位参加审查验收，并形成验收意见。

（4）组织设计单位提出详细勘察的技术要求，送交勘察单位，建设单位根据详细勘察的技术要求布置详细勘察任务。

（5）对详细勘察大纲进行审查，设计单位参加审查，必要时组织专家进行审查，并形成审查意见。

（6）对详细勘察报告进行审查验收，设计单位参加审查验收，必要时组织专家进行审查验收，并形成审查意见。

（7）将详细勘察报告送交施工图审查单位，施工图审查单位进行强制性审查，并出具强制性审查意见。

（8）对详细勘察成果文件进行确认、备案，并组织移交给设计单位。

（9）组织设计单位提出对初步环境调查的技术要求，送交环境调查单位。

（10）组织对环境调查成果报告审查验收，设计单位参加审查验收，并形成验收意见。

（11）对环境调查单位提交的最终初步调查成果文件进行确认、备案，并组织移交设计单位。

（12）组织设计单位提出详细环境调查的技术要求，送交环境调查单位。

（13）组织对环境调查成果报告审查验收，设计单位参加审查验收，必要时组织专家进行审查验收，并形成审查意见。

（14）对环境调查单位提交的最终详细调查成果文件进行确认、备案，并组织移交设计单位。

（15）对环境现状检测组织复审，形成复审意见。

（16）将环境现状检测审查意见送交检测单位实施环境现状检测。

（17）组织环境现状检测审查验收，设计单位参加审查验收，必要时组织专家进行审查验收，并形成审查意见。

（18）对检测单位提交的最终检测报告进行确认、备案，并组织移交设计单位。

（19）应当及时组织勘察单位向设计单位进行勘察文件交底，勘察文件交底应当重点说明勘察文件中涉及工程安全质量的内容，并形成文字记录，由各方签字并盖章。

3.1.2 设计阶段管理要点

（1）应当在初步设计阶段组织开展城市轨道交通工程安全质量风险评估（含建设工期、造价对工程安全质量影响性评估）并组织专家论证，同时按照有关规定组织专家进行抗震、抗风等专项论证。在报送初步设计文件审查时，应当提交经专家论证的安全质量风险评估报告。

（2）对全线重要风险工程清单和总体设计或方案设计文件等进行审查论证，并提出审查论证意见。

（3）对重要风险工程清单进行确认、备案，并组织移交工点设计单位。

（4）组织对安全风险评估报告进行审查，必要时组织专家进行审查，并形成审查意见。

（5）按照国家相关规程、条例及地方政府主管部门要求对降水初步设计进行复核审查，必要时组织专家进行审查，并形成复核审查意见。

（6）对降水设计进行确认、备案，并送报相关主管部门。

（7）按照国家相关规程、条例及地方政府主管部门要求对工程抗震设计进行复核审查，必要时组织专家进行审查，并形成复核审查意见。

（8）对抗震设计进行确认、备案，并送报相关主管部门。

（9）对初步设计文件进行复核审查，必要时组织专家进行复核审查，并形成复核审查意见。

（10）组织将全线初步设计文件及相关过程文件（含审查论证意见）报政府主管部门进行审查。

（11）对现状评估组织复核审查，形成复核审查意见。

（12）委托评估单位对确定的环境风险工程实施评估。

（13）组织对现状评估报告进行审查，设计咨询单位、总体设计单位、工点设计单位参加审查，必要时组织专家进行审查，并形成审查意见。

（14）对现状评估报告进行确认、备案，并组织移交给工点设计单位。

（15）对重要风险工程分级调整及相应的专项设计进行复核审查，必要时组织专家进行复核审查，并形成复核审查意见。

（16）委托施工图审查单位对重要风险工程分级调整及相应的专项设计进行强制性审查，并形成强制审查意见。

3.1.3 施工阶段管理要点

（1）对全网工程建设及其他各参建方的安全风险管理活动进行组织协调、监督和检查。

（2）负责全网信息平台（含监控系统、盾构信息系统及视频监控系统）的建设、使用、升级和维护管理。

（3）负责全网工程建设重大安全风险管理方案、重大风险工程技术方案等相关审查、论证。

（4）组织开展全网施工安全风险监控、风险预警、响应、处理及信息报送等工作，汇总全网施工风险信息，定期评价安全状态，并向政府主管部门汇报。

（5）对重大突发事件事故的原因进行调查分析、责任追究和立案查处。配合政府部门对安全风险管理活动的督查和重大风险事件事故的调查处理。

（6）组织制定相关安全风险技术管理制度及标准，并组织教育培训、检查和考核。

（7）组织、指导和监督工程参建各方实施工程建设各阶段安全风险管理工作，并依法和按照合同对工程参建各方进行履约检查考评管理。

（8）组织对实施性施工组织设计、高等级风险的工程技术方案、高等级预警工程的处置方案、重大突发风险事件的应急方案和有关安全风险管理方案等进行审查或专家论证（含施工图预审、施工监测、安全监理实施方案和第三方监测方案审查等），并跟踪和督导落实。

（9）组织开展高等级风险的勘察设计文件交底和风险说明，按照国家相关规定组织或参与开工前条件核查和施工中重要部位和关键环节条件验收。

（10）组织和监督施工、监理、第三方监测等单位进行日常工程监测、风险现场巡查、工程预警、响应处理及信息报送等工作，开展安全状态动态评估，汇总掌握全网施工风险信息，及时组织发布预警和跟踪处置，编制安全风险管理台账和相关记录。

（11）负责向政府主管部门汇报工程安全风险及其管理情况，配合政府主管及相关部门对安全风险管理活动的督查和重大风险事件（或事故）的调查处理。

（12）合同谈判及签订，明确安全质量及风险管理要求。

（13）对相关参建单位进行安全质量及风险管理交底。

（14）建设单位应当及时组织勘察、设计单位向施工、监理、监测等单位进行勘察、设计文件交底。勘察、设计文件交底应当重点说明勘察、设计文件中涉及工程安全质量的内容，并形成文字记录，由各方签字并盖章。

（15）建立全线重大风险工程管理台账。

3.2　安全风险咨询单位

安全风险咨询单位负责提供施工全过程安全管理咨询，并协助建设单位协调相关参建各方按要求开展安全风险工作。

（1）建立健全安全风险管理体系及制度，明确项目（部）的安全风险管理制度和责任制，配置安全风险管理人员进场，重点明确项目负责人、技术负责人、巡视工程师等的职责与分工。

（2）安全风险咨询服务可包括安全风险管理体系建设咨询、设计阶段安全风险评估咨询、施工阶段安全风险管控咨询、信息系统建设等内容。

（3）建立与安全风险管理工作要求相适应的组织机构、专家团队，配备相应资格和数量的专业人员、专家。

（4）协助建设单位完善安全质量及风险管理体系及制度。

（5）采用风险跟踪、数据分析、巡视检查、安全状态评价、信息化管理等方式实施咨询服务。

（6）应按合同约定，定期提交咨询服务成果。

（7）提供的咨询成果应真实、准确、完整，如实反映现场施工状况。

（8）应定期召开咨询服务工作例会。

（9）应根据安全风险管理要求，并按合同约定向建设单位提出安全风险防控建议。

3.2.1　设计阶段管理要点

（1）主要包括总体设计安全风险评估、初步设计安全风险评估（含工期造价风险评估）和施工图设计安全风险评估。

（2）应依据相关法律法规、标准规范以及与委托单位的合同约定，运用定量和定性的方法，开展安全风险评估工作。

（3）初步设计阶段安全风险评估应针对轨道交通全线土建单位工程展开，施工图设计安全风险评估应针对分部分项工程进行。

（4）总体设计阶段应主要对地铁全线土建单位工程的线位、站位、敷设方式和施工工法的选择等进行风险评估。

（5）初步设计阶段应对轨道交通全线工程土建单位工程与子单位工程的施工方法及主体（附属）结构、围（支）护结构、环境保护方案等进行风险评估。

（6）工期造价风险评估应对地质条件、周边环境、施工难度、高风险工程、工程总体费用投入的合理性、施工场地条件、其他社会因素等方面进行风险评估。

（7）工程技术方案确定后应开展初步设计风险评估工作，并形成初步设计安全风险评估报告和工期造价风险评估报告。

（8）初步设计风险评估报告应按规定进行论证和审批。初步设计评审时应将风险评估报告一并提交专家评审。

（9）施工图设计阶段宜重点对地铁全线土建单位工程与子单位工程的分部子分部工程的围（支）护结构设计参数、环境保护措施、施工工艺、工程监测方案及监测控制指标等进行风险评估。

（10）施工图设计完成后应开展施工图设计安全风险评估工作，高风险的分部分项工程应对其设计方案进行专项评估，安全风险评估报告应按规定论证审批。安全风险评估报告作为施工过程风险管控的参考依据。

（11）组织安全风险评估工作方案审查，并经项目技术负责人审核批准。

（12）开展设计阶段安全风险评估前，应收集完整的工程资料，针对评估对象应采用两种以上的安全风险辨识方法，从地质条件风险、周边环境风险、工程自身风险三个方面进行风险评估。

（13）风险辨识过程应重点关注可能发生的风险事件。

（14）风险辨识完成后应编制风险清单。

（15）风险估计应在风险辨识的基础上，采用两种（含）以上风险评估方法，评估风险事件发生的可能性及风险损失。

（16）风险等级标准应结合工程项目所在地工程特点和风险特点，根据不同施工工法，综合考虑工程建设规模、地质条件、周边环境、技术方案、工程措施的适应性、技术经济和社会发展水平、建设管理经验等因素进行确定。

（17）风险评价应在风险辨识和估计的基础上，根据工程风险等级标准和接受准则评定风险等级。

（18）针对不同等级的工程风险，结合工程实际提出规避、降低和控制风险的措施或建议。

（19）开展安全风险评估工作，应编制安全风险评估报告。

（20）安全风险评估报告编制完成后，项目咨询服务机构应协助委托单位组织专家评审，根据专家评审意见对安全风险评估报告进行修改完善，并对专家评审意见的修改落实情况进行跟踪记录。

3.2.2 施工阶段管理要点

（1）对安全风险监控信息的收集、整合、分析、预测、预报和管理等工作。

（2）施工准备期安全风险管控咨询服务应在勘察设计文件交底和风险说明完成后，开展如下安全风险技术管理工作：

1）检查施工单位周边环境核查和施工地质复查情况；

2）审查施工单位风险深入识别、分级调整与评估报告；

3）审查相关单位安全风险管控方案；

4）检查安全风险监控技术手段准备情况；

5）检查施工单位施工风险预告与交底落实情况。

6）协助组织工程建设各方完善风险管理培训制度，对培训制度的执行情况进行跟踪评估。

（3）施工阶段安全风险管控咨询服务工作内容宜包括下列内容：

1）利用信息系统分析各类监控监测数据信息。

2）对工程自身风险和周边环境风险进行动态评估。

3）提出风险预警、报警意见和建议。

4）对专项施工方案风险防控措施的落实情况进行跟踪记录。

5）巡视施工现场安全状况，参与专项施工方案实施情况的定期巡视检查。

6）定期汇总现场安全风险预警信息。

（4）现场巡视检查应根据施工进度和安全风险状态，动态调整巡查频次，并提交巡视报告。

（5）节假日、季节性、灾害性天气期间和工程处于预警状态下应增加巡视频次。

（6）项目咨询服务机构应按合同约定，针对不同对象开展安全风险控制与风险管理培训服务。

（7）项目咨询服务机构应根据施工现场安全风险状态，在重点部位和关键环节施工前进行安全风险提示。

（8）实施安全风险预警管理。

（9）协助建设单位定期组织召开风险管理例会。分析评价施工现场安全风险状况和安全风险管控效果，并对后续安全风险管理提出建议和措施。

（10）将周、月度咨询服务工作情况以工作周、月报形式向建设单位报告；

（11）对可预见的工程风险提前进行风险提示，并对相关参建单位进行技术交底。

（12）按照工程项目档案管理有关规定，做好资料的整理、存档工作。

（13）参与第三方监测方案、安全专项施工方案和风险处置方案的评审，复核施工单位提交的工程风险识别、分析及控制措施资料。

（14）参加危大工程施工方案专家论证会、关键工序开工前条件验收会议等。

（15）编制安全风险管理咨询实施方案，负责开展公司所辖线路轨道交通工程建设安全风险咨询工作。

（16）风险监控实施方案应书面征求业主、风险评估单位、第三方监测单位、设计、施工及监理单位意见，并根据意见修改完善后批准的方案组织实施。

（17）协助建设单位完善安全风险监控中心管理平台，进行安全风险监控信息管理平台日常管理工作，监督相关单位基础资料录入、平台维护和升级等工作。

（18）协助安全监控中心对建设单位的体系建立与执行情况、安全风险监控、信息报送、预警评估等进行检查和指导。

（19）协助安全监控中心对公司所辖线路施工安全风险状况进行总体评价，掌控施工安全风险状态。

（20）协助安全监控中心建立公司所辖线路的施工安全风险管理台账。

（21）对综合预警状态的风险工程及时进行监督、监控、检查和事务处理；参与现场分析和专家论证。

（22）提供风险控制的咨询意见，定期编制监控管理报告，并上报业主。

（23）协助业主汇总和保存各项相关技术资料；按时向业主提交周、月报告和各工点的总报告；按业主要求将安全风险监控资料进行立卷、归档和移交。

（24）根据施工图纸及现场踏勘情况，编制工程风险手册。

（25）监督施工单位与第三方监测单位监测点初始值采集工作。

（26）数据比对：通过信息平台对第三方监测和施工监测数据差异进行比对，对差异较大的点形成统计报告报送建设单位；第三方监测单位应对数据差异原因进行核查分析，并将结果报送建设单位和监控中心。

（27）信息比对：对巡视报告差异信息进行比对，对差异较大的情况进行现场巡视核实，对发现瞒报、错报、漏报等信息形成统计报告报业主相关管理部门。

（28）每周（月）向建设单位报送监控工作报告，监控工作报告内容包括：安全风险平台及监控设施运行情况；全线安全工程进度和安全风险情况；综合预警情况及处置情况；各工点下一步主要风险源等。

3.3　勘察与环境调查单位

勘察与环境调查单位为勘察、调查主体责任单位，应对成果文件的真实、准确和完整性负责。

（1）勘察单位应根据相关标准规范、合同规定和设计要求开展勘察工作。

（2）建立或明确勘察项目的安全质量及风险管理体系及制度，配置符合要求的管理人员进场、重点明确项目负责人、风险管理主管部门、风险管理实施单位或部门等的职责与分工。

3.3.1 勘察阶段管理要点

（1）勘察单位提交的勘察文件应当真实、准确、可靠，符合国家规定的勘察深度要求，满足设计、施工的需要，并结合工程特点明确说明地质条件可能造成的工程风险，必要时针对特殊地质条件提出专项勘察建议。

（2）提供地质勘察及详勘资料，对重要及特殊工程水文地质部位进行明确，提出建议，落实详细勘察文件强审意见，以符合相应勘察阶段的深度要求和满足相应阶段工程设计、施工及其安全风险控制的需要。

（3）配合建设单位及勘察咨询单位对勘察大纲的技术论证和勘察成果文件预审，落实论证或审查意见。

（4）配合施工图审查单位对详细勘察成果文件的强审，落实审查意见。

（5）参与勘察成果文件及地质风险的交底说明和设计施工配合，受委托开展必要的施工勘察工作。

（6）勘察单位依据初步勘察技术要求、勘察经验和合同文件等，制定初步勘察大纲，提交建设单位审查。

（7）勘察单位按照审查意见修改完善后实施初步勘察工作，勘察过程中进行质量和安全控制（勘察咨询单位加强过程检查和监督），完成初步勘察报告，并提交建设单位。

（8）勘察单位按照审查验收意见进行补充勘察或修改完善初步勘察报告，完成后提交建设单位，建设单位确认、备案并移交给设计单位。

（9）勘察单位依据详细勘察技术要求、勘察经验和合同文件等，制定详细勘察大纲，提交建设单位审查。

（10）勘察单位按照审查意见修改完善和实施详细勘察工作，对勘察过程进行质量和安全控制（勘察咨询单位加强过程检查和监督），完成详细勘察报告，提交建设单位。

（11）勘察单位按照审查意见进行补充勘察或修改完善详细勘察报告，提交建设单位。

（12）勘察单位按照强制审查意见进行补充勘察或修改完善详细勘察报告，提交建设单位。

（13）环境调查单位按照技术要求和合同文件等，编制调查纲要和实施调查工作，完成调查成果报告，并提交建设单位。

（14）环境调查单位按照审查验收意见进行补充调查或修改完善调查报告，提交建设单位。

（15）环境调查单位按照技术要求和合同文件等，编制调查纲要和实施调查工作，完成调查报告，提交建设单位。

（16）环境调查单位按照审查验收意见进行补充调查或修改完善调查报告，提交建设单位。

3.3.2 施工阶段管理要点

(1) 对设计、监理、施工单位进行勘察交底、风险交底说明和重点地质问题的交底说明，配合设计、施工单位及时解决设计、施工过程中与勘察、地质工作有关的问题。

(2) 必要时参与公司有关部门、建设单位及设计、施工单位等相关参建单位组织的重大安全风险评估、风险处置方案技术论证、预警判定、处理方案的论证和评审，并提供合理建议。

3.4 总体设计单位

总体设计单位为所辖线路的全线设计主体责任单位，全面负责安全风险控制措施设计的审核，主要内容及职责包括：

(1) 设计单位应负责根据相关标准规范、合同规定和相关技术要求等开展所辖标段（或工点）的总体设计工作。

(2) 建立健全安全质量及风险管理体系及制度，明确设计项目的安全风险管理制度和责任制，配置符合要求的管理人员进场，重点明确项目负责人、风险管理主管部门、风险管理实施单位或部门等的职责与分工。

3.4.1 勘察阶段管理要点

(1) 对环境现状检测进行全线汇总和初审，形成审查意见，经总体设计单位签字确认，并报建设单位。

(2) 组织对环境现状检测落实审查意见，汇总后报建设单位。

3.4.2 设计阶段管理要点

(1) 制定全线针对设计的风险管理要求（包括勘察和环境调查总体技术要求、风险接口管理、风险分级等），统一相关标准（包括不同设计阶段的设计内容与深度、图纸要求、施工图预审、工程监测设计等）。

(2) 对全线各工点设计单位的技术文件进行初步审查或预审（初步设计文件、降水专项设计、施工图设计文件、专项设计等）汇编及总体监督、管理。

(3) 汇编初步设计阶段的安全风险评估报告（含全线风险分级清单表、风险工程清单专册）、降水专项设计，以及第三方监测设计专册（依据合同文件）。

(4) 初审和汇编施工图设计阶段的风险工程分级清单、降水深化设计、专项设计文件、工前评估需求，以及第三方监测设计专册（依据合同文件）。

(5) 在进行总体设计或方案设计时初步识别重要风险，并形成重要风险工程清单，单独或同总体设计或方案设计文件及有关重大技术方案一并报建设单位。

(6) 将重要风险工程清单按照审查论证意见修改完善，并提交建设单位。

(7) 总体设计单位初审，经工点设计单位修改完善后，汇编形成安全风险评估报告，报建设单位。

(8) 负责组织工点设计单位按照审查意见修改完善（设计咨询单位监督检查其落实情

况），并报建设单位确认、备案。

（9）对抗震设计进行初步审查，并报建设单位。

（10）对初步设计文件进行初步审查，并汇编全线初步设计文件和第三方监测设计技术文件，报建设单位。

（11）组织工点设计单位按照审查意见进行修改完善（设计咨询单位督促落实），形成全线初步设计报审文件和第三方监测设计技术文件。

（12）组织工点设计单位根据政府主管部门对初步设计文件审查意见修改完善（设计咨询单位督促落实），形成最终初步设计文件，并报建设单位。

（13）对现状评估进行全线汇总和初步审查，形成审查意见，并报建设单位。

（14）对现状评估组织修改落实和重新汇总（设计咨询单位督促落实），并报建设单位备案。

（15）对风险工程分级清单和施工图设计文件（含专项设计）进行初步审查，对重要风险工程分级调整及相应的专项设计，并报建设单位。

（16）施工图设计完成后，设计单位应当对施工、监理等进行设计文件及工程风险的交底说明，设计咨询单位检查监督其实施情况。特级和重要一级环境风险工程应单独组织专项设计交底和工程风险说明。

3.4.3 施工阶段管理要点

施工过程中，设计单位应当委派专业技术人员配合施工，及时解释解决施工过程中与设计有关的问题。

3.5 工点设计单位

工点设计单位为所辖标段（或工点）安全风险控制设计主体责任单位，负责安全风险措施设计及跟踪，主要内容及职责包括：

（1）应负责根据相关标准规范、合同规定和相关技术要求等开展所辖标段（或工点）的土建设计工作。

（2）建立健全安全质量及风险管理体系及制度，明确设计项目的安全风险管理制度和责任制，配置符合要求的管理人员进场，重点明确项目负责人、风险管理主管部门、风险管理实施单位或部门等的职责与分工。

3.5.1 勘察阶段管理要点

（1）提出环境现状检测的需求和相关技术要求，填写检测需求表，经工点设计单位签字确认，并报总体设计单位。

（2）提供岩土工程勘察、环境调查和环境风险专项评估的技术要求或需求，参与上述工作的方案评审论证和成果的审查或验收。

3.5.2 设计阶段管理要点

（1）提交的设计文件应当符合国家规定的设计深度要求，并应根据工程周边环境的现状评估报告提出设计处理措施，必要时进行专项设计。设计文件中应当注明涉及工程安全质量的重点部位和环节，并提出保障工程安全质量的设计处理措施。施工图设计应当包括工程及其周边环境的监测要求和监测控制标准等内容。

（2）完成初步设计阶段和施工图设计阶段的工程设计［包括环境风险工程专项设计、降水设计、地下工程抗震设计、第三方监测设计（依据合同文件）等］。

（3）进行工程自身风险和环境风险的全面识别，编制风险工程分级清单，对重要风险工程进行专项设计，经工点设计单位签认，并报总体设计单位。

（4）进行降水设计，并汇编成专册，报总体设计单位初步审查。

（5）对降水设计按照初步审查意见修改完善，报建设单位。

（6）按照复核审查意见修改完善，形成降水初步设计专册，并报建设单位。

（7）对需进行抗震设计的工点工程进行抗震设计，形成抗震设计专项文件，并报总体设计单位。

（8）将抗震设计按照符合审查意见修改完善（总体设计单位督促落实），并报建设单位。

（9）编制初步设计文件（含第三方监测内容及要求），经工点设计单位签字确认，并报总体设计单位。

（10）提出现状评估的需求和相关技术要求，填写评估需求表，经工点设计单位签字确认，并报总体设计单位。

（11）对风险进行细化识别和分级调整，编制风险工程分级清单和施工图设计文件（含专项设计），并报总体设计单位。

（12）未对重要风险工程分级调整及相应的专项设计按照复核审查意见修改完善，并报建设单位确认、备案。

（13）对重要风险工程分级调整及相应的专项设计按照强制审查意见修改完善，形成正式施工图设计文件，报建设单位确认、备案。

（14）提供监测所需的图纸，确定工点监控的风险源类型和工程监测范围、测点布置、监测周期，明确监测项目、监测点布置、监测精度、频率控制指标等技术要求，并应在设计交底中给以充分说明。

3.5.3　施工阶段管理要点

（1）进行设计文件及工程风险的交底说明，配合施工单位及时解决与设计工作有关的问题。

（2）参与施工过程中监控数据、预警信息的分析和专家论证，必要时进行设计变更，并反馈施工单位及其他相关部门。

（3）参与预警处置，险情与事故应急响应的方案论证与处置，并提供相关建议或风险处理措施。

（4）必要时开展工后恢复设计，参与工后评估及工程修复施工处理方案的评审。

（5）设计单位对风险源清单进行交底。

（6）提供岩土工程勘察、环境调查和高等级环境风险的环境安全性专项评估的技术要求或需求，参与上述工作的方案论证和成果审查验收。

（7）开展风险识别、风险分级和必要的风险分析评价，编制风险工程评估报告，并组织专家论证，制定相应的风险控制方案，编制风险分级清单或风险设计专册，对高等级风险工程进行专项设计。

（8）编绘设计文件图纸和相关技术文件，依据工程条件变化及相应风险大小变化开展动态设计和不断优化设计方案，落实相关评审或专家论证意见和施工图文件强审意见，以符合相应设计阶段的深度要求和满足工程施工及其安全风险控制的需要。

（9）施工图设计中明确工程及其周边环境的工程监测要求（含第三方监测），根据标准规范、工程类比和专家论证确定合理的工程监测控制指标（值）。

（10）对监理、施工单位进行设计图纸文件和工程风险的交底说明，配合施工单位及时解决与工程设计、信息化施工及风险控制有关的问题。

（11）参与施工过程中监测数据变化、高等级风险工程、高等级预警工程和险情或事故的相关技术方案的分析论证和处置，提供相关风险处理措施建议。

（12）参与风险工程分级调整、重大风险工程动态评估、预警处置方案的论证。

（13）进行必要的设计变更。

（14）参加施工单位组织的危大工程方案专家论证会议。

3.6 检测评估单位

检测评估单位是建设单位或者产权单位委托的，对工程自身或者特殊环境对象开展检测、评估的专业单位，对所承担的检测评估成果承担责任，主要内容及职责包括：

3.6.1 勘察阶段管理要点

（1）收集检测需重点调查的环境风险工程相关基础资料。

（2）对环境现状安全性进行检测和必要评价，给出相应的评价指标。

（3）检测单位根据检测任务制定环境现状检测方案，实施环境现状检测工作，编制检测报告，并提交建设单位。

（4）检测单位按照审查意见补充检测或修改完善检测报告，并报建设单位。

3.6.2 设计阶段管理要点

（1）评估单位制定现状评估大纲，实施评估工作，编制评估报告，并报建设单位。

（2）评估单位按照现状评估审查意见补充评估或修改完善评估报告，并报建设单位。

3.6.3 施工阶段管理要点

（1）开展工程实施过程中的相关技术配合服务工作。

（2）开展施工附加影响分析和剩余抗力分析，评价环境对象的安全状态，提出监控量测控制指标、设计处理方案的有关建议。

（3）必要时参与有关专项设计、安全专项施工方案（含监测方案）、应急预案和施工过程中预警及风险事务处置方案的评审，并提出有关建议。

（4）环境调查单位应当就环境调查成果向设计、施工等单位进行交底说明，并及时配合设计、施工中与环境调查有关问题的解决。

3.7 监理单位

监理单位是现场施工安全风险控制的主体管理单位，承担现场落实安全风险要求的监管责任，主要内容及职责包括：

(1) 应负责施工监理、施工单位的安全风险监管和安全巡视工作，全面掌控合同标段或工点的安全状态，对监理工作全面负责。

(2) 建立或明确监理项目（部）的安全风险管理体系、制度和责任制，配备与工程规模相适应的安全风险监理组织机构与人员，重点明确项目总监、风险管理主管人员等的职责与分工。

(3) 明确或建立自身的安全风险监理规划和实施细则，配备与工程规模相适应的安全风险监理组织机构与人员。

施工阶段管理要点：

(1) 参加设计交底，督促检查施工单位进行图纸会审，并及时参与、监督施工单位将审图过程中发现的问题以书面形式报告建设单位和设计单位。

(2) 审查或组织专家评审施工单位提供的安全专项施工方案、应急预案（含监控实施方案）和环境保护措施。

(3) 对施工单位的体系落实、组织机构建立与人员配备、专项施工方案论证与风险交底、工程监测、现场巡视和施工风险动态评价、预警与响应处置、信息报送、条件验收等安全风险管理工作进行全面监督和管理。

(4) 负责安全监理交底、召开监理例会，配备专职安全监理人员进行日常巡视、安全检查等现场安全监理工作，全面、及时和真实地进行安全监理记录，定期编制安全监理报告。

(5) 当发现风险工程处于预警状态时，立即组织施工单位召开现场会议，采取专家论证、组织施工单位自行处理、下达安全隐患报告书、整改通知书、工程暂停令等措施进行处理，并及时上报建设单位风险监测部，并监督落实反馈意见。

(6) 完成对工程修复处理的方案审查、实施过程的监督和检查。

(7) 对施工图纸进行审查，预审施工单位提交的图纸会审意见，参加图纸会审及设计交底会议，督促检查施工单位进行图纸会审，并及时参与、监督施工单位将审图过程中发现的问题以书面形式报告建设单位和设计单位。

(8) 审查施工单位资质，控制进场施工队伍及人员质量。

(9) 编制安全监理实施方案、监理规划及监理实施细则。

(10) 负责监督施工单位对设计文件的学习情况、地质踏勘、环境核查和空洞普查工作及其结果的分析情况，并结合专项安全施工组织设计评审对施工方案的安全性和施工组织的合理性进行评估，指出存在的主要问题，提出处理措施建议并开展风险源识别调整活动。

(11) 审核施工单位提交的实施性施工组织设计、施工方案、专项施工方案及危大工程专项方案等，参加专家论证；对施工方法、方案和工艺进行管理，包括对施工计划、施工质量保证措施和施工方案等进行审查。

（12）参与测量交接桩，对测量基准点和参考标高的确认及工程测量放线的质量控制。监督、审核施工单位线路复测及加密测量等成果。

（13）审查施工单位上报的施工监测方案。方案经专家评审后，监理单位督促按评审意见对监测方案进行修改完善。

（14）审核施工单位编制的风险识别、分析及控制相关资料。

（15）参与和检查监督施工风险预告、施工安全技术和风险交底说明。

（16）审批施工单位开工手续，参与关键工序开工前条件验收及样板工程验收等。

（17）对施工单位进行监理交底。

（18）监督检查施工单位视频监控系统的建设。

（19）对参建监理人员进行安全、质量及风险控制交底、培训，明确控制目标及控制重点。

（20）审查与控制施工单位对施工环境与条件方面的准备工作质量。

（21）做好监控准备工作、设计交底和图纸会审、设计图纸的变更及其控制。

3.8 施 工 单 位

施工单位是现场施工安全风险控制的实施主体责任单位，全面负责现场项目部施工安全风险的控制和管理，主要内容及职责包括：

（1）建立自身的安全风险管理体系，明确施工项目（部）的安全风险管理制度和责任制，配备与工程规模相适应的安全风险管理组织机构与人员，重点明确项目经理、风险管理主管部门、风险管理实施单位或部门等的职责与分工。

（2）编制项目部安全风险管理办法和实施细则，落实以项目经理为第一责任人的现场安全风险处置和监控管理机制。

施工阶段管理要点：

（1）配合建设单位、安全监控中心和监理单位的监督、检查，制定安全风险控制实施细则，组织对施工分包单位进行安全风险管理、安全生产和巡视信息报送等的培训教育和考核。

（2）组织进行内部图纸会审，参加建设单位组织图纸会审及设计交底；参加施工图设计文件的预审和勘察设计交底，并及时将审图过程中发现的问题以书面形式报告监理和设计单位。

（3）在施工准备期开展勘察设计文件的学习、踏勘与分析，环境核查和风险深入核查识别与风险分级调整。

（4）编制安全专项施工方案、应急预案（含监控实施方案）和环境保护措施，配合监理、建设单位和安全监控中心等进行评审。

（5）安装视频监控设备，配合进行施工安全风险监控管理信息平台（以下简称信息平台）基础资料录入，进行施工风险预告与作业人员技术与安全风险交底。

（6）开展施工监测、现场巡视和视频监控、盾构实时监控，采集、汇总和及时上传施工监测数据、工况和周边环境巡视信息，确保监控数据、巡视信息的及时、准确报送，并进行施工风险动态评估、工程安全状态评价和必要的预警快报，定期编制施工监控分析报告。

（7）当发现风险工程可能处于某级预警状态时，立即报监理并启动相关预案先期处理，并将实施方案、处理过程、事务记录及时上报监控管理分中心。

（8）落实安全监控中心、建设单位风险监测部等反馈的预警信息、控制措施建议等，按风险工程和预警状态的不同等级，组织建设单位及相关参建单位相应负责人参与风险事务处理。

（9）提出消警建议报告，报监理审核。

（10）负责风险工程预警响应及险情与事故处理，并及时将处理结果报监理单位和建设单位。

（11）建立和管理施工风险管理台账，实施必要的工程修复处理。

（12）施工单位应当按照有关规定对危险性较大分部分项工程（含可能对工程周边环境造成严重损害的分部分项工程）编制专项施工方案。对超过一定规模的危险性较大分部分项工程专项施工方案应当组织专家论证。

（13）进行必要的地质调查。

（14）根据建设单位下发的周边环境调查资料，组织进行现场周边环境核查，并将核查结果反馈建设单位，指导出图及现场施工。

（15）根据施工图纸及周边环境核查情况，对工程风险进行深入识别、分析、分级调整，制定控制措施并报审，在安全质量及风险管理方面对技术方案等提出合理化建议。

（16）编制实施性施工组织设计，重大技术方案、危大工程等编制专项施工方案，应急预案（含监控实施方案）和环境保护措施并履行审批手续，必要的组织专家论证。

（17）编制作业指导书、安全质量及风险控制重点等资料，对参建人员进行培训。

（18）对招标图纸仔细核查，重点对设计方案、工艺、安全质量及风险类问题，有异议的及时提出，由建设单位组织相关单位会议研究确定，在施工图中予以响应。

（19）施工单位认真组织对设计文件的学习，识别、分析设计方案中涉及的安全风险处置措施实施的重点、难点及可能的安全风险。

（20）开工前进行施工风险预告，对现场作业人员进行技术与安全风险交底。

（21）按要求完成监测点布设及初始值采集工作，根据设计、施工及规范要求编制监测方案，对于较大风险工程应编制专项监测方案，经专家论证、审批后实施。

（22）按要求履行开工核查、关键工序开工前条件验收、样板工程验收等工作。

（23）按要求进行应急预案演练。

（24）做好消防、防汛、安保等工作。

（25）对施工中将要采用的新技术、新材料、新工艺进行审核，核查鉴定书和试验报告。

（26）加强施工方法、方案和工艺管理，包括施工组织设计、施工质量保证措施和施工方案等。

（27）加强对施工环境与条件方面的准备工作。

3.9 第三方监测单位

第三方监测单位负责合同范围内的现场监测数据采集、处理，并按要求开展现场巡视工作，对提交的监测成果负责，主要内容及职责包括：

(1) 负责实施第三方监测工作，确保提供的监测信息真实、准确，对第三方监测质量安全和监测及预警信息的完整性、及时性、可追溯性负责。

(2) 建立健全安全质量及风险管理体系及制度，明确监测项目（部）的安全风险管理制度和责任制，配置安全质量及风险管理人员进场，重点明确项目负责人、监测技术人员、巡视工程师等的职责与分工。

(3) 建立健全第三方监测的安全风险管理组织机构，配备与第三方监测工作要求相适应的技术人员和测量作业队伍。

施工阶段管理要点：

(1) 参与施工图预审、安全专项施工方案（含监测、风险控制实施方案）的评审论证，负责录入信息平台所需的基础资料信息。

(2) 监测单位应当根据勘察设计文件、安全质量风险评估报告、监测合同及有关资料编制第三方监测方案，经专家论证并经监测单位主要负责人签字后实施。监测单位应当按照第三方监测方案开展监测、巡视工作、视频监控和盾构实时监控等工作，及时向建设、监理、设计单位提供监测报告。发现异常时，立即向建设单位反馈。

(3) 负责整理、汇总、分析监测及巡视信息，根据预警标准发布监测及巡视预警，或提出综合预警建议，并跟踪预警响应及处置情况。完成监控数据、巡视信息和预警信息上报，并提交阶段性监测、巡视等风险管控阶段性成果。

(4) 协助建设单位对施工、监理单位的体系建立与执行情况、监测监控、信息报送反馈及执行情况、评估预警等进行监督、检查和指导。

(5) 协助建设单位进行预警、响应及处置工作，参与现场分析和专家论证。

(6) 协助建设单位总体评价全线安全风险状况和编制全线施工风险监控管理报告、预警快报，掌控全线施工阶段的安全风险状态。

(7) 协助建设单位对消警建议报告进行复审并实施消警。

(8) 建立第三方监测风险管理台账，协助建设单位建立所辖线路施工风险管理台账。

(9) 参与突发事件应急处置，并提供相关意见和建议。

(10) 督促施工单位完成监测点布设，同步采集初始值。

(11) 配备满足要求的测量仪器，并定期检测。

(12) 录入信息平台基础资料信息。

第4章 勘察与环境调查技术措施

4.1 勘察工作技术要点

4.1.1 勘察前期准备工作技术要点

1. 勘察设计资料准备工作技术要点

（1）勘察工作开始前，勘察单位应收集所需的设计资料和设计提出的勘察技术要求，一般包括设计平面图、纵断面图、地形图、管线图、设计说明、风险工程清单、风险评估报告等资料。

（2）勘察单位在勘察工作开始前认真熟悉设计资料和场地情况。

（3）勘察单位在勘察工作开始前认真解读设计概况、图纸内容、设计重点和勘察要求，对不明确、不理解的内容向设计单位提出疑惑，并获悉解惑后的信息。

2. 勘察现场资料收集与踏勘工作技术要点

（1）勘察单位应在勘察大纲编制前进行现场资料搜集与踏勘工作。

（2）搜集资料应包括与线路有关的区域地质、气象水文、地震安全性评价、地质灾害评估、环境评估及临近场地地质条件等相关资料。

（3）现场踏勘应注意观察场地周围的空中电缆、地下管线、地表水体、重要建筑、交通状况、地形地貌、场地进场条件等。

（4）勘察单位应邀请管线权属单位现场确认地下管线位置等。

（5）勘察单位应严格按照政府有关规定办理勘探施工的相关手续，并提前做好相关协调工作。

4.1.2 勘察大纲编制工作技术要点

在勘察工作实施前，认真根据相关的资料，编制符合相关规范、标准及规程的切实可行的勘察大纲，保证编制质量，大纲编制技术要点如下：

（1）工程概况应详细说明与勘察工作有关的线路规划、场地位置、平面布置、结构形式及顶底板埋深、轨顶标高、荷载情况、施工方法等工程设计条件和参数。

（2）地质背景需分析区域地质资料与场地附近的勘察资料，阐述场地的区域地质情况、地层分布与水位埋藏情况、地震作用等，重点说明可能存在的不良地质作用与特殊岩土，并判断场地的复杂程度。

（3）环境条件应从气象水文，道路与交通，有相互影响的相邻建（构）筑物和地上、地下管线，地表水体，文物古迹等方面来叙述。

（4）勘察手段与方法应针对需解决的主要问题，并与勘察目的相适应，同时能满足相关规范规定要求。

1）初勘与详勘阶段一般采用钻探、挖探、物探、原位测试、室内试验等勘察手段获取岩土工程勘察成果报告需要的基础资料。

2）对于填土、漂石等特殊地质体，应结合工法按要求选择合适的勘察手段。

3）受场地条件限制不能进行钻探时，应采取地质调查、物探等手段，查明场地土层的基本情况，待施工进场后再对地层资料进行补充与验证。

（5）工作量布置应满足下述要求：

1）应能满足规范、规定及对可能发生的风险进一步识别与分析的要求。

2）特殊结构部位、地层变化部位应有勘探点控制。

3）勘探点平面布置应结合管线图和现场踏勘获取的资料合理安排，避开空中电缆（光缆）、地下管线等障碍物，避免钻探作业时损坏公共设施、避免人身伤亡风险发生。

4）勘探点应采用统一的编号方式，且需具体的钻孔设计。

（6）进度计划安排需充分考虑钻探现场协调工作的难度和各种意外情况的发生；对勘察流程进行优化，避免盲目抢工，发生风险。

（7）质量保证措施应建立完整的质量保证体系，以过程控制为核心，制定行之有效的质量保证措施。

（8）应建立相应的风险管理体系，包括勘察实施过程的风险管理，设计、施工过程中与地质体有关的风险管理。

4.1.3 初步勘察工作技术要点

（1）搜集拟建工程的有关文件、工程地质和岩土工程资料以及线路通过地区的地形图。

（2）初步查明地质构造、地形地貌、地层结构、岩土工程特性、水文地质条件。

（3）划定不良地质和特殊地质地段，并初步查明其成因、类型、性质、分布、规模、发展趋势、对工程的危害程度等，对场地的稳定性做出评价，并提出治理意见。

（4）初步查明工程区域河湖淤积物的发育、分布、是否有古建筑遗址，并结合工程要求提出初步评价。

（5）初步查明地表水水位、流量、水质，以及补给、排泄条件与地下水的相互关系。

（6）初步查明地下水类型、埋藏条件、补给来源、历年最高水位、水质、渗透系数、流向，了解地下水动态和周期变化规律，进行水文地质分区。

（7）应对场地和地基的地震效应做出初步评价。

（8）应调查场地土的标准冻结深度。

（9）初步判定水和土对建筑材料的腐蚀性。

（10）对沿线的重要车站、区间及不良地段，必要时单独提供勘察资料。

（11）地下线路尚应满足以下要求：

1）调查工程区域内重要建筑物的地基条件、基础类型、上部结构和使用状态，分析地下工程施工对邻近建筑物的影响，并提出预防措施。

2）初步确定沿线土、石可挖性分级、围岩分级。

3）按水文地质单元选择代表性地段进行水文地质试验、提出有关水文地质参数。应按水文地质单元分层设置地下水位长期观测孔。

4）初步查明地下有害气体。

5）对地下工程的施工方法进行初步分析评价。

6）对基坑开挖与支护、工程降水方案进行初步分析评价。

（12）高架线路尚应满足以下要求：

1）初步确定桩基侧摩阻力和端阻力，并提出桩端持力层意见。

2）高架线路重点地段每 100～200m 应布置一个勘探孔，查明墩台地质情况，并初步提出基础类型意见。

3）控制性勘探孔深度应满足桩基沉降计算的要求，并提供沉降计算所需的参数。

（13）地面线路尚应满足以下要求：

1）应初步分段划分土、石可挖性等级；评价路基基底的稳定性。

2）高路堤应初步查明下列内容：

①基底地层结构，土、石性质，覆盖层与基岩接触面的形态。不利倾向的软弱夹层，并应评价其稳定性。

②调查地表水汇水面积及地下水活动对基底稳定性的影响。

③基底和斜坡稳定性，地质复杂地区应布置横剖面。

④应分段取岩土试样，进行物理力学试验，并应提供验算基底稳定性的技术参数。

3）深路堑勘察应初步查明下列内容：

①调查沿线天然边坡、人工边坡的工程地质条件。

②岩质边坡岩层性质、厚度、成因、节理、裂隙、断层、软弱夹层的分布、风化破碎程度；主要结构面的类型、产状及充填物。

③松散地层边坡土层厚度、地层结构、成因类型、密实程度及下伏基岩面形态和坡度。

④评价岩土透水性及地下水出露情况对路堑边坡及地基稳定性的影响。

⑤进行岩土物理力学试验和软弱面抗剪强度试验，提供边坡稳定性计算参数。

⑥提出边坡最优开挖坡形和排水措施，建议边坡坡度与支护方案。

⑦调查雨期、暴雨量及雨水对坡面、坡脚的冲刷和地震对坡体稳定性的影响。

4）支挡建筑物应初步查明下列内容：

①支挡地段地貌、地质及不良地质现象和特殊地质问题，判定其稳定状态。

②基底的地层结构及岩土性质，提供地基承载力。对路堑挡土墙应提供墙后岩土物理力学指标。

③支挡地段水文地质条件，评价地下水对支挡建筑物的影响，提出处理地下水措施。

5）应对设计横断面进行地质填绘，可根据需要单独编制报告。

（14）车辆段工程尚应满足以下要求：

1）当车辆段内具体建筑物位置未确定时，钻孔平面布置可采用方格网的布置方式，孔间距一般为 100m。

2）当车辆段内有具体建筑物时，可按照国家标准《岩土工程勘察规范》GB 50021—2001 执行。

3）应对车辆段建筑可能采取的地基基础类型进行初步分析评价。

4.1.4 详细勘察工作技术要点

（1）搜集附有坐标和地形的工点总平面图，初步勘察报告文件，详细勘察大纲要求，平面布置图，线路纵断面，工点的规模、荷载、结构特点、基础形式、埋置深度、施工方法、地基允许变形等资料。

（2）查明不良地质作用的类型、成因、分布范围、发展趋势和危害程度，提出整治方案的建议。

（3）对工程地质和水文地质复杂地段、特殊地段或有施工特殊要求的区段，应重点勘察，提出评价和处理方案。对车站出入口、通风道、水源井、车辆段等进行单独详细勘察。

（4）查明建筑范围内岩土层的类型、深度、分布、工程特性、分析和评价地基的稳定性、均匀性和承载力，分析和评价围岩的稳定性。

（5）对需进行沉降计算的建筑物，提供地基变形计算参数，预测建筑物的变形特征。

（6）查明埋藏的河道、沟渠、墓穴、防空洞、孤石、古文物等对工程不利的埋藏物。

（7）查明地下水类型、埋藏条件、补给来源、历年最高水位、枯水位、勘察时水位、水质、渗透系数、流速、流向，地下水动态和周期变化规律。

（8）分析沿线建筑物、地下构筑物及管线在施工过程中的稳定性，并提出防护措施。

（9）提供场地土的标准冻结深度。

（10）判定水和土对建筑材料的腐蚀性。

（11）应对场地和地基的地震效应做出评价。

（12）车站横剖面图不得少于3条，在地质复杂地段的区间应布置横剖面。

（13）结合设计及施工要求，按车站、区间综合各项指标以数理统计方法分层提出设计所需要的参数。

（14）如场地内存在厚层填土、人工空洞等特殊地质体，应按照相应的要求进行勘察。

（15）地下线路尚应满足以下要求：

1）调查工程区域内重要建筑物的地基条件、基础类型、上部结构和使用状态，预测因地下工程施工可能引起的变形并提出预防措施。

2）确定沿线土、石可挖性分级、围岩分级。

3）根据工程需要选择代表性地段增加水文地质试验、提出有关水文地质参数。应按工点分层设置地下水位长期观测孔。

4）查明地下有害气体。

5）对地下工程的施工方法进行分析评价。

6）对基坑开挖与支护、工程降水方案进行分析评价。

（16）高架线路尚应满足以下要求：

1）确定桩基侧摩阻力和端阻力，并提出桩端持力层意见。

2）查明墩台地质情况，并提出基础类型意见。

3）控制性勘探孔深度应满足桩基沉降计算的要求，并提供沉降计算所需的参数。

（17）地面线路尚应满足以下要求：

1）应分段划分土、石可挖性等级；评价路基基底的稳定性。

2）高路堤应查明下列内容：

①基底地层结构，土、石性质，覆盖层与基岩接触面的形态。不利倾向的软弱夹层，并应评价其稳定性。

②调查地表水汇水面积及地下水活动对基底稳定性的影响。

③基底和斜坡稳定性，地质复杂地区应布置横剖面。

④应分段取岩土试样，进行物理力学试验，并应提供验算基底稳定性的技术参数。

3）深路堑勘察应查明下列内容：

①调查沿线天然边坡、人工边坡的工程地质条件。

②岩质边坡岩层性质、厚度、成因、节理、裂隙、断层、软弱夹层的分布、风化破碎程度；主要结构面的类型、产状及充填物。

③松散地层边坡土层厚度、地层结构、成因类型、密实程度及下伏基岩面形态和坡度。

④评价岩土透水性及地下水出露情况对路堑边坡及地基稳定性的影响。

⑤进行岩土物理力学试验和软弱面抗剪试验，提供边坡稳定性计算参数。

⑥提出边坡最优开挖坡形和排水措施，边坡坡度允许值。

⑦调查雨期、暴雨量及雨水对坡面、坡脚的冲刷和地震对坡体稳定性的影响。

4）支挡建筑物应查明下列内容：

①支挡地段地貌、地质及不良地质现象和特殊地质问题，判定其稳定状态。

②基底的地层结构及岩土性质，提供地基承载力。对路堑挡土墙应提供墙后岩土物理力学指标。

③支挡地段水文地质条件，评价地下水对支挡建筑物的影响，提出处理地下水措施。

5）应对设计横断面进行地质填绘，可根据需要单独编制报告。

（18）车辆段内建筑物的勘察可按照国家标准《岩土工程勘察规范》（GB 50021—2001）执行，同时应提供场地的横断面图；当车辆段场地为鱼塘、垃圾坑、冲沟等需要大面积场地平整处理时，需提供原状土的顶面等高线图。

（19）补充勘察时：

1）当由于线位调整、设计变更等导致原钻孔不能控制结构位置的地质条件时，应由建设单位委托勘察单位进行补充勘察，勘察单位按照新的需求进行补充勘察。

2）详细勘察阶段由于场地原因等导致不能完成的勘察工作，在场地具备条件后应及时进行补充勘察。

3）补充勘察应按照详细勘察的技术要求执行。

4.1.5 施工勘察工作技术要点

施工勘察的目的是详细了解、准确掌握并验证场地的地质条件，以控制施工过程中的地质风险。

（1）应对工程区域内进行空洞探测。

（2）施工阶段设计变更需要进行勘察时，按变更内容、要求进行相应的勘察。

（3）施工中遇见新的地质问题时，针对其特点、需要进行勘察。

（4）施工方案变更需要进行勘察时，根据施工方案的工法、内容进行勘察。

（5）施工中遇到工程险情需要进行勘察时，根据险情的类别、特点、形式进行勘察。

（6）施工勘察应根据施工需要、地质条件和遇到的工程地质问题，有针对性地选择勘察方法和手段。

4.1.6 常见地质风险勘察工作技术要点

1. 人工填土

（1）填土由于其松散性和不均匀性，往往给地基、基坑边坡和围岩的稳定性带来风险。填土根据物质组成和堆填方式可分为以下四类：

1）素填土：由碎石土、砂土、粉土和黏性土等一种或几种材料组成，不含杂物或含杂物很少。

2）杂填土：含有大量建筑垃圾、工业废料或生活垃圾等杂物。

3）冲填土：由水力冲填泥砂形成。

4）压实填土：按一定标准控制材料成分、密度、含水量，分层压实或夯实而成。

（2）填土的勘察应查明下列内容：

1）地形、地物的变迁，填土的来源、物质成分、堆填方式。

2）不同物质成分填土的分布、厚度、深度、均匀程度及相互接触关系。

3）不同物质成分填土的堆填时间、环境变迁与受、卸荷经历。

4）填土的含水量、重力密度、颗粒级配、有机物含量、密实度、压缩性、湿陷性及腐蚀性等。

5）地下水的赋存状态、补给、径流、排泄方式及水质的腐蚀性等。

（3）填土的勘探应符合下列要求：

1）勘探点的密度应能查明暗埋的塘、沟、坑的范围和不同种类与物质成分填土的分布、厚度、工程性质及其变化。

2）勘探点的深度应穿透填土层，并应满足工程设计及地基加固施工的需要。

3）勘探方法应根据填土性质确定。对由粉土或黏性土组成的素填土，可采用钻探取样、轻型钻具与原位测试相结合的方法；对含较多粗粒成分的素填土和杂填土，宜采用轻型动力触探、钻探，并宜有一定数量的探井。

（4）填土的工程特性指标宜采用下列方法确定：

1）填土的均匀性和密实度宜采用轻型动力触探法，并辅以室内试验。

2）杂填土的密度试验宜采用大容积法。

（5）填土的岩土工程评价应符合下列要求：

1）阐明填土的成分、平面分布、厚度与岩土工程性质及其变化。

2）提出填土的处理措施。

3）对填土的承载力、抗剪强度、基床系数和天然密度等提出建议值。

4）在明挖、盖挖或暗挖时应就边坡坡度、支护措施类型、对施工的影响及应有的监测工作提出建议。

5）填土开挖时应进行验槽，必要时应补充勘探测试工作。

2. 地层空洞

（1）城市地区表层地质体受人工扰动严重，存在人工空洞，给工程施工带来潜在风险。

(2) 勘察过程中注意发现空洞以及空洞存在的要素；从空洞形成的要素分析空洞存在的可能性和部位。

(3) 容易形成空洞的地段一般包括：雨污水管线周边、深基坑工程附近、地下水位动态变化较大地段、原有空洞部位（菜窖、墓穴、鼠洞等）、管线渗漏地段、砂土复合地层结构地段等。

(4) 施工勘察阶段应进行空洞探测的专项勘察。

(5) 空洞探测的范围对于明挖基坑为基坑周围一倍的基坑深度范围，对于隧道工程为隧道两侧一倍的隧道底板埋深范围。

(6) 空洞探测专项勘察应分工前空洞探测和工后空洞探测。

(7) 工前空洞探测目的是探查施工场地已存在的人工空洞，确保施工安全。

(8) 工后空洞探测目的是检测施工对周边土体的扰动情况，及时进行处理，不留隐患，包括地面空洞探测和结构背后空洞探测。

(9) 当出现地面异常沉降、塌方、出土量异常、注浆量和注浆压力异常等情况时应进行工后空洞探测。

(10) 工后空洞探测的重点部位一般为施工降水部位（尤其是采用辐射井降水施工的部位)、塌陷特征地层分布区、地面沉降异常部位及出现出土量大、注浆量异常、注浆压力小等施工异常部位。

(11) 空洞探测专项勘察的一般工作方法为：

1) 首先进行调查分析，通过对场地施工历史、管线渗漏、检查井附近以及沿线建筑物的降水等对土层造成扰动的情况进行调查和分析，分析可能出现空洞的区域。

2) 根据场区条件和探测深度的要求，选用物探结合勘探的方法。

3) 物探一般包括地质雷达、高密度电法及浅层地震等方法。具体方法选择应考虑其使用性。

4) 对物探发现的异常部位采用勘探手段进行验证，最终确定空洞的位置和范围。

3. 卵石、漂石地层

(1) 卵石、漂石地层中的漂石会给围护桩施工、管棚和小导管施作以及盾构施工带来困难和风险；卵石、漂石地层的高渗透性也会给工程降水和注浆带来困难。

(2) 卵石、漂石地层勘察为查明漂石的颗粒级配和最大颗粒直径应布置一定数量的人工探井（原则上每个工点不少于一个）。

(3) 卵石、漂石地层勘察应重点满足以下要求：

1) 钻探时应记录粒径大于钻孔直径的漂石的位置和埋深。

2) 钻探时记录或分析确定卵石的胶结强度。

3) 通过调查等综合手段探察卵石的最大粒径。

4) 当需要降水时，应在抽水试验的基础上针对卵石、漂石的充填物综合分析给出渗透系数。

5) 宜通过单轴抗压试验或点载荷试验测试卵石的强度。

6) 宜提供卵石的颗粒级配和颗分曲线，特征粒径 d50、d70、d10 及不均匀系数等。

4. 饱水砂层透镜体

（1）饱水砂层透镜体由于其分布的随机性，详细勘察阶段不容易被发现；施工时，隧道开挖范围遇到它会造成隧道涌水和流砂。

（2）为了降低工程施工风险，勘察过程中应着重满足以下几方面的要求：

1）勘察过程中应注意查明砂层透镜体的分布。

2）应结合周边管线渗漏、绿地浇水等环境条件判断砂层透镜体饱水的可能性。

3）施工单位进场后对饱水砂层透镜体进行核查和验证探测。

4）宜查明流砂的规模与特性，注意分析砂层本身的含水量，地下水状态和地表水的补给状态。

5）宜查明流砂的地质构成、粒径、相对密度、塑性指数、地层滞水层分布、地下水透水系数与压力等。

（3）当饱水砂层透镜体位于矿山法隧道拱顶和侧壁附近时，应加密钻孔间距查明其分布形态，钻孔间距可控制在 10～15m。

5. 上层滞水

（1）上层滞水由于其分布的随机性和不稳定性，又因详细勘察距离施工的时间较长，造成其不容易被查清，给施工带来一定风险。

（2）为了降低工程施工风险，勘察过程中应着重满足以下几方面的要求：

1）勘察过程中记录所有钻孔的初见水位情况。

2）根据现场勘察的土层结构，结合环境调查以及管线渗漏的情况，对上层滞水存在的可能性及部位进行分析预测。

3）施工单位进场后，应按照施工勘察的要求，对上层滞水的分布状况进行核查。

（3）对于隧道或基坑范围内存在相对隔水层，场地附近又具备补给条件（绿地浇水、管线渗漏、大气降水等）的地段，应有钻孔控制，并进行重点勘察。

4.1.7 水文地质勘察工作技术要点

1. 水文地质勘察

（1）水文地质勘察应符合下列规定：

1）搜集区域气象资料，评价其对地下水的影响。

2）查明地下水的类型和赋存状态、含水层的分布规律，划分水文地质单元。

3）查明地下水的补给、径流和排泄条件，地表水与地下水的水力联系。

4）查明勘察时的地下水位，调查历史最高地下水位、近 3～5 年最高地下水位、地下水水位年变化幅度、变化趋势和主要影响因素。

5）供地下水控制所需的水文地质参数。

6）调查是否存在污染地下水和地表水的污染源及可能的污染程度。

7）评价地下水对工程结构、工程施工的作用和影响，提出防治措施的建议。

8）必要时评价地下工程修建对地下水环境的影响。

（2）应根据地下水类型、基坑形状与含水构造特点等条件，提出地下水控制措施的建议。

（3）地下水对地下工程有影响时，应根据工程实际情况布设一定数量的水文地质试验孔和长期观测孔。

(4) 对工程有影响的地下水应采取水试样进行水质分析。

(5) 当水文地质条件复杂且对工程影响重大时，应通过现场试验确定水文地质参数。

(6) 勘察时遇地下水应量测水位。当场地存在对工程有影响的多层含水层时，应分层量测。

2. 地下水动态观测

(1) 工程沿线应设置长期水文观测孔，观测地下水的动态变化。

(2) 动态观测孔宜每工点不少于 1 个，且孔间距不大于 1km。

(3) 地下水动态观测周期应自初步勘察阶段开始，至结构竣工 1 年以后；后期跟进运营线路的需要确定是否继续观测。

(4) 全线的水文动态观测孔，应有线路的总体勘察单位统一管理。

(5) 观测数据以月报的形式报送相关单位。

(6) 水位观测应符合下列要求：

1) 设置的观测点均应测量坐标地面标高及固定点的标高。

2) 水位观测应从固定点量起并将读数换算成从地面算起的水位埋深及水位标高值。

3) 观测地下水位压力水头的测试设备，可根据现场观测点的条件和测量精度与频率要求，选用电测水位仪、自计水位仪或自动监测仪，当观测孔为自流井且压力水头很高时，可安装压力表，当压力水头不高时，可用接长井管的方法观测承压水位。

4) 在使用电测水位仪前，应检查电源、音响及灯显装置，要确保效果良好。对无标尺的测线，在初测前应用钢尺校准尺寸记号。

5) 对安装自记水位仪的观测点，宜每一个月用其他测具对水位实测 1 次，与自记水位仪的记录结果核对；对安装自动监测仪的观测点，安装后第一个月及以后每半年，用其他测具实测 1 次水位，与自动监测仪的记录结果核对。

6) 各观测点的观测日期时间及水位状态应统一。

7) 对观测孔的深度及孔口标高宜每年定期检测 1 次。

(7) 水位观测频率应符合下列要求：

1) 长期观测孔人工观测的水位宜每 10d 观测 1 次，观测日期应为每月的 10 日、20 日、30 日（二月为月末）。

2) 对安装有自动水位监测仪的观测孔，水位观测宜为每日 4 次，观测时间宜为 6 时、12 时、18 时和 24 时。存于存储器内的数据可每月采集 1 次，也可根据需要随时采集。

3) 当气象预报有中雨以上降雨时，对潜水层中的观测点从降雨开始应加密观测次数，每日观测 1 次，至雨后 5d 止；对设有自动监测仪的观测点，每日仍宜观测 4 次。

4) 对傍河的观测孔，平时每 10d 观测 1 次，洪水期每日观测 1 次，从洪峰到来起，每日早、中、晚各观测 1 次，并延续至洪峰过后 48h 为止。对设有自动监测仪的观测点，观测次数不变。

5) 对流量较稳定的泉水水位，应每 10d 观测 1 次，当发现泉水水位变化较大时，则应每天观测 1 次，直至水位恢复正常为止。

6) 当沿线出现矿山突水或施工建设基坑排水时，附近的观测孔应加密观测次数，每天观测 1～2 次，直至水位变速接近突水或排水前时方可转入正常观测。对设有自动监测仪的观测点，观测次数不变。

7）进行地下水人工回灌地区的水位观测工作，宜10d每观测1次；非连续回灌地区，回灌期间宜每天观测1次，停灌后视回灌水丘的消失速率，逐渐改为每10d观测1次。

（8）地下水位观测精度应符合下列要求：

1）水位观测数值以m为单位，测记至小数点后两位。

2）对人工观测水位，应测量两次，间隔时间不应少于1min，取两次水位的平均值，两次测量允许偏差应小于1cm。

3）自动监测水位仪精度误差不应大于1cm。

4）每次测量结果应当场核查，发现反常及时补测，应使资料真实、准确、完整、可靠。

3. 水文地质试验

（1）当水文地质条件复杂且对工程影响重大时，应通过现场试验确定水文地质参数。

（2）初见水位和稳定水位，可在钻孔、探井和测压管内直接量测，量测精度不得低于±2cm，并注明量测时间。稳定水位的间隔时间应根据地层的渗透性确定。从停钻至量测的时间，对砂土和碎石土不宜少于0.5h，对粉土和黏性土不宜少于8h。对位于江边、岸边的工程，地表水与地下水应同时量测。

（3）测定地下水流向可用几何法，量测点不应少于呈三角形分布的3个测孔（井）。地下水流速的测定可采用指示剂法或充电法。

（4）含水层的渗透系数及导水系数宜采用抽水试验、注水试验求得；含水层的透水性根据渗透系数k按表4-1的规定划分。

表4-1　含水层的透水性

类别	特强透水	强透水	中等透水	弱透水	微透水	不透水
k（m/d）	$k>200$	$10\leqslant k\leqslant 200$	$1\leqslant k<10$	$0.01\leqslant k<1$	$0.001\leqslant k<0.010$	$k<0.001$

（5）含水层的给水度宜采用抽水试验确定。松散岩类含水层的给水度，可采用室内试验确定；岩石裂隙、岩溶的给水度，可采用裂隙率、岩溶率代替。有经验的地区，可采用经验值。

（6）越流系数宜进行带观测孔的多孔抽水试验确定。影响半径可通过计算法求得，当工程需要时，可用实测法确定。

（7）土中孔隙水压力的测定应符合下列规定：

1）测试点位置应根据地质条件和分析需要选定。

2）测压计的安装和埋设应符合有关技术规定。

3）测试数据应及时分析整理，出现异常时应分析原因，采取相应措施。

（8）抽水试验和注水试验布置应符合下列规定：

1）应布置在不同地貌单元、不同含水层（组）且富水性较强的地段，并距隧道外侧3～5m。

2）需人工降低地下水位的车站、区间应布置试验孔。

3）抽水试验的观测孔宜垂直或平行地下水流向。

4）在含水构造复杂且富水性较强的地段应分层或分段进行抽水试验；潜水与承压水

应分别进行抽水试验。

（9）抽水试验应符合下列规定：

1）抽水试验方法可按表 4-2 的规定确定。

表 4-2　抽水试验方法和应用范围

试验方法	应用范围
钻孔或探井简易抽水	粗略估算弱透水层的渗透系数
不带观测孔抽水	初步测定含水层的渗透性参数
带观测孔抽水	较准确测定含水层的各种参数

2）抽水试验宜三次降深，最大降深宜接近工程设计所需的地下水位降深的标高。

3）水位量测应采用同一方法与仪器，读数单位对抽水孔为厘米，对观测孔为毫米。

4）当涌水量与时间关系曲线和动水位与时间的关系曲线，在一定的范围内波动，而没有持续上升或下降时，可认为已经稳定。稳定水位的延续时间：卵石、圆砾和粗砂含水层为 8h，中砂、细砂和粉砂含水层为 16h，基岩含水层（带）为 24h。

5）抽水试验应同时观测水位和水量，抽水结束后应量测恢复水位。

（10）注水试验可在试坑或钻孔中进行，注水稳定时间宜为 4～6h。

（11）压水试验应根据工程要求，结合工程地质测绘和钻探资料确定试验孔位，并按岩层的渗透特性划分试验段。

4.1.8　地质风险评价工作技术要点

1. 地质风险评价

（1）岩土工程勘察工作完成后应进行地质风险评价，应以章节形式体现在勘察成果报告中，必要时单独形式地质风险评价专项报告。

（2）地质风险评估包括地质风险因素识别、地质风险单元划分、地质风险等级判定、风险处置措施建议等几部分内容。

（3）地质风险因素识别主要依据现场踏勘情况、地层资料、原位测试、试验指标、地下水位、不良地质和特殊岩土以及工程规模、尺寸、工法等特点进行，并形成地质风险因素清单。

（4）地质风险单元划分主要依据风险因素的分布及其与工程结构的位置关系进行划分，在地层变化部位、不良地质与特殊岩土发育部位、地下水变化部位、周边环境不同部位要考虑划分地质风险单元；没有特殊变化时宜沿线路每 10m 作为一个分析单元。

（5）风险等级判定主要依据不同地质风险单元内风险事件发生的可能性和造成后果的严重程度，判定风险等级，以便在后续的设计施工中给以关注。

（6）风险处置措施建议依据风险事件及风险等级，从地质方面提出加固、降水、止水、地基处理等处置措施建议。

2. 工程降水风险评价

（1）当工程拟采用降水方式进行地下水控制时，勘察报告中应对工程降水可能引起的风险进行专门评价。

（2）勘察报告中应提供专项勘察时地下水类型、地下水水位、地下水的动态变化以及近3～5年的地下水水位。

（3）依据水文地质条件，结合工程特点建议合适的降水施工工艺。

（4）预测基坑涌水量，判断所采用降水工艺进行地下水控制的可行性。

（5）分析降水可能带来的地面沉降等周边环境效应，提出地面沉降控制措施建议。

（6）提出工程降水需采取的检测和监测措施建议。

3. 工程止水风险评价

（1）当拟建工程拟采用止水方式进行地下水控制时，勘察报告中应对工程止水可能引起的风险进行专门评价。

（2）勘察报告中应提供专项勘察时地下水类型，地下水水位，地下水的动态变化，近3～5年的地下水水位。

（3）依据水文地质条件，结合工程特点建议合适的止水施工方法。

（4）结合土层条件和水文地质特征，分析止水工艺的可行性。

（5）分析预测止水施工可能会出现的工程问题，并提出相关处理措施建议。

（6）提出工程止水需采取的相关检测和监测措施建议。

4.1.9 勘察过程关键环节技术控制要点

1. 勘察前期准备控制要点

（1）勘察单位在前期策划阶段应认真收集和研究既有资料，主要包括以下几个方面：

1）收集区域地质资料、地下管线资料及周边环境资料。

2）认真分析、利用收集到的区域地质资料、地下管线资料或周边环境资料。

3）认真分析、利用上阶段勘察成果资料。

（2）勘察单位在前期策划阶段应认真编制勘察大纲：

1）勘察大纲编制依据的规范标准要恰当。

2）勘察手段方法选用应合理。

3）勘察工作量布置应满足规范要求。

4）勘察方案制定应考虑设计、施工需要。

5）勘探点布置应与工点类型、构筑物形式、施工工法结合。

6）安全、质量责任制应明确。

7）安全、质量保证措施应到位。

8）勘察大纲审批、签署应完善。

2. 勘察实施过程控制要点

（1）勘察实施前应实地逐点（勘探点）进行地下管线核查、探测，并在勘探中采取进一步的安全技术措施。

（2）孔位测放可依据地表参照物布设钻孔，实际孔位应采用测量仪器测放，孔位测放精度满足规范要求。

（3）勘探孔距应满足规范要求，地质异常段应加密勘探孔。

（4）勘探孔深应满足规范、设计及施工要求，遇断裂、洞穴等不良地质时应加深。

（5）技术孔、控制性钻孔比例应满足规范要求，车站出入口、通风道或竖井等应有控制性钻孔。

(6) 钻进方法恰当，岩芯采取率满足规范要求，分层深度合理，岩芯摆放顺序或描述正确。

(7) 取样方法正确，样品质量满足规范要求，样品数量满足规范要求，样品标识、保管、运送符合要求。

(8) 原位测试手段选用合理，原位测试仪器、设备性能满足要求，测试深度符合要求，测试操作方法恰当。

(9) 物探测试仪器、设备性满足要求，测试方法恰当，测试项目无遗漏。

(10) 钻孔应观测地下水位，主要含水层应分层进行水文地质试验，水文地质试验方法应符合规范要求。

(11) 原始记录完整，签署齐全，记录内容完善。

(12) 试验方法、试验过程质量控制、试验成果应符合规范要求。

(13) 勘探过程中谨防发生伤及作业人员或地下管线、周边建筑物等事故，勘探孔应进行回填封孔，封孔质量应符合要求。

3. 勘察成果控制要点

(1) 岩土层划分应合理。

(2) 不良地质、特殊岩土、有害气体等识别应全面无遗漏，不良地质、特殊岩土、有害气体等对工程影响的评价应准确、全面。

(3) 应阐明地下水的水位，补、径流、排泄条件，阐明含水层的富水性、透水性，判明地下水（土）的化学类型及腐蚀性。

(4) 场地类别划分、场地稳定性、适宜性评价应准确。

(5) 围岩分级和土石工程分级应合理。

(6) 岩土物理、力学参数统计分析应正确，岩土物理、力学参数建议值的提出方法应合理、建议值应无遗漏并满足设计需要。

(7) 工程地质条件、水文地质条件评价应准确、全面。

(8) 工程地质措施建议应合理性、具有针对性。

(9) 工程施工对环境影响以及环境对工程施工影响分析应准确，全面。

(10) 成果报告中应对勘察工作遗留问题进行说明并提出处理措施建议。

(11) 应对特殊地质条件提出专项勘察建议。

(12) 勘察文件应进行内部审核，并按照审查意见进行修改完善。

4.2 环境调查工作技术要点

4.2.1 初步调查工作技术要点

1. 房屋建筑调查

(1) 房屋建筑包括住宅、厂房、办公楼、公共设施等。

(2) 房屋建筑应调查其用途、外观、建筑材料、地质条件等常规属性。

(3) 房屋建筑还应调查结构形式、地上地下层数、层高、荷载、基础形式及基础埋深等结构属性。

（4）对于采用桩基的建筑物，应获取桩位布置图、桩长、桩径、外廓尺寸、使用状态、荷载传递特征等参数。

2. 桥涵调查

（1）桥涵包括城市立交桥、跨河桥、过街天桥以及涵洞等。

（2）桥涵调查应调查桥涵类型、规模、建筑材料。

（3）桥涵调查还应调查桥涵的结构形式、基础形式、跨度、桩位布置图、桩长、桩径、外廓尺寸、设计荷载等级、荷载传递特征等结构属性。

3. 既有轨道交通设施调查

（1）既有轨道交通设施应调查线路的敷设方式（地下线、地面线、高架线），线路形式（有缝线路、无缝线路），道床形式（碎石道床、整体道床）等常规属性。

（2）地下线路还应调查隧道底板埋深、隧道断面尺寸、结构形式。

（3）地面线路还应调查路基填料、结构和路基的填筑厚度。

（4）高架线路还应调查桩位、桩长、桩径、荷载、受力模式等。

（5）铁路（主要包括国铁、地方铁路以及铁路专用线）除对桥涵进行调查外，尚应调查路基填料、结构和路基的填筑厚度，铁路的变形控制标准，铁路的牵引方式、养护状况、发车间隔、荷载等。

4. 地表水体调查

（1）地表水体包括河流、湖泊、水库、池、塘、沟、渠等。

（2）地表水体应调查水体的尺寸、水深与水面标高、水量大小、流速、水质、补给来源、水底结构及衬砌情况。

（3）对于水工建筑还应调查其基础形式、堤岸的结构形式。

5. 市政道路调查

（1）市政道路包括高速公路、城市快速路、城市主干道、次干道、支路等。

（2）市政道路应调查道路的管理单位、道路等级、路面材料、路面宽度、车辐宽度、修建年代、养护周期、道路平整度要求、车流量状况、路基填料、结构及路基的填筑厚度等。

6. 文物调查

（1）文物调查包括地上和地下的文物，应委托文物部门进行专项调查。

（2）文物调查应包括其名称、管理单位、文物等级、修建年代、结构形式、分布范围、基础形式、埋置深度、历史损坏和修复情况等。

7. 成果资料

（1）初步调查阶段环境调查应形成报告，报告宜包括工程概述、调查依据、调查的范围、内容、对象、方法、工作量完成情况、调查对象成果表、调查对象平面位置图、调查对象的影像资料等内容。

（2）调查对象成果表宜编录成册。

（3）调查对象平面位置图宜以 1∶1000 带状地形为调查范围，图面上按低层、多层、高层、桥梁、地下构筑物等分别进行标识。

（4）调查对象的编号应与总图对应，各调查对象资料宜按照设计标段装订成册。

4.2.2 详细调查工作技术要点

1. 房屋建筑调查

（1）应调查结构的老化情况，结构的裂缝情况。

（2）应对调查对象进行详细描述，并进行素描或拍照。

（3）对于有地下室等地下结构的房屋建筑宜调查基坑支护结构及降水井等施工属性。

（4）搜集调查对象基础的平面、立面图纸，维护结构的设计施工图纸，降水井的结构和位置图等设计和竣工资料，以及建筑物设计时允许的沉降变形量和建筑物的实测变形资料等。

（5）搜集的资料还应包括浅基础平面布置坐标、桩位平面布置坐标、桩型图、设计说明等。

2. 桥涵调查

（1）桥涵应调查桥涵的养护情况、外观（新旧）、桥面破损、结构裂缝、沉降变形情况等。

（2）应对桥涵限载、限速等使用属性进行调查。

（3）对桥涵还应调查其工作状态，收集竣工资料及相关维修、维护资料。

3. 既有轨道交通设施调查

（1）既有地铁线路应调查线路车辆荷载与震动、运行速度、轨道变形要求等使用属性。

（2）地下线路还应调查隧道的施工方法、施工开挖范围、支护措施等，并对结构使用现状进行判断。

（3）对于使用年代较长，结构损伤严重的既有地铁线路地段宜进行结构现状鉴定。

4. 地下构筑物调查

（1）地下构筑物包括地下人防工程、化粪池、过街通道、地下油库、地下暗河、古井、墓穴，以及各种地下管线隧道等。

（2）地下构筑物应调查主体结构形式、外廓尺寸、厚度、顶板和底板标高等结构属性；以及施工方法、是否降水、使用状况、所用材料等。

（3）若地下构筑物设有排水泵站，还需查明泵井的深度、结构形式、常年水位标高等。

（4）对于人防工程，重点查明结构形式、基础埋置深度、使用现状、出入口的准确位置、充水情况等。

（5）调查过程中应注意发现遗弃的隐蔽地下设施。

（6）地下构筑物：收集竣工图纸、结构平面、剖面、设计说明等。

5. 地表水体调查

（1）地表水体应调查水底淤泥厚度及其与地下水的关系等。

（2）对于河流、湖泊、水库等还应调查堤岸的防洪水位、标高、通航要求、历史最高洪水位、建成年代、工作状态等。

（3）地表水体通过现场观测和试验确定其于地下水的联系，搜集水工建筑的设计、竣工资料。

6. 其他调查

(1) 文物调查应调查文物的结构图纸和沉降观测资料，必要时进行结构现状鉴定。

(2) 古树调查应包括其名称、种类、位置、管理单位、树龄、树干直径、树冠的投影直径等。

7. 成果资料

(1) 详细调查阶段环境调查应形成报告，报告宜包括工程概述、调查依据、调查的范围、内容、对象、方法、工作量完成情况、调查对象成果表、调查对象平面位置图、调查对象的影像资料等内容。

(2) 详细调查成果资料宜以图纸资料为主，一般包括重要建构筑物、桥梁的设计、竣工图纸以及沉降观测资料的复印件。

4.2.3 管线初步调查工作技术要点

1. 架空管线调查

(1) 常见的架空管线包括高架输电线、架空电缆、架空光缆等。

(2) 架空管线应调查管线类型，线塔或线杆的位置，管线走向等。

2. 无介质管线调查

(1) 常见的无介质管线包括埋地电缆、埋地光缆等。

(2) 无介质管线应调查管线的类型、位置、走向、埋置高程检查井位置等。

3. 无压管线调查

(1) 常见的无压管线包括雨水、污水等。

(2) 无压管线应调查管线的类型、位置、走向、埋置高程、检查井位置、直径等。

4. 压力管线调查

(1) 常见的压力管线包括埋自来水、燃气、供水、热力、输油管道等。

(2) 压力管线应调查管线的类型、位置、走向、埋置标高、管径、埋设方式（直埋、管沟）等。

5. 成果资料

(1) 管线初查成果主要以管线平面图的形式反应，还应包括管线调查工作说明。

(2) 平面图除标明管线的位置和走向，还应列表说明管线的类型、埋置标高、管径等信息。

(3) 管线调查说明中应说明调查工程概况，调查的工作方法和手段，调查的工作量情况等。

4.2.4 管线详细调查工作技术要点

1. 架空管线调查

(1) 在初查的基础上应调查管线的权属单位、管理单位、控制闸位置、修建时间、其与拟建工程的位置关系等。

(2) 调查架空管线的悬高，高压线塔的基础形式。

(3) 调查电缆的电压大小，通信光缆的重压性（总线、支线）。

2. 无介质管线调查

(1) 无介质管线在初查的基础上还需要调查管线的权属单位、管理单位、控制闸位置、修建时间、其与拟建工程的位置关系等。

（2）调查管线的埋设方式（直埋、加保护层埋设、管沟埋设等）及调查电缆的电压大小，通信光缆的重压性（总线、支线）。

3. 无压管线调查

（1）无压管线在初查的基础上还需要调查管线的权属单位、管理单位、控制闸位置、修建时间、其与拟建工程的位置关系等。

（2）调查管线的材质、管节长度、接口形式、介质的填充情况、介质的流量、介质的输送时间、管线的工作情况（正常、废气、渗漏）。

4. 压力管线调查

（1）压力管线在初查的基础上还需要调查管线的权属单位、管理单位、控制闸位置、修建时间、其与拟建工程的位置关系等。

（2）调查管线的材质、管节长度、接口形式、工作压力、修建年代、质量情况、节门的位置等。

5. 成果资料

（1）管线详查成果资料的组成应包括：管线调查说明、管线调查成果表、管线平面位置图、管线的影像资料等。

（2）管线调查说明中应说明调查工程概况、调查的目的、范围、工作方法及成果分析与评价。

4.2.5　重点环境现状检测工作技术要点

1. 现状检测要点

（1）检测工作主要包括：结构外观检测、混凝土内部情况检测、结构既有变形检测等内容，对于既有线或铁路还应对轨道结构进行调查。

（2）结构外观：混凝土的表面情况（开裂、脱皮）、钢筋外露、渗漏情况。

（3）混凝土内部情况：混凝土的强度、混凝土的密度、钢筋锈蚀、碳化深度、保护层厚度、碱骨料反应、氯离子含量等。

（4）结构既有变形：结构已发生的累计沉降量、沉降缝两侧差异沉降、结构既有倾斜、挠曲等。

（5）轨道结构调查：轨道线路平面及纵断面现状测量、轨道维修养护现状、轨枕及扣件的完好情况、钢轨扣件的调整情况、整体道床的裂缝情况等。

2. 成果资料

环境现状检测应形成报告，报告宜包括：工程概述、检测依据、检测内容、范围与方法、工作量完成情况、检测结果、评价与结论、相关现状检测影像资料等内容。

4.2.6　施工阶段环境核查工作技术要点

1. 环境核查要点

（1）施工单位进场后应对照环境调查报告核查场地周边环境条件的变化情况，并对因环境变迁或设计变动出现的新的环境调查对象进行重新调查。

（2）对场地周边施工影响区内的桥梁、建筑物等重点核查其使用现状、结构裂缝等病害，并做详细描述和拍照。

（3）对于地表水体的淤泥厚度，应进行实地量测。

（4）施工调查应特别注意地下管线和地下构筑物环境的调查，应做到“动土必挖”，对所有需要开挖范围内的地下环境进行详细的调查和确认。

（5）采用现场量测确定各个环境对象与工程的准确位置关系。

（6）对雨水、污水管线应重点核查管线中介质的填充情况、介质的流量、介质的输送时间、管线的渗漏情况等，必要时应通过挖探加以验证。

（7）对自来水、燃气、供水、热力等压力管道应重点核查其工作压力及控制节门的位置。

（8）地下构筑物重点核查构筑物的充水情况，尤其是化粪池等应重点核查其位置和渗漏情况。

（9）注意探查废弃的管线和地下工程，必要时开挖确认并妥善处置。

2. 成果资料

（1）施工阶段环境核查的成果资料包括：文字报告、调查对象成果表、调查对象平面位置图、调查对象现场实测数据及影像资料等。

（2）文字报告应包括：现场核查情况及各个环境对象与工程的确切位置关系。

（3）施工阶段环境核查报告应报送相关单位。

第 5 章　监测技术措施

5.1　常规仪器监测

5.1.1　监测项目

1. 明挖法和盖挖法监测项目

（1）应测项目：

1）支护桩（墙）、边坡顶部水平位移。

2）支护桩（墙）、边坡顶部竖向位移。

3）支护桩（墙）体水平位移。

4）立柱结构竖向位移。

5）立柱结构水平位移。

6）支撑轴力。

7）锚杆拉力。

8）地表沉降。

9）竖井井壁支护结构净空收敛。

10）地下水位。

（2）选测项目：

1）支护桩（墙）结构应力。

2）立柱结构应力。

3）顶板应力。

4）土钉拉力。

5）土体深层水平位移。

6）土体分层竖向位移。

7）坑底隆起（回弹）。

8）支护桩（墙）侧向土压力。

9）孔隙水压力。

2. 盾构法隧道管片结构和周围岩土体监测项目

（1）应测项目：

1）管片结构竖向位移。

2）管片结构水平位移。

3）管片结构净空收敛。

4）地表沉降。

（2）选测项目：

1）管片结构应力。

2）管片连接螺栓应力。
3）土体深层水平位移。
4）土体分层竖向位移。
5）管片围岩压力。
6）孔隙水压力。

3. 矿山法隧道支护结构和周围岩土体监测项目

（1）应测项目：
1）初期支护结构拱顶沉降。
2）初期支护结构底板竖向位移。
3）初期支护结构净空收敛。
4）中柱结构竖向位移。
5）地表沉降。
6）地下水位。
（2）选测项目：
1）隧道拱脚竖向位移。
2）中柱结构倾斜。
3）中柱结构应力。
4）初期支护结构、二次衬砌应力。
5）土体深层水平位移。
6）土体分层竖向位移。
7）围岩压力。

4. 高架桥主体结构及大型临时设施监测项目

（1）应测项目：
1）基础沉降（梁桥、拱桥、斜拉桥、悬索桥）。
2）竖向位移（梁桥、拱桥、斜拉桥、悬索桥）。
3）结构应变（梁桥、拱桥、斜拉桥、悬索桥）。
4）水平位移（有推力的拱桥拱脚水平位移）。
5）施工栈桥、平台的水平、竖向位移。
6）施工栈桥、平台的结构应力。
7）钢围堰的水平、竖向位移。
8）支架体的水平、竖向位移。
9）支架体的结构应力。
10）模板的结构应力。
11）挂篮的竖向位移、结构应力。
12）临时锚定、支撑基础的竖向、水平位移、基础沉降及结构应力。
（2）选测项目：
1）水平位移（梁桥、拱桥、斜拉桥、悬索桥）。
2）钢围堰的结构应力。
3）挂篮的水平位移。

5. 周边环境监测项目

（1）应测项目：

1）建（构）筑物竖向位移、裂缝（主要影响区）。

2）地下管线竖向位移（主要影响区）、差异沉降（主要影响区）。

3）高速公路与城市道路（主要影响区）路面路基竖向位移、挡墙竖向位移、挡墙倾斜。

4）桥梁墩台竖向位移、墩台差异沉降、墩柱倾斜、裂缝（主要影响区）。

5）既有城市轨道交通隧道结构竖向位移、隧道结构水平位移（主要影响区）、隧道结构变形缝差异沉降、轨道结构（道床）竖向位移、轨道静态几何形位（轨距、轨向、高低、水平）、隧道、轨道结构裂缝（主要影响区）。

6）既有铁路（包括城市轨道交通地面线）路基竖向位移、轨道静态几何形位（轨距、轨向、高低、水平）。

（2）选测项目：

1）建（构）筑物水平位移、倾斜、裂缝（次要影响区）。

2）地下管线竖向位移（次要影响区）、水平位移、差异沉降（次要影响区）。

3）高速公路与城市道路（次要影响区）路面路基竖向位移、挡墙竖向位移、挡墙倾斜。

4）桥梁梁板应力、裂缝（次要影响区）。

5）既有城市轨道交通隧道结构水平位移（次要影响区）、隧道结构净空收敛、隧道、轨道结构裂缝（次要影响区）。

6. 特殊情况监测项目

（1）当遇到下列情况时，应对工程周围岩土体进行监测：

1）基坑深度较大、基底土质软弱或基底下存在承压水且对工程影响较大时，应进行坑底隆起（回弹）监测。

2）基坑侧壁、隧道围岩的地质条件复杂，岩土体易产生较大变形、空洞、坍塌的部位或区域，应进行土体分层竖向位移或深层水平位移监测。

3）在软土地区，基坑或隧道邻近对沉降敏感的建（构）筑物等环境时，应进行孔隙水压力、土体分层竖向位移或深层水平位移监测。

4）工程邻近或穿越岩溶、断裂带等不良地质条件，或施工扰动引起周围岩土体物理力学性质发生较大变化，并对支护结构、周边环境或施工可能造成危害时，应结合工程实际选择岩土体监测项目。

（2）当工程周边存在既有轨道交通或对位移有特殊要求的建（构）筑物及设施时，监测项目应与有关管理部门或单位共同确定。

（3）采用钻爆法施工时，应对爆破震动影响范围内的建（构）筑物、桥梁等高风险环境进行振动速度或加速度监测。

5.1.2 监测方法及技术要求

1. 一般技术要求

（1）监测方法应根据监测对象和监测项目的特点、工程监测等级、设计要求、精度要求、场地条件和当地工程经验等综合确定，并应合理易行。

(2) 变形监测基准点、工作基点的布设应符合下列规定：

1) 基准点应布设在施工影响范围以外的稳定区域，且每个监测工程的竖向位移观测的基准点不应少于3个，水平位移观测的基准点不应少于4个。

2) 当基准点距离所监测工程较远致使监测作业不方便时，宜设置工作基点。

3) 基准点和工作基点应在工程施工前埋设，并应埋设在相对稳定土层内，经观测确定稳定后再使用。

4) 监测期间，基准点应定期复测，当使用工作基点时应与基准点进行联测。

5) 基准点的埋设宜按相关标准、规范、地方文件或特殊要求进行埋设。

(3) 监测仪器、设备和元器件应符合下列规定：

1) 监测仪器、设备和元器件应满足监测精度和量程的要求，并应稳定、可靠。

2) 监测仪器和设备应定期进行检定或校准。

3) 元器件应在使用前进行标定，标定记录应齐全。

4) 监测过程中应定期进行监测仪器的核查、比对，设备的维护、保养，以及监测元器件的检查。

(4) 监测传感器应具备下列性能：

1) 与量测的介质特性相匹配。

2) 灵敏度高、线性好、重复性好。

3) 性能稳定可靠，漂移、滞后误差小。

4) 防水性好，抗干扰能力强。

(5) 对同一监测项目，现场监测作业宜符合下列规定：

1) 宜采用相同的监测方法和监测路线。

2) 宜使用同一监测仪器和设备。

3) 宜固定监测人员。

4) 宜在基本相同的时段和环境条件下工作。

(6) 工程周边环境与周围岩土体监测点应在施工之前埋设，工程支护结构监测点应在支护结构施工过程中及时埋设。监测点埋设并稳定后，应至少连续独立进行3次观测，并取其稳定值的平均值作为初始值。

(7) 监测精度应根据监测项目、控制值大小、工程要求、国家现行有关标准等综合确定，并应满足对监测对象的受力或变形特征分析的要求。

(8) 监测过程中，应做好监测点和传感器的保护工作。测斜管、水位观测孔、分层沉降管等管口应砌筑窨井，并加盖保护；爆破震动、应力应变等传感器应防止信号线被损坏。

(9) 工程监测新技术、新方法应用前，应与传统方法进行验证，且监测精度应符合现行国家标准《城市轨道交通工程监测技术规范》GB 50911—2013的有关规定。

2. 水平位移监测

(1) 测定特定方向的水平位移宜采用小角法、方向线偏移法、视准线法、投点法、激光准直法等大地测量法，并应符合下列规定：

1) 采用投点法和小角法时，应对经纬仪或全站仪的垂直轴倾斜误差进行检验，当垂直角超出±3°范围时，应进行垂直轴倾斜改正。

2）采用激光准直法时，应在使用前对激光仪器进行校验。

3）采用方向线偏移法时，对主要监测点，可以该点为测站测出对应基准线端点的边长与角度，求得偏差值；对其他监测点，可选适宜的主要监测点为测站，测出对应其他监测点的距离与方向值，按方向值的变化求得偏差值。

（2）测定任意方向的水平位移可根据监测点的分布情况，采用交会、导线测量、极坐标等方法。

（3）当监测点与基准点无法通视或距离较远时，可采用全球定位系统（GPS）测量法或三角、三边、边角测量与基准线法相结合的综合测量方法。

（4）水平位移监测基准点的埋设应符合现行国家标准《城市轨道交通工程测量规范》GB 50308 的有关规定，并宜设置有强制对中的观测墩，或采用精密的光学对中装置，对中误差不宜大于 0.5mm。

（5）水平位移监测网可采用假设坐标系统，并进行一次布网。每次监测前，应对水平位移基准点进行稳定性复测，并以稳定点作为起算点。

（6）测角、测边水平位移监测网宜布设为近似等边的边角网，其三角形内角不应小于30°，当受场地或其他条件限制时，个别角度可适当放宽。

（7）水平位移监测控制网的技术要求应符合现行国家标准《城市轨道交通工程测量规范》GB/T 50308—2017 的有关规定。

（8）监测仪器和监测方法应满足水平位移监测点坐标中误差和水平位移控制值的要求，且水平位移监测精度应符合现行国家标准《城市轨道交通工程监测技术规范》GB 50911—2013 的有关规定。

3. 竖向位移监测

（1）竖向位移监测可采用几何水准测量、电子测距三角高程测量、静力水准测量等方法。

（2）竖向位移监测应符合下列规定：

1）监测精度应与相应等级的竖向位移监测网观测相一致。

2）主要监测点应与水准基准点或工作基点组成闭合线路，或符合水准线路。

3）对于采用的水准仪视准轴与水准管轴的夹角（i）角，根据监测等级，满足相应要求，f 角检校应符合现行国家标准《国家一、二等水准测量规范》GB/T 12897—2006 的有关规定。

4）采用钻孔等方法埋设坑底隆起（回弹）监测标志时，孔口高程宜用水准测量方法测量，高程中误差为± 1.0mm，沉降标至孔口垂直距离宜采用经检定的钢尺量测。

5）采用静力水准进行竖向位移自动监测时，设备的性能应满足监测精度的要求，并应符合现行行业标准《建筑变形测量规范》JGJ 8—2016 的有关规定。

6）采用电子测距三角高程进行竖向位移监测时，宜采用 0.5"～1" 级的全站仪和特制觇牌采用中间设站、不量仪器高的前后视观测方法，并应符合现行行业标准《建筑变形测量规范》JGJ 8—2016 的有关规定。

（3）竖向位移监测网的布设应符合下列规定：

1）竖向位移监测网宜采用城市轨道交通工程高程系统，也可采用假定高程系统。

2）采用几何水准测量、三角高程测量时，监测网应布设成闭合、附合线路或结点网，采用闭合线路时，每次应联测2个以上的基准点。

（4）竖向位移监测网的技术要求应符合现行国家标准《城市轨道交通工程测量规范》GB/T 50308—2017的有关规定。

（5）竖向位移监测点的埋设宜符合《城市轨道交通工程监测技术规范》GB 50911—2013的规定。

（6）监测仪器和监测方法应满足竖向位移监测点测站高差中误差和竖向位移控制值的要求，且竖向位移监测精度应符合《城市轨道交通工程监测技术规范》GB 50911—2013的规定。

4. 深层水平位移监测

（1）支护桩（墙）体和土体的深层水平位移监测，宜在桩（墙）体或土体中预埋测斜管，采用测斜仪观测各深度处的水平位移。

（2）测斜仪系统精度不宜低于0.25mm/m，分辨率不宜低于0.02mm/500mm，电缆长度应大于测斜孔深度。

（3）测斜管宜采用聚氯乙烯（PVC）工程塑料或铝合金管制成，直径宜为45～90mm，管内应有两组相互垂直的纵向导槽。

（4）支护桩（墙）体的水平位移测斜管长度不宜小于桩（墙）体的深度，土体深层水平位移监测的测斜管长度不宜小于基坑设计深度的1.5倍。

（5）测斜管埋设应符合下列规定：

1）支护桩（墙）体测斜管埋设宜采用与钢筋笼绑扎一同下放的方法；采用钻孔法埋设时，测斜管与钻孔孔壁之间应回填密实。

2）土体水平位移测斜管应在基坑或隧道支护结构施工7d前埋设。

3）埋设前应检查测斜管质量，测斜管连接时应保证上、下管段的导槽相互对准、顺畅，各段接头应紧密对接，管底应保证密封。

4）测斜管埋设时应保持固定、竖直，防止发生上浮、破裂、断裂、扭转；测斜管一对导槽的方向应与所需测量的位移方向保持一致。

（6）深层水平位移监测前，宜用清水将测斜管内冲刷干净，并采用模拟探头进行试孔检查后再使用。监测时，应将测斜仪探头放入测斜管底，恒温一段时间后自下而上以0.5m或1.0m间隔逐段量测。每监测点均应进行正、反两次量测，并取其平均值为最终值。

（7）深层水平位移计算时，应确定固定起算点，固定起算点可设在测斜管的顶部或底部；当测斜管底部未进入稳定岩土体或已发生位移时，应以管顶为起算点，并应测量管顶的平面坐标进行水平位移修正。

（8）支护桩（墙）体水平位移监测点的埋设宜符合现行国家标准《城市轨道交通工程监测技术规范》GB 50911—2013的规定。

5. 土体分层竖向位移监测

（1）土体分层竖向位移监测可埋设磁环分层沉降标，采用分层沉降仪进行监测；也可埋设深层沉降标，采用水准测量方法进行监测。

（2）分层沉降管宜采用聚氯乙烯（PVC）工程塑料管，直径宜为45～90mm。

（3）磁环分层沉降标可通过钻孔在预定位置埋设。安装磁环时，应先在沉降管上分层沉降标的设计位置套上磁环与定位环，再沿钻孔逐节放入分层沉降管。分层沉降管安置到位后，应使磁环与土层粘结固定。

（4）磁环分层沉降标埋设后应连续观测 1 周，至磁环位置稳定后，测定孔口高程并计算各磁环的高程。采用分层沉降仪量测时，应以 3 次测量平均值作为初始值，读数较差不应大于 1.5mm；采用深层沉降标结合水准测量时，水准测量精度应符合现行国家标准《城市轨道交通工程监测技术规范》GB 50911—2013 的规定。

（5）采用磁环分层沉降标监测时，应对磁环距管口深度采用进程和回程两次观测，并取进、回程读数的平均数；每次监测时均应测定分层沉降管管口高程的变化，然后换算出分层沉降管外各磁环的高程。

（6）土体分层竖向位移监测点的埋设宜符合现行国家标准《城市轨道交通工程监测技术规范》GB 50911—2013 的规定。

6. 倾斜监测

（1）倾斜监测应根据现场观测条件和要求，选用投点法、激光铅直仪法、垂准法、斜仪法或差异沉降法等观测方法。

（2）投点法应采用全站仪或经纬仪瞄准上部观测点，在底部观测点安置水平读数尺直接读取偏移量，正、倒镜各观测一次取平均值，并根据上、下观测点高度计算倾斜度。

（3）垂准法应在下部测点安装光学垂准仪、激光垂准仪或经纬仪、全站仪加弯管目镜法，在顶部测点安置接收靶，在靶上读取或量取水平位移量与位移方向。

（4）倾斜仪法可采用水管式、水平摆、气泡或电子倾斜仪等进行观测，倾斜仪应具备连续读数、自动记录和数字传输功能。

（5）差异沉降法应采用水准方法测量沉降差，经换算求得倾斜度和倾斜方向。

（6）当采用全站仪或经纬仪进行外部观测时，仪器设置位置与监测点的距离宜为上、下点高差的 1.5～2.0 倍。

（7）倾斜观测精度应符合国家现行标准《工程测量规范》GB 50026—2007 和《建筑变形测量规范》JGJ 8—2016 的有关规定。

7. 裂缝监测

（1）建（构）筑物、桥梁、既有隧道结构等的裂缝监测内容应包括裂缝位置、走向、长度、宽度，必要时还应监测裂缝深度。

（2）裂缝监测宜采用下列方法：

1）裂缝宽度监测宜采用裂缝观测仪进行测读，也可在裂缝两侧贴、埋标志，采用千分尺或游标卡尺等直接量测，或采用裂缝计、粘贴安装千分表及摄影量测等方法监测裂缝宽度变化。

2）裂缝长度监测宜采用直接量测法。

3）裂缝深度监测宜采用超声波法、凿出法等。

（3）工程施工前应记录监测对象已有裂缝的分布位置和数量，并对监测裂缝进行统一编号，记录各裂缝的位置、走向、长度、宽度、深度，以及初测日期等。

（4）裂缝监测标志应便于量测，长期观测可采用镶嵌或埋入墙面的金属标志、金属杆标志或楔形板标志；需要测出裂缝纵横向变化值时，可采用坐标方格网板标志。

（5）裂缝宽度量测精度不宜低于 0.1mm，裂缝长度和深度量测精度不宜低于 1.0mm。

（6）当采用测缝传感器自动测计时，应与人工监测数据比对，且数据的观测、传输、保存应可靠。

8. 净空收敛监测

（1）矿山法初期支护结构和盾构法管片结构的净空收敛可采用收敛计、全站仪或红外激光测距仪进行监测。

（2）采用收敛计监测应符合下列规定：

1）应在收敛测线两端安装监测点，监测点与隧道侧壁应固定牢固；监测点安装后应进行监测点与收敛尺接触点的符合性检查，并应进行3次独立观测，且3次独立观测较差应小于标称精度的2倍。

2）观测时应施加收敛尺标定时的拉力，观测结果应取3次独立观测读数的平均值。

3）工作现场温度变化较大时，读数应进行温度修正。

（3）采用红外激光测距仪监测应符合下列规定：

1）测距仪的标称精度应优于±2mm。

2）应在收敛测线两端设置对中与瞄准标志，隧道侧壁粗糙时，瞄准标志宜采用反射片；对中与瞄准标志设置后，应进行实测精度符合性检查，并应进行3次独立观测，且3次独立观测较差应小于测距标称精度的2倍。

3）观测结果应为3次独立观测读数的平均值。

（4）采用全站仪进行固定测线收敛监测应符合下列规定：

1）应设置固定仪器设站位置，并在收敛测线两端固定小棱镜或设置反射片，设站点与测线两端点水平投影应呈一直线。

2）应按盘左、盘右两个盘位观测至少一测回，并计算测线两端点的水平距离。

（5）采用全站仪进行隧道全断面扫描收敛监测应符合下列规定：

1）每个断面应设置仪器对中点、定向点和检查点，3点水平投影应呈一直线。

2）应结合断面的剖面结构采集断面数据，断面上每段线型（直线或圆弧）内的有效数据不应少于5个点。

3）宜采用具有无棱镜测距、自动测量功能的全站仪，装载机载程序实现自动数据采集，无棱镜测距精度不应低于±3mm。

4）收敛变形数据宜与标准断面进行比较，并以标准断面为基准输出全断面各点向外（拉张）或向内（压缩）变形情况。

（6）矿山法隧道开挖后、盾构法隧道拼装完成后，应及时设置收敛监测点，并进行初始值测量。

9. 爆破震动监测

（1）爆破震动监测系统由速度传感器或加速度传感器、数据采集仪及数据分析软件组成，速度传感器或加速度传感器可采用垂直、水平单向传感器或三矢量一体传感器。

（2）爆破震动监测传感器的安装应与被测对象之间刚性粘结，并应使传感器的定位方向与所测量的振动方向一致。监测工作中可采用以下方法固定传感器：

1）被测对象为混凝土或坚硬岩石时，宜采用环氧砂浆、环氧树脂胶、石膏或其他高强度黏合剂将传感器固定在混凝土或坚硬岩石表面，也可预埋固定螺栓，将传感器底面与预埋螺栓紧固相连。

2）被测对象为土体时，可先将表面松土夯实，再将传感器直接埋入夯实土体中，并使传感器与土体紧密接触。

(3）仪器安装和连接后应进行监测系统的测试；监测期内整个监测系统应处于良好工作状态。

(4）爆破震动监测仪器量程精度的选择应符合现行国家标准《爆破安全规程》GB 6722—2014的有关规定。

10. 孔隙水压力监测

(1）孔隙水压力应根据工程测试的目的、土层的渗透性和测试期的长短等条件，选用封闭或开口方式埋设孔隙水压力计进行监测。

(2）孔隙水压力计的量程应满足被测孔隙水压力范围的要求，可取静水压力与超孔隙水压力之和的2倍，精度不宜低于0.5 %$F \cdot S$，分辨率不宜低于0.2%$F \cdot S$。

(3）孔隙水压力计的埋设可采用钻孔埋设法、压入埋设法、填埋法等。当在同一测孔中埋设多个孔隙水压力计时，宜采用钻孔埋设法；当在黏性土层中埋设单个孔隙水压力计，宜采用不设反滤料的压入埋设法；在填方工程中宜采用填埋法。

(4）孔隙水压力计应在施工前埋设，并应符合下列规定：

1）孔隙水压力计应进行稳定性、密封性检验和压力标定，并应确定压力传感器的初始值，检验记录、标定资料应齐全。

2）埋设前，传感器透水石应在清水中浸泡饱和，并排除透水石中的气泡。

3）传感器的导线长度应大于设计深度，导线中间不宜有接头，引出地面后应放在集线箱内并编号。

4）当孔内埋设多个孔隙水压力计，监测不同含水层的渗透压力时，应做好相邻孔隙水压力计的隔水措施。

5）埋设后，应记录探头编号、位置并测读初始读数。

(5）采用钻孔法埋设孔隙水压力计时，钻孔应圆直、干净，钻孔直径宜为110～130mm，不宜使用泥浆护壁成孔。孔隙水压力计的观测段应回填透水材料，并用干燥膨润土球或注浆封孔。

(6）孔隙水压力监测的同时，应测量孔隙水压力计埋设位置的地下水位。孔隙水压力应根据实测数据，按压力计的换算公式进行计算。

11. 地下水位监测

(1）地下水位监测宜通过钻孔设置水位观测管，采用测绳、水位计等进行量测。

(2）地下水位应分层观测，水位观测管的滤管位置和长度应与被测含水层的位置和厚度一致，被测含水层与其他含水层之间应采取有效的隔水措施。

(3）水位观测管埋设稳定后应测定孔口高程并计算水位高程。人工观测地下水位的测量精度不宜低于20mm，仪器观测精度不宜低于0.5%$F \cdot S$。

(4）水位观测管的安装应符合下列规定：

1）水位观测管的导管段应顺直，内壁应光滑无阻，接头应采用外箍接头。

2）观测孔孔底宜设置沉淀管。

3）观测孔完成后应进行清洗，观测孔内水位应与地层水位一致，且连通良好。

(5）水位观测管宜至少在工程开始降水前1周埋设，且宜逐日连续观测水位并取得稳定初始值。

12. 岩土压力监测

（1）基坑支护桩（墙）侧向土压力、盾构法及矿山法隧道围岩压力宜采用界面土压力计进行监测。

（2）土压力计的测试量程可根据预测的压力变化幅度确定，其上限可取设计压力的2倍，精度不宜低于0.5%$F \cdot S$，分辨率不宜低于0.2%$F \cdot S$。

（3）土压力计的埋设可采用埋入式，埋设时应符合下列规定：

1）埋设前应对土压力计进行稳定性、密封性检验和压力、温度标定，且检验记录、标定资料应齐全。

2）受力面与所监测的压力方向应垂直，并紧贴被监测对象。

3）应采取土压力膜保护措施。

4）采用钻孔法埋设时，回填应均匀密实，且回填材料宜与周围岩土体一致。

5）土压力计导线长度可根据工程监测需要确定，导线中间不应有接头，导线应按一定线路集中于导线箱内。

6）应做好完整的埋设记录。

（4）基坑工程开挖前，应至少经过1周时间的监测并取得稳定初始值；隧道工程土压力计埋设后应立即进行检查测试，并读取初始值。

13. 锚杆和土钉拉力监测

（1）锚杆和土钉拉力宜采用测力计、钢筋应力计或应变计进行监测，当使用钢筋束作为锚杆时，宜监测每根钢筋的受力。

（2）测力计、钢筋应力计和应变计的量程宜为设计值的2倍，量测精度不宜低于0.5%$F \cdot S$，分辨率不宜低于0.2%$F \cdot S$。

（3）锚杆张拉设备仪表应与锚杆测力计仪表相互标定。

（4）锚杆或土钉施工完成后应对测力计、钢筋应力计或应变计进行检查测试，并应将下一层土方开挖前连续2d获得的稳定测试数据的平均值作为其初始值。

14. 结构应力监测

（1）结构应力可通过安装在结构内部或表面的应变计或应力计进行量测。

（2）混凝土构件可采用钢筋应力计、混凝土应变计、光纤传感器等进行监测；钢构件可采用轴力计或应变计等进行监测。

（3）结构应力监测应排除温度变化等因素的影响，且钢筋混凝土结构应排除混凝土收缩、徐变以及裂缝的影响。

（4）结构应力监测传感器埋设前应进行标定和编号，埋设后导线应引至适宜监测操作处，导线端部应做好防护措施。

（5）钢筋应力计或应变计的量程宜为设计值的2倍，精度不宜低于0.25%$F \cdot S$。

5.2 特殊部位新监测应用

传统的城市轨道交通监测中存在以下问题：

（1）监测点埋设和保护：监测方案中要求的监测项目或监测点在现场没有完全落实；

监测点的埋设时间与施工进度脱节，不能及时进行监测数据（或初始值）的采集；监测点埋设不规范、无保护措施，或标识不全；监测点被破坏或压占，未采取补救措施，也未履行相关的手续等。

（2）监测频率：传统监测技术在施工关键期很难达到实时监测，投入的人力物力较多，仍未能达到相关规范的监测频率要求。

（3）监测数据分析：传统监测的监测点布置一般采用断面形式布置，以点带面，无法实现三维立体数据采集，因此数据分析过程具有局部性及片面性。

为了更好地完成地铁隧道的监测任务，需要满足一下几个方面的要求：

（1）自动化。由于监测点数量巨大，人工已无法满足监测需求，需要仪器具备自动化监测的能力，能够按照设计方案进行持续性、自动化的监测，能够自动将测得的原始数据进行存储、处理及分析。

（2）智能化。智能化要求仪器具备一定的处理异常情况及适应环境变化的能力，对于一些简单的异常情况能够进行智能的处理，例如：由于施工因素导致个别监测点被遮挡而暂时不能测出数据时，监测系统能够自行指引仪器采取数次的测量尝试，若还是测量无果，则间隔一段时间后继续测量：对于测得的原始数据能够按照设定限差对其进行检核，对于超出限差范围的数据进行重测处理，直到精度符合要求。

（3）远程监控测量进程、实时通信。隧道内环境条件相对较差，粉尘、潮湿等不利因素对工作人员的身体健康有严重的影响，而且隧道在施工时存在着一定的危险性，如塌方、渗水等，因此监测人员需要仪器及监测软件具有远程监控的功能，即监测人员在计算机终端通过专门开发出的监测软件来控制测量机器人按照既定的监测方案进行监测，同时要求能够将原始监测数据实时地传输至计算机终端，便于监测人员及时进行数据后处理，及时得到隧道的变形特性，做出相应预报预警。

因此，在特殊部位处宜采用新监测技术，下面从几个新监测技术的原理、施工工艺、应用范围、优缺点具体分析。

5.2.1　监测机器人

1. 原理

测量机器人是一种自动化、智能化的专业电子监测仪器，它具有一般全站仪的所有功能，不同的是它将 CCD 摄像传感器、马达驱动、微型计算机以及人工智能等多种先进技术集成在一起。测量机器人具有很强的自动目标搜寻、自动目标识别以及精确找准功能，能够在较短的时间内对多个观测目标自动进行周期性测量，具有较强的实用性。

（1）ATR 原理。

首先由 CCD 光源自主发射一束红外激光，按类似自准直相关原理通过光学元件同轴地投影到望远镜的视准轴上，然后通过棱镜反射回来。望远镜内部的分光镜能够将反射回来的 ATR 光束与可见光以及测距光束进行分离，然后将反射的 ATR 光束牵引至阵列并形成光点，仪器内部的 CCD 列阵将接收到的信号转换为对应的影像信息，最终经过图像处理得出图像的中心位置，即确定出棱镜的中心。

（2）测角原理。

测量角度时，常规的经纬仪是在内部的玻璃度盘上面刻上角度的分划，测量人员旋转照准部时通过读取装置来进行观测。测量机器人的角度读取能够自动完成，在仪器转动时，光电扫描设备能够从特殊的光电度盘上来获取电信号，然后根据电信号转换成角度值。

（3）测距原理。

测定由仪器自身持续发射出的正弦电磁波信号在被测线路上往返传播所产生的相位差，根据相位差及电磁传播速率来计算出被测距离，对于相位测定是采用将接收测线上返回的载波相位与机器内部固定的参考相位在相位计中比相。

（4）平面测量。

平面测量主要是由角度值及距离值计算出来的，因此，平面测量的精度影响因素主要有角度及距离测量误差、点位的布设及已知点的精度，提高了角度及距离测量的精度，即可改善平面点位的测量精度。

2. 施工工艺

（1）角度监测过程。

地铁隧道自动化变形监测中的角度测量，一般采用双圆观测法（又叫方向观测法）进行周期性的观测。实际测量时，需要先根据角度测量方案设计要求输入各种限差的数值，然后进行角度测量工作。

（2）距离监测过程。

根据工程测量规范规定，监测基准网的边长宜采用电磁波测距。实际测量时，需要先根据角度测量方案设计要求输入各种限差的数值，然后进行角度测量工作。

3. 优点

测量机器人在大型精密测量表现中表现出了精度高、效率高、稳定性好的特点。测量机器人能够实现对监测点全天候的监测，能够按照预先设定的周期自动完成监测工作，对于短时间内由各种原因导致的暂时无法测量的监测目标进行重复测量，还能够按照预先设定的方案自行解决测量中遇到的各种问题，使得测量工作顺利进行。

4. 应用

利用测量机器人进行变形监测，应用领域较为广泛，目前主要应用于大坝、基坑边坡、隧道、滑坡、盾构自动引导测量、顶管自动引导测量以及各种大型建筑物自动化变形监测等。

5.2.2 地基合成孔径雷达

1. 原理

地基合成孔径雷达干涉（Ground Based InSAR，GBInSAR）技术基于微波探测主动成像方式获取监测区域二维影像，通过合成孔径技术和步进频率连续波技术实现雷达影像方位向和距离向的高空间分辨率，克服了星载 SAR 影像受时空失相干严重和时空分辨率低的缺点，通过干涉技术可实现优于毫米级微变形监测。采用 GBInSAR 技术能精确测定被测物表面沿雷达视线向（LOS）的微量变形信息，其基本原理是：通过合成孔径雷达技术获取监测区域的二维影像，利用 SF-CW 技术提高雷达的距离向分辨率，通过比较影像中目标点的电磁波相位信息，采用干涉技术求取监测区域的变形量。

2. 优点

将 INSAR 与 GPS、精密水准技术进行比较，见表 5-1 所示。

表 5-1 INSAR 与 GPS、精密水准测量技术比较

比较指标	精密水准	GPS	INSAR
监测范围	一定区域	一定区域	大范围
时间分辨率	周期性	近连续性	周期性
空间分辨率	区域覆盖、离散型	区域覆盖、离散型	全球覆盖、连续性
定位能力	无	提供绝对坐标	提供绝对坐标
观测量	一维	三维	三维
观测值	点、线信息	点、线信息	点、线、面信息
精度	毫米、亚毫米	毫米、亚毫米	毫米
作业条件	根据天气	全气候	全气候
成本	高	较高	较低

可以看出，INSAR 技术具有非接触测量（一般最远能达到 4km）、不需要布设监测控制网、毫米级精度、效率高、成本低、覆盖范围广（最大约 2.3km）、不受天气影响、空间分辨率高、设备装备便捷操作简单、内业处理效率较高等特点。

3. 应用

作为变形监测的重要应用，对于大坝、桥梁等大型建筑物的有效监测对保证其安全运营并提高运营效益具有十分重要的意义。由于传统的测量手段往往无法到达建筑物表面进行大面积实测，因此，对大型建筑整体的监测效果是非常有限的；GPS 观测手段在此类地形复杂且植被复杂的环境下，同样也难达到理想的监测精度；地面扫描方法受到遥测距离限制，以及复杂的数据处理过程，无法获得变形的实时分析结果。在此背景下，地基雷达干涉测量技术以其全天候高精度的连续观测和远距离高分辨率的监测能力，在大型工程监测、边坡监测（如图 5-1 所示），地表沉降等领域得到了广泛的应用。

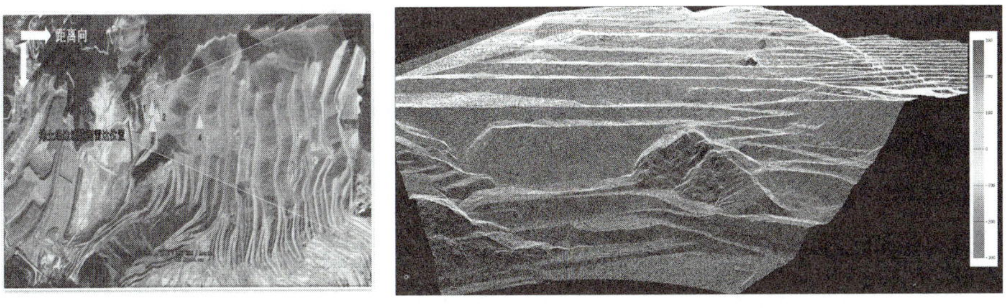

图 5-1 利用 INSAR 进行边坡监测

4. 前景展望

将 GBInSAR 与三维激光扫描技术融合是一种有效的获取高空间分辨率三维变形信息的技术手段，但目前的研究只是将两者简单的集成，没有在监测数据层面上加以融合。因此，开展地基 InSAR 数据与三维激光扫描数据间的融合不仅可以提高变形监测空间分辨率，也能够推动实时监测的可视化水平，具有理论意义更有实用价值。通过利用激光扫描数据辅助雷达数据生成 DEM 中的相位解缠工作，不仅可以完成对大型建筑真实形变的反演，也能够完成监测区域的三维可视化。这里涉及的研究内容有：雷达与点云数据间的配准、三维形变信息提取、点云数据辅助相位解缠、GBInSAR数据的三维可视化。

5.2.3 光纤光栅监测技术

1. 原理

光纤感测技术是一种以光为载体，光纤为媒介，感知和传输外界信号（被测量）的新型感测技术，感测光纤也称为“感知神经”。

在光纤传感技术中，光源作为光纤传感技术中必不可少的载波，从光源发射出的入射光，经过光纤耦合传输到传感头。在传感头内，被测量的物理量会与光发生相互作用，光载波的参数如光强、相位、波长等进行调制，形成光信号，这种被调制的光信号会随着光波参数发生变化。接着将有用信号从被调制的光信号中通过光探测器检测出来，最终测量出需要知道的被测参数在光纤路径上的分布信息。

2. 优势

与传统的监测手段相比，拥有多种优势，如表5-2所示：

表5-2 分布式光纤优势

序号	传统监测手段	分布式光纤
1	点式	线性、连续
2	成活率低、耐久性差（围护桩倒插钢筋笼工艺测斜管的布置）	成活率较高、高绝缘，防电磁干扰、耐腐蚀，且传感器为石英纤维，使用寿命可达20年，长期稳定性高，监测维护成本低
3	集成化、自动化程度不高	易实现自动化，高度集成化，可同时实现应力、应变、温度监测
4	缺少长距离、大面积监测手段	监测距离长，长度最长可达80余km
5	按测项、点位获取数据信息，工作效率较低	可将不同点位的监测设备相连，一次性获取监测数据，极大提高工作效率

3. 应用

（1）基础、结构应力应变监测（道路路面、地下管线、桩基、高架桥构件等）。

（2）地下工程围护结构变形监测（基坑围护桩/墙、隧道初支、盾构管片等）。

（3）隧道变形、渗漏探测。

（4）地下管道渗漏探测。

（5）大体积混凝土浇筑温度监测。

5.2.4 近景摄像测量技术

1. 原理

近景摄影测量的原理是通过数码相机对隧道断面上的测点进行拍照，获取不同时期的相片中有用数据，然后通过程序可以计算测点的位移。依据对影像数据获取及处理方式的不同，摄影测量经历了三个阶段：模拟摄影测量、解析摄影测量及数字摄影测量。模拟摄影测量和解析摄影测量的原始资料都是相片，他们分别使用模拟测图仪和解析测图获取数据，而数字摄影技术可以通过计算机获取影像数据。由此可见数字摄影测量不仅操作方便，而且可以快速及准确地获取信息，随着计算机技术的不断发展以及固态相机的出现，使得数字化近景摄影测量技术从理论到实践都得到了空前的发展。数字摄影量测系统一般由一台（或多台）高精度测量相机、长度基准尺、回光反射靶标、编码标志、配套软件组成。

2. 优点

（1）通过近景摄影测量技术能够快速地获取隧道断面的整体信息，而传统监测方法往往不能在同一时刻获得全部的监测数据；

（2）近景摄影测量可实现非接触测量，对于特殊施工现场条件下的量测是非常有利的，此方法与施工干扰小，避免了在施工现场测量作业不安全等不足；

（3）对拍摄的图像数据由计算机完成操作，自动化程度较高，操作简单；

（4）围岩收敛测量工作量较小，图像数据获取迅速，操作极为方便，拍照时与现场其他施工工序不造成干扰。

3. 应用

由于近景摄影测量技术的种种优势，目前主要应用于地铁隧道沉降测量（见图 5-2），建筑物变形，基坑围护桩监测，地表测量等。

图 5-2　利用近景摄影测量进行既有地铁监测

5.2.5　自动化监测技术

1. 优点

（1）系统自动化。在对系统进行相关设置并设定测量计划后，仪器便可以严格按照指定的监测计划进行全自动观测，并能够自动的储存监测数据、处理分析监测数据和准确预警。

（2）系统的智能化。地铁运营的时候，列车遮挡某些监测点是时有发生的，此时仪器就无法得到读数，系统可以指令仪器进行若干次的尝试观测或者隔段时间再测，直至监测工作恢复正常。另外，隧道内气候因素、轨道震动等也可能影响仪器的正常工作。使用系统智能化能实现无人值班的地铁隧道变形监测。

（3）监测数据的远程实时传输和存储。当地铁运行的时候，监测人员是不允许进入隧道进行作业的，使用系统智能化能实现远程实时传输数据的功能，并且能科学有效地存储和管理传送回来的大量数据，方便用户进行查询和分析。

（4）数据处理。根据选定的数据处理模型实时对原始数据进行处理，消除或削弱误差对监测数据的影响，提高测量精度，能够真实地体现出地铁隧道的变形情况。

（5）多种形式的成果输出。系统可以将实时监测数据以曲线形式呈现出来，包括沉降曲线图、位移曲线图、速率图等，都可以生成并打印出来。

（6）自动实时预警、报警。当观测数据超过系统设定的限差时，能及时地发出预警、报警，还能以短信、电邮等形式向工作人员发出报警信息。同时，仪器还可以自动对预警的目标点进行加密观测，从而确保隧道的安全。

2. 应用

地铁下穿既有线，高铁监测时铁路路基、铁路钢轨及接触网杆等。

第6章 巡视要点

6.1 一般要求

6.1.1 制定巡视指标

巡视指标根据巡视对象的不同，可分为周边环境技术指标、地质体技术指标和自身结构技术指标。根据工程施工工法条件、地质条件、周边环境条件等，制定的巡视技术指标主要包括：

（1）周边环境：

1）建（构）筑物：如建构筑物开裂、地下室渗水；

2）地下管线：如管体或接口破损或渗漏、检查井等附属设施的开裂及进水；

3）城市道路：如路面开裂、路面沉陷、隆起、路面冒浆/泡沫；

4）城市桥梁：如墩台或梁体开裂；

5）河流湖泊：如河流湖泊的水位变化情况，水面出现漩涡、气泡及其位置、范围，堤坡裂缝宽度、深度、数量及发展趋势等水面漩涡、气泡、堤坡开裂。

（2）地质体：如土层性质及稳定性。

（3）支护结构：如地下连续墙渗漏、衬砌管片破损或错台。

6.1.2 制定巡视预警标准

按照规范和设计要求，为规避风险，针对工程风险等级、设计特点、环境特点，分别编制不同巡视预警标准，使参建各方开展现场巡视工作参照标准执行。具体巡视预警标准参照北京的做法，在各工法进行体现。

6.1.3 制定巡视计划

巡视计划可分为月计划与周计划。

1. 月计划

根据本月的巡视结果及下月需要管控的工点制定月计划，主要是确定下个月需要巡视的大致工点范围，确定主要巡视内容和巡视周期频率。

2. 周计划

根据本周的巡视结果及各工点的风险状况，制定周计划，明确下周需要巡视的具体工点，根据具体风险源施工情况，现场监测情况等信息，确定主要巡视内容、部位和巡视周期、频率。

6.1.4 施工过程的巡视与评估

1. 开挖面地质状况巡视与评估

(1) 开挖面地质及稳定性

1) 土质性质及其变化情况：土质密实度、湿度、颜色等性质、分布情况，与地质勘察及踏勘结果和设计条件的差异情况。

2) 开挖面土体渗漏水情况：渗漏水量、气味、颜色、是否伴有砂土颗粒、发生位置、原因、危害、发展趋势等。

3) 工作面坍塌：坍塌位置、坍塌体大小、发展趋势、塌落原因等。

4) 土压力及出土量控制情况。

(2) 降止水控制效果

降止水控制效果包括：抽水出水量、含砂量及水位变化、附近地面沉陷等，止水是否存在渗漏等情况。

2. 围（支）护结构体系巡视与评估

(1) 施作及时性包括：超前支护施工、格栅架设及时性、基坑支撑架设与网喷的及时性等。

(2) 渗漏水情况，包括渗漏水量、颜色、气味、是否伴有砂土颗粒、渗漏位置及发展趋势等。

(3) 管片拼装情况，包括管片破损、错台、开裂等。

3. 盾构始发到达巡视与评估

主要包括洞门密封情况，端头加固效果，施工工序合理性，反力架结构稳定性等情况。

4. 盾构掘进过程巡视与评估

主要包括现场施工参数控制情况、轴线偏移情况、出土量控制情况、管片拼装情况、盾构铰接密封情况、盾尾漏浆情况、螺旋输送机喷涌、浆液质量、二次补浆频率等。

5. 施工组织管理及作业状况监控与评估

(1) 人员、设备、应急物资等资源到位情况。

(2) 安全保护措施落实情况。

(3) 设计文件落实情况。

(4) 施工组织设计及施工专项方案落实情况。

(5) 作业规范情况。

(6) 安全风险管理体系运行情况。

6.2 明 挖 法

6.2.1 施工准备期

(1) 施工准备期的安全风险评估除了参照前述6.1.4的要求外，还需重点针对以下内容识别与分析。

1）围护结构及支护形式的设计方案与场地工程地质、水文地质条件、环境状况的适宜性。

2）土方开挖方案与支护体系施作及场地布置的协调性。

3）管线导改方案与环境状况、基坑围护结构形式的适宜性。

（2）地下水控制方案的可行性分析与评估。

1）施工降水及止（阻）水帷幕的设计方案与场地工程地质、水文地质条件、环境状况的适宜性。

2）降水方案与施工场地布置的协调性。

6.2.2 施工过程

施工过程的安全风险评重点针对异形基坑变断面位置、阳角部位、明暗结合位置进行监控、评估与预警。

1. 施工风险控制技术要点

（1）围护结构施作。

1）对围护结构轴线施放的精准度进行监控，围护结构外皮与工程结构外边的最小距离不得小于围护结构喷护面（桩及土钉）＋找平层＋防水层＋保护层的厚度和，同时还应考虑围护结构0.5％的垂直度偏差。

2）围护结构施作的垂直度偏差不大于0.5％，嵌入基底深度不得小于设计值。

3）浅基坑（冠梁上部挡墙、连续墙导墙）开挖必须采取可靠的临时支挡措施，防止土体坍塌。

4）正确选择正、反循环成孔工艺，并根据土层情况调配泥浆稠度（泥浆比重采用1.5～1.2为宜），防止塌孔、缩孔。

5）对已就位的钢筋笼采取可靠的抗浮措施，防止在混凝土浇筑中钢筋笼上浮。

6）混凝土浇筑时严格控制灌注管的提升量，确保管口埋深不小于2m。

（2）降（堵）水工程施工。

1）井点布设是否形成封闭状态及对不封闭部位的处置措施。

2）成井的各工序是否符合设计及相关工艺要求，包括成孔的直径、垂直度、井深及下管、填滤料、洗井的质量。

3）预降时间及预降效果。

4）帷幕止水应设置试验区验证设计方案的可靠性。

5）对帷幕体取样检查结构分析。

6）对存在缺陷的止水帷幕拟采取的补救措施。

7）坑内辅助降、排水的措施。

（3）土方开挖。

1）土方开挖应采取纵向分段、竖向分层、横向分块或拉槽的方法，基坑宽度达到20m（含）以上的应尽可能采取中间拉槽的方法，避免锅底形开挖。

2）收口段土方开挖以不影响支撑架设为原则，应尽可能采用垂直提升方式。

3）桩间土及时分层挂网喷护，每层高度不宜超过2m，挂网前填实桩间空洞。

4）对桩间渗漏水的部位及用砂袋封堵，并埋设抱有80目以上滤网的排水管引水，防止土颗粒流失，及时挂网喷护。

5）土方开挖阶段合理分布基坑边施工荷载（含堆土），严格限制坑边堆载不大于20kPa（盾构井30kPa）。

6）纵向坡面过陡或停置时间过长时应适当采取临时防护措施或分梯级开挖。

7）铺盖法、盖挖法土方开挖时限制顶板上的使用荷载或堆土量，以保证荷载不超过设计给定值。

（4）支护体系施作。

1）钢围檩纵向各段应在同一平面内，段间连接应符合设计要求。

2）钢围檩背后应与围护结构顶紧，与喷护面间的空隙用细石混凝土填实。

3）明挖基坑支撑体系中间临时立柱不能简化，铺盖支撑结构应设置必要的横向连接构件，保证沿基坑纵向结构的稳定性。

4）支撑体系挠度应严格控制，支撑上不得吊挂或堆放其他荷载。

5）支撑安装要避免支撑端头板与支座承压板间点接触，保证锚头锁孔与锚索在同一直线上。

6）支撑架设后及时施加应力，锚索及时拉拔锁定。

7）支撑及钢围檩应分别设置与围护结构有可靠连接的防坠落装置。

8）斜撑钢围檩后的抗剪凳必须按照设计要求设置。

9）对支撑（锚索、土钉）定期检查、维护，确保正常的工作状态。重点是支撑端头是否松动，钢围檩是否滑动；锚索的锚头、锁片是否松动；土钉钢筋与纵、横向的压筋是否脱开。

（5）结构施工及支撑拆除。

1）倒撑和拆撑应严格按照设计及内衬结构施工的顺序拆除，不得提前或超范围拆除支撑。

2）严格控制支撑拆除的时间，内衬结构各层板的混凝土强度未达到设计强度的70%以上（含）不得拆除邻近支撑。

3）设有肥槽的基坑，随着支撑体系的拆除应及时回填肥槽。

6.2.3 安全风险巡视

1. 围护结构施作

（1）围护结构施作前是否进行了人工探孔。

（2）桩体或导墙放线定位是否准确。

（3）钢筋笼拼装质量、吊装、连接、浇筑混凝土作业是否符合要求。

2. 降（堵）水工程施工

（1）降水井成井及止水帷幕施工的过程中各工序施工是否符合相关规范及设计、施工方案要求。

（2）降水工程预降时间是否满足相关规范及方案要求。

（3）降水井或止水帷幕遇到障碍无法闭合时，是否采取了有效的补救措施。

3. 土方开挖

（1）土方开挖是否按要求分流水段纵向拉槽的方式开挖，马道坡度是否过陡。

（2）桩间土塌落较多形成空洞问题是否严重，是否及时填实；侧壁喷护是否及时，厚度是否符合设计要求，破损的喷护面是否及时修复。

（3）锚索未拉拔锁定前，是否继续向下开挖。

（4）边坡及侧壁渗水是否及时导流引排。

（5）当开挖坡面长期暴露时，是否采取了喷护等加固措施；喷护面是否有开裂、变形过大以及失稳问题。

4. 支护体系施作

（1）围檩及支座的加工与安装是否符合设计要求。

（2）支撑架设范围及质量是否符合要求，端头是否密贴围檩；锚索安装后是否及时拉拔锁定。

（3）应力施加是否符合设计要求。

（4）抗滑移、防坠落构件是否符合设计要求。

（5）侵限桩处理是否符合要求。

5. 施工组织管理及作业状况

（1）设计文件落实情况：挂网喷护、支撑（锚索）安装、施加应力是否满足设计要求。

（2）施工组织设计及施工专项方案落实情况：围护桩施作、防汛构筑物、降（阻）水措施、土方开挖与清运、坑边堆载控制等是否满足施工组织设计及施工方案要求。

（3）作业规范情况：土方开挖、支护体系施作、降（阻）水措施、支撑拆除等工序、工艺是否遵守操作规程。

6. 巡视预警

巡视预警内容可参考表 6-1。

表 6-1 明挖法施工巡视预警参考表

<table>
<tr><th colspan="2" rowspan="2">巡视内容</th><th rowspan="2">巡视状况描述</th><th colspan="3">安全状态评价</th></tr>
<tr><th>黄色预警</th><th>橙色预警</th><th>红色预警</th></tr>
<tr><td rowspan="4">降水工程</td><td rowspan="4">降水效果及状态</td><td>边施工降水、边进行基坑土方开挖（或未进行预降）</td><td>★</td><td></td><td></td></tr>
<tr><td>水中含砂量高，井周地面产生塌陷</td><td></td><td>★</td><td></td></tr>
<tr><td>排水系统（包括管沟、管道）堵塞、渗漏严重</td><td>★</td><td></td><td></td></tr>
<tr><td>各种原因造成抽水停止，地下水位升至作业面以上</td><td></td><td>★</td><td></td></tr>
<tr><td rowspan="3">冠梁</td><td rowspan="3">冠梁变形</td><td>较多数量的支护桩桩头混凝土混浆、夹泥、劈裂</td><td>★</td><td></td><td></td></tr>
<tr><td>较多支护桩受力钢筋在冠梁中的锚固长度不够</td><td>★</td><td></td><td></td></tr>
<tr><td>冠梁混凝土开裂、较多冠梁与支护桩桩顶夹泥</td><td>★</td><td></td><td></td></tr>
<tr><td rowspan="3">围护桩</td><td rowspan="3">桩体施工质量</td><td>连续多根桩产生缩颈（桩径小于钢筋笼直径）、夹泥、断桩</td><td></td><td>★</td><td></td></tr>
<tr><td>安全风险较高部位（如阳角、明暗挖结合等关键部位）出现断桩、严重夹泥</td><td></td><td>★</td><td></td></tr>
<tr><td>连续多根桩侵入主体结构，侵入尺寸超过桩体受力钢筋保护层厚度，需凿除</td><td></td><td>★</td><td></td></tr>
</table>

续表 6-1

巡视内容		巡视状况描述	安全状态评价		
			黄色预警	橙色预警	红色预警
土方开挖与边坡稳定	桩加内撑（锚杆），桩间土稳定及渗漏	桩间土坍塌，桩后出现空洞（已稳定）	★		
		桩间土坍塌，桩后出现空洞且未及时采取处置措施（未稳定）			★
		锚杆锚固体强度未达到设计要求值进行拉拔		★	
		锚杆未拉拔，即进行下层土开挖		★	
		桩间涌水，含砂量较高	★		
		桩间涌水，含砂量高，地面局部产生沉陷		★	
	放坡加土钉支护，开挖面及边坡稳定	边坡坡度超出设计坡度过大	★		
		开挖面暴露时间过长，局部土体出现剥落、开裂	★		
		开挖面暴露时间过长，局部土体出现塌滑且有扩大趋势		★	
		层间滞留水未采取疏排措施	★		
		边坡渗水，形成水流，处置措施不当或不及时，造成较大面积坍塌		★	
		边坡涌水，处置措施不当，造成局部滑坡，严重影响围护体系的稳定			★
支护结构体系	支座及支撑	支撑支座安装不符合有关标准或要求	★		
		支撑目视可见变形、移位		★	
		支撑架设后不及时预加轴力，轴力值未达到设计预加值		★	
		支撑固定不稳或支座松动	★		
		支撑支点面积小，引起应力集中，支撑点抗压能力低	★		
		多道支撑预加轴力后产生较大卸载，未进行调整		★	
		支撑支座处的围檩与支护桩之间存在土夹层，影响支撑效力		★	
	支护体系变形	基坑内设置运土坡道，影响部分支撑及时架设，坡道范围内影响 2 道支撑架设的		★	
		围檩与网喷混凝土面的缝隙在支撑预加力前未用细骨料混凝土填充密实	★		
		较大范围的支护桩向基坑外偏移，围檩与支护桩间土夹层较厚使支撑受力状态受影响	★		
		土方开挖到位后不能及时架设支撑，同一开挖区段同一横剖面内存在 2 道支撑未架设		★	
		安全风险较高部位（如阳角、明暗挖结合等关键部位）支护与背后土出现脱开，暂无扩大情形	★		
		安全风险较高部位（如阳角、明暗挖结合等关键部位）支护与背后土出现脱开，且有扩大情形		★	
		设计要求设置抗剪凳的区段，实际设置抗剪凳的数量低于设计量的 80%	★		
		设计要求设置抗剪凳的区段，实际设置抗剪凳的数量低于设计量的 50%		★	
		设计要求设置抗剪凳的区段未设置			★

续表 6-1

巡视内容	巡视状况描述	安全状态评价		
		黄色预警	橙色预警	红色预警
工序	工序不符合施工组织设计，可能引起土体、支护体系出现较大位移	★		
	工序不符合施工组织设计，可能影响工程和周边环境的安全性		★	
超挖与超载	靠近围护侧，局部超挖超过 1m，其他位置大范围内超挖超过 1m	★		
	靠近围护侧，大范围内超挖超过 1m，一定程度上影响支护结构或周围土体的稳定		★	
	基坑边长期有重型设备作业，未采取加固措施	★		
	基坑强烈影响区单位面积荷载超出设计值 10kPa	★		
	基坑强烈影响区单位面积荷载超出设计值 20kPa		★	
超挖与超载	同一剖面内基坑偏载量超过 20kPa	★		
地表积水	排水通道不畅通，强烈影响区大面积积水	★		
	地面硬化不完善或基坑边设明排水水沟，地表水直接下渗	★		
	截排水系统不完善或基坑边倒坡，地表水向基坑内回流	★		
	雨季施工，防洪措施不得当、设施不健全		★	

6.2.4 应急处置措施

1. 支护结构变形过大或失稳

（1）立即停止土方开挖。

（2）尽快进行回填超挖土方（开挖区）或堆土反压等措施。

（3）控制现场，疏散现场闲杂人员及涉险建筑物内的人员。

（4）详细检查围护结构和支撑、锚杆受损、变形情况，对变形严重超限区段采取增加支撑或预应力锚杆等措施。

（5）查找事件的导致因素，消除周边超载等，防止失稳现象扩散。

（6）如发生坍塌，对坍塌涉及范围内存在的上水、易燃、易爆、有毒管线重点监控，及时通知相关产权单位。

（7）必要时，会同属地公安交管部门对影响到的周边道路进行封闭，疏导调整事故路段内的交通。

（8）召集专家及有关人员参加的抢险紧急会议，决定应急处理方案，并据此进行应急处理：

1）对喷锚支护、土钉墙支护结构增加预应力锚杆、土钉；

2）增设临时支撑，确保抢险工作安全；

3）若支护结构局部破坏严重，无法继续使用，修改局部支护方案后重做；

4）对桩间土坍塌部位先封堵桩间，然后回填塌洞；

5）按照专家会议拟定的方案对受控范围内的地基和建构筑物进行加固；

6）专家建议的其他处理方案。

（9）调整分层开挖的高度或增加支撑层数并严格控制，每层开挖后立即进行支撑作业。

（10）对失稳部位的围护结构、支撑体系进行监控的同时，尚应加强对相邻部位围护结构、支撑系统及邻近建构筑物、管线的监控。

2. 边坡渗漏水

（1）尽快查清并切断水源。

（2）当出现涌砂并有增加趋势时，应立即封堵涌砂通道（预埋引水管），然后对涌砂区采用注浆等措施加固、填充。

（3）若在开挖过程中发生边坡局部渗漏引起土体塌滑，应及时清除松动的土层，用砂袋填补塌坑并在底部预埋包网的引水管，然后挂网喷护。

（4）土钉支护的基坑若发生较大范围的坍塌，立即停止土方开挖并向坍塌处堆土止滑，然后分片清除虚土，埋管引水，堆填沙袋，打入钢钎固定沙袋并在面层挂钢筋（丝、板）网，然后喷射混凝土面层。

（5）若桩间渗漏，埋管引水并加强渗漏处的桩间土支护。

（6）若因渗漏引起桩间土坍塌，先在桩间码放砂袋挡土并预埋引水管，然后加强桩间土支护、充填桩后空洞。

（7）若因坍塌造成支护结构产生明显变形，架设临时支撑确保抢险工作安全，然后采用增加支撑或预应力锚杆等措施加固支护体系。

（8）对周围建筑物、管线和道路进行监控，当变形较大时，应及时召开专家论证会并拟定加固方案，按专家方案分别对拟加固的建构筑物进行加固。

3. 地面开裂、塌陷

（1）立即停止土方开挖。

（2）进行基底堆料或回填反压，减缓或抑制路面开裂或塌陷情况。

（3）加强支护体系，减小基坑变形量。

（4）用水泥浆将地面裂缝浇灌封闭并抹面，以防雨水渗入。

（5）如果路面下土质松软或出现空洞，立即采取注浆加固、填充。

4. 建筑物变形过大

（1）立即停止土方开挖，同时采取封闭开挖面措施。

（2）对开挖影响范围内的建筑物周边土体采取注浆等措施进行加固，提高地层的承载能力或调整其变形。

（3）组织有关技术人员查找建筑物变形过大的原因，并及时消除导致变形的因素。

（4）邀请相关有资质的单位，对建筑物进行结构加固和修补。

（5）加强监测频率、强化监测措施和要求。

（6）继续优化基坑开挖、支护施工参数和工艺。

5. 管线变形过大

（1）停止开挖，对管线变形过大区域进行围挡、疏导交通。

（2）立即联系管线产权单位并与其共同进行原因分析，决定应急处理措施，并据此进行应急处理。

6. 雨水、污水管道爆裂

（1）立即向有关部门报告，调集专业队伍抢险。

（2）立即关闭管线的控制阀门或切断上游水源。

（3）尽快填实基坑边坑洞。

（4）尽快抽排基坑内积水，修复破损的围护结构。

6.3 矿 山 法

6.3.1 施工准备期

（1）施工准备期安全风险识别与评估除需按照6.1.4条执行外，还需重点针对以下内容识别与分析。

（2）大断面、变断面、马头门等受力复杂部位进行识别与分析。

（3）施工顺序、工序转换、临时支撑安装拆除等部位进行识别与分析。

6.3.2 施工过程

施工过程中安全风险评估重点对临时支撑安装拆除、断面变化、复杂大跨、联络通道等进行监控、评估与预警。

1. 施工风险控制技术要点

（1）土方开挖。

1）施工中必须严格遵循“管超前、严注浆、短开挖、强支护、早封闭、勤量测”的原则。

2）加强对开挖面地质进行观察，并判断其稳定性。当开挖面出现渗漏水时，应及时查明渗漏水的原因，对其危害进行分析，并及时采取相应的措施（如超前注浆、真空降水、引排等），对于施工风险比较大的地段（如仰挖、平顶直墙、大断面等）应严禁带水开挖。

3）对于降水效果不佳、掌子面稳定性较差地段，应进行超前地质探测。

4）规范核心土留设尺寸。具体根据开挖断面大小及掌子面地质条件确定尺寸，一般为距离拱顶高度约1.6m、两侧距边墙约0.8m、长度约1.0～1.5m、核心土边缘应设安全坡度，对于仰挖段施工，核心土长度应适当加长。

5）规范台阶留设长度。台阶长度应根据围岩情况、施工方法、工艺来确定，一般控制在1～1.5倍硐径范围之内，对于需要进行洞内竖向真空降水或仰挖地段，台阶长度应适当加长。

6）合理设置台阶开挖高度。台阶开挖高度应根据开挖面的稳定性及操作方便性来确定。一般控制在2.5～3.5m。

7）分部开挖时，应合理安排各分部开挖顺序及纵向间距，减小群硐效应。

8）两条平行隧道相距小于1倍硐径时，其掌子面前后错开距离不得小于15m。

9）隧道开挖应连续施工，因故停止施工时，对掌子面应采取临时封堵或支护措施。

10）尽量避免仰挖施工，对确需进行仰挖施工地段，台阶开挖高度不应大于2m，分部开挖时，应先开挖上面硐室，待上面硐室完成后，再开挖下面硐室。

（2）支护结构。

1）超前支护：

①超前支护的长度、数量、角度及纵向搭接长度等应满足设计要求；

②超前小导管安装时，应从格栅拱架腹部穿过，并与拱架焊接；

③大管棚安装时应采取调整管节长度的方法使相邻管棚的连接部位相互错开，保证同一断面接头不超过50%；

④按设计要求进行注浆施工，注浆结束后，应对注浆效果进行检查。

2）格栅架设及挂网施工：

①格栅架立纵向允许偏差为±30mm，横向允许偏差为±20mm，高程允许偏差为±15mm；

②格栅安装时，应保证拱脚密实，节点板连接密贴。如出现接点板不密贴、螺栓拧不紧时，应塞钢筋或钢楔子并与节点板焊牢；出现螺栓上不齐时，应将两节格栅主筋之间帮焊连接，帮焊钢筋直径与格栅主筋直径相同，单面搭接焊不小于10d；

③按设计要求设置纵向连接筋和锁脚锚管，打设超前小导管并预埋回填注浆管。超前导管、锁脚锚管打设后应与格栅主筋牢固焊接；

④纵向连接筋应内外交错布置，采用搭接焊或套筒连接，单面搭接焊长度不小于10d，并与格栅主筋牢固连接；

⑤钢筋网与格栅钢架应密贴，且铺设平顺，用绑丝与格栅钢架绑扎牢固，确保喷砼时不松动；

⑥钢筋网片搭接长度应不小于10mm，格栅的内外保护层厚度均不小于4cm。

3）喷射混凝土施工：

①喷射作业应分段、分层进行，喷射顺序应由下而上。一次喷射厚度，侧壁约60～100mm，拱顶50～60mm；

②喷射混凝土前应将施工缝进行清理，剔除疏松部分；拱顶喷射中出现的掉块应清除后方可继续喷射；对格栅钢架连接位置、墙角等钢筋密集处应采取不同的喷射角度以保障连接钢板或主筋后面混凝土的密实；

③喷射混凝土施工中应确定合理的风压，喷料均匀、连续，以保证混凝土密实；

④渗漏水地段，当渗水无成线涌水时，在喷射混凝土前应用高压风吹扫，开始喷射混凝土时，喷射混凝土由远而近，临时加大速凝剂掺量，缩短初凝、终凝时间，逐渐合拢喷射混凝土，当渗水成线涌水时，应先将水进行引排，再喷射混凝土；

⑤砂层地段进行喷射混凝土时，应首先紧贴砂层表面铺挂钢筋网片，并用钢筋沿环向压紧后再喷射。喷射时，应首先喷一层加大速凝剂掺量的水泥砂浆，并适当减小喷射机工作风压，待水泥砂浆形成薄壳后方可正式喷射；

⑥如发现喷射混凝土出现裂纹，应用红油漆作标记，进行观察和监测，确定其是否继续发展，若还继续发展，找出原因并作处理，对可能掉下的喷射混凝土撬下重新喷射。

4）初支背后回填注浆：

①初支背后回填注浆应跟随作业面，初支成环后6m进行；

②初支背后回填注浆孔应沿隧道拱部及边墙布设。一般环向间距：起拱线以上为2m，边墙为3m，纵向间距为3m呈梅花形布置。对于开挖过程中，出现坍塌空洞的部位，注

浆管应加密布设；

③初支背后回填注浆可根据初支背后（或地层）孔隙大小或压水试验情况选择水泥砂浆、普通单液水泥浆或超细单液水泥浆。地层孔隙较大，压水试验时吸水率大于30L/min，可压注水泥砂浆；孔隙较小，吸水率小于30L/min，可压注单液水泥浆；基本无孔隙，吸水率小于10L/min，但有大面积渗水可压注超细单液水泥浆。

5）初支背后回填注浆结束标准为：

①单孔标准：注浆压力逐渐上升，流量逐渐减少，当注浆压力达到设计终压时，稳定3min即可结束注浆；

②全段结束标准：一次支护表面无明显漏水点。

6）马头门施工支护结构加强处理：

①开口前宜施作加强环梁，并留置与马头门格栅相连的钢筋甩茬，待加强环梁施作完成，并达到设计强度后方可进行开口施工，确保进洞安全；

②开口前，应在竖井或通道内施作斜撑或横撑，消除马头门破除后造成的偏压的不良影响；

③马头门断面与通道或竖井连接处设密排格栅钢架，并与加强环梁相连接，增加支护强度。

7）临时支撑拆除：

①临时支撑应采取分段间隔拆除，拆除的顺序为自下而上，分段长度根据监测成果确定，一般应控制在6～8m内，并需进行倒换撑施工；

②多跨结构除纵向拆撑施工应满足设计的分段施工要求外，横向二衬施工也应分部进行，尽量减少一次拆撑的范围；

③地层条件差或环境风险较大时，应不拆除临时支撑钢筋或工钢，直接进行防水及二衬作业；

④临时支撑应等初支结构变形稳定后方可拆除。

6.3.3 安全风险巡视

1. 土方开挖

土方开挖主要针对开挖进尺、核心土留设、台阶的长度、高度及开挖顺序是否符合要求等进行巡视与评估。

2. 支护结构

支护结构体系还应对以下内容进行巡视与评估。

（1）支护体系开裂、变形情况：

1）初期支护扭曲变形部位、变形程度、发展趋势及可能后果等；

2）喷混凝土出现裂缝及剥离的长度、位置、宽度、发展趋势及可能后果等；

3）临时支撑脱开发生的位置、变化情况及可能后果等。

（2）支护结构稳定性：

1）超前支护：长度、数量、角度、纵向搭接长度否符合要求，注浆效果是否满足要求；安装与边接是否满足要求等；

2）拱架架设及挂网施工：拱架间距，拼装是否在允许误差内，纵向连接筋布置、焊接及钢筋网铺设是否符合要求，是否按要求设置锁脚锚管，打设超前小导管并预埋回填注浆管等；

3）喷混凝土施工：喷射混凝土是否密实，喷射混凝土工艺流程、喷射厚度等是否符合要求；

4）马头门施工：支护是否加强、施工工艺等是否符合要求；

5）初支背后回填：初支背后回填是否及时，回填所用材料、参数、工艺是否符合要求，回填是否密实等；

6）临时支撑拆除：拆除时机、范围、顺序等是否符合要求。

3. 施工组织管理及作业状况

施工组织管理及作业状况还应对以下内容进行巡视与评估。

（1）设计文件落实情况。

1）超前支护施作：包括钻孔、管棚打设、注浆等工序是否满足设计；

2）开挖支护施作：开挖、运输、拱架架设、挂网、喷混凝土等是否满足设计；

3）交叉施工工序是否满足设计。

（2）施工组织设计及施工专项方案落实情况。

土方开挖、出碴、支护结构施作、超前支护施作、注浆、降水等是否满足施工组织设计及施工专项方案要求。

（3）作业规范情况。

土方开挖、支护结构施作、超前支护施作、临时支撑安装及拆卸、注浆、降水等工序、工艺、工种是否遵守操作规程。

4. 巡视预警

巡视预警内容可参考表 6-2。

表 6-2 矿山法施工巡视预警参考表

<table>
<tr><th colspan="2" rowspan="2">巡视内容</th><th rowspan="2">巡视状况描述</th><th colspan="3">安全状态评价</th></tr>
<tr><th>黄色预警</th><th>橙色预警</th><th>红色预警</th></tr>
<tr><td colspan="2" rowspan="7">开挖面稳定性</td><td>掌子面面掉块、开裂；拱顶少量漏砂</td><td></td><td>★</td><td></td></tr>
<tr><td>掌子面坍塌</td><td></td><td></td><td>★</td></tr>
<tr><td>掌子面停工未及时封闭</td><td>★</td><td></td><td></td></tr>
<tr><td>工作面渗水</td><td>★</td><td></td><td></td></tr>
<tr><td>工作面小股涌水</td><td></td><td>★</td><td></td></tr>
<tr><td>工作面小股涌砂</td><td></td><td>★</td><td></td></tr>
<tr><td>工作面大股涌水，且含砂</td><td></td><td></td><td>★</td></tr>
<tr><td rowspan="6">超前支护</td><td>超前导管长度及打设步距</td><td>小导管长度、打设榀距未满足设计要求</td><td>★</td><td></td><td></td></tr>
<tr><td>超前导管横向分布范围</td><td>未满足设计要求</td><td></td><td>★</td><td></td></tr>
<tr><td>超前导管施工数量</td><td>未满足设计要求</td><td>★</td><td></td><td></td></tr>
<tr><td rowspan="3">注浆加固</td><td>注浆机具、浆液、注浆压力、注浆量未达到设计及施工方案要求</td><td></td><td>★</td><td></td></tr>
<tr><td>注浆效果未达到设计或施工方案的预期效果</td><td></td><td>★</td><td></td></tr>
<tr><td>未按设计或施工方案要求注浆</td><td></td><td></td><td>★</td></tr>
</table>

续表 6-2

巡视内容		巡视状况描述	安全状态评价		
			黄色预警	橙色预警	红色预警
土方开挖	开挖进尺	>（格栅间距+20cm）	★		
	环形留核心土	核心土形状未满足设计要求	★		
	施工台阶长度	未满足设计要求（1～1.5*D*）	★		
	施工台阶坡度	垂直		★	
		反坡（或开挖时反坡开挖）			★
	多部开挖各部工作面距离	未满足设计要求	★		
初期支护	架设纵向间距	间距未按设计要求架设初期支护		★	
	格栅拱脚悬空	2榀悬空		★	
		>2榀悬空			★
	钢格栅或钢架连接	接头螺栓连接未满足设计要求		★	
		接头帮焊钢筋未满足设计要求		★	
		纵向连接筋规格、数量、分布、连接方式、连接质量未满足设计要求	★		
	初支变形	出现纵向裂缝		★	
		剥离掉块		★	
		初期支护结构出现扭曲变形			★
	锁脚锚杆	打设未满足设计要求	★		
		设计有要求，现场未打设		★	
	钢筋网片	钢筋网的制作未满足设计要求	★		
		钢筋网的搭接未满足设计要求	★		
		钢筋网布设位置未满足设计要求	★		
	喷射混凝土	喷射混凝土厚度未满足设计和施工方案要求		★	
		存在漏喷、离鼓现象、出现离层或剥离、喷砼不密实（表面离散、有孔隙）、喷砼流淌		★	
		初支格栅或钢筋网外露		★	
初期支护	回填注浆	注浆机具、浆液材料不符合设计要求	★		
		注浆孔数量、布置未满足设计要求	★		
		注浆控制压力、注浆量未满足设计或施工方案要求	★		
		未按设计及施工方案要求及时进行回填注浆		★	
		初支背后空洞，未进行回填		★	
大断面及特殊部位施工	马头门施工	马头门位置未采取加强措施			★
		马头门破除时序不规范（存在对开马头门现象）		★	
		马头门未按设计要求施工		★	
	大断面隧道施工	设计架设临时支撑部位，1～2榀未设置	★		
		设计架设临时支撑部位，2榀以上未设置		★	
		架设位置未满足设计要求		★	
		临时支撑与初支结构脱离、虚接或连接构造不满足设计要求		★	
		临时支撑拆除和二衬施工顺序未按论证后施工方案实施		★	
		各导洞施工间距未满足设计要求			★

6.3.4 应急处置措施

1. 开挖面坍塌

（1）立即停止开挖施工，疏散人员，并启动应急预案。

（2）组织经验丰富的抢险人员采取堆土、沙袋或方木支撑、格栅钢架等手段封闭掌子面，必要时还应对掌子面附近的初期支护进行加固、避免连续塌方。

（3）如坍方影响范围内涉及到管线、建筑物时应通知相关单位对事故现场附近管线、建筑物进行排查，发现管线断、裂等情况，立即进行处理，以免对周围居民生活造成影响。发现周边建筑物开裂、倾斜等情况时，立即与建筑物业主联系，疏散建筑物内居民，现场立即对建筑物进行支撑、注浆等加固措施，以确保周边建筑物的安全，将附近居民的损失降到最低。

（4）如坍塌过大，影响到道路交通，应联系并协助交管部门对道路进行封闭，疏导调整事故路段内的交通。

（5）如有人员伤亡时，应及时上报并迅速将伤员送往医院救治。

（6）从已支护好的部位钻孔，对坍塌处采取泵送混凝土和注浆等措施将坍塌处填充密实，必要时可结合地面回罐等手段。

（7）根据坍塌情况和发展趋势确定成立现场施工指挥领导小组进行现场施工管理。

2. 突泥涌水

（1）立即停止开挖，疏散人员，并启动应急预案。

（2）启动洞内排水系统，迅速排除洞内积水，同时组织经验丰富的抢险人员采取堆土、沙袋或方木支撑、格栅钢架等进行封堵，并进行注浆回填。必要时还应对掌子面附近的初期支护进行加固、避免引起塌方。

（3）如施工影响范围内涉及管线、建筑物时应通知相关单位对事故现场附近管线、建筑物进行排查，发现管线断、裂等情况，立即进行处理，以免对周围居民生活造成影响。发现周边建筑物开裂、倾斜等情况时，立即与建筑物业主联系，疏散建筑物内居民，现场立即对建筑物进行支撑、注浆等加固措施，以确保周边建筑物的安全，将附近居民的损失降到最低。

（4）如影响到道路交通，应联系并协助交管部门对道路进行封闭，疏导调整事故路段内的交通。

（5）查找涌砂、涌水原因并会同相关人员商讨处理方案。

3. 初支失稳

（1）立即停止施工，疏散人员，并启动应急预案。

（2）组织经验丰富的抢险人员用方木或工字钢立即对初支进行加固，加固范围为失稳段两侧各延长一倍洞径。

（3）加固的同时，应加强对道路、管线和建构筑物进行监测，根据监测情况决定是否执行“建（构）筑物变形过大”、“道路塌陷”等应急措施。

（4）待加固完成并稳定后方可继续施工。

4. 河湖渗漏

（1）立即用喷射混凝土、沙袋等方式封闭掌子面，必要时还应对掌子面附近的初期支护进行加固。

(2) 立即启动洞内排水系统，迅速排除洞内积水。

(3) 加强对掌子面超前注浆和初支背后回填注浆，加强对注浆效果的检查。

(4) 可能时，截断河湖水体来源。

5. 建（构）筑物变形过大

(1) 立即停止开挖，必要时疏散建（构）筑物内及周边人员，对于桥梁必要时还应限制过往桥梁车辆的数量、速度和吨位。

(2) 采取洞内和（或）地表的方式对建（构）筑物进行注浆加固，注浆的同时即时对建（构）筑物进行监测，根据监测情况调整注浆压力、注浆量、注浆工艺、注浆部位等参数，以主动控制其沉降。

(3) 召开专家会对原因进行分析，制定针对性措施并实施。

(4) 邀请相关单位，对建（构）筑物进行结构加固和修补；对于管线在必要时且条件许可情况下可开挖并暴露管线，对其进行悬吊等方式加以保护。

(5) 优化隧道施工工艺和参数。

6. 既有轨道交通结构变形超标

(1) 立即停止开挖，召开专家会对原因进行分析并制定针对性措施。

(2) 征得运营部门同意，对既有轨道交通进行结构加固和修补。

(3) 加强监测频率、强化监测措施和要求，成立现场施工指挥领导小组进行现场施工管理。

(4) 继续优化隧道施工参数和工艺。

7. 道路塌陷

(1) 紧急向上级部门、交管单位汇报。

(2) 协助交管部门对坍塌处道路进行封闭，并做好交通疏导工作。

(3) 如塌陷影响范围内涉及管线，应及时通知管线产权单位对事故现场附近管线进行排查及保护，可能时，切断其相应来源。如发现管线出现断、裂等情况，立即进行处理，以免对周围居民生活造成影响。

(4) 分析、查找道路塌陷的原因，会同相关人员商讨处理方案并实施。

8. 雨水、污水管道断裂

(1) 立即向有关部门报告，调集专业队伍抢险，封闭管线断裂及邻近区域。

(2) 立即切断上游水源，并通知管线产权单位核查影响范围内管线，对其进行保护。

(3) 洞内封闭掌子面，并启动排水系统排出洞内积水。

(4) 配合相关部门进行抢险工作。

6.4 盾构（顶管法）施工控制要点

6.4.1 施工准备期

(1) 施工准备期安全风险识别与评估除需按照6.1.4条执行外，还需对组段划分、盾构选型，盾构及其重要配套设备适应性，设计方案等进行安全风险识别与分析。

（2）盾构区间隧道组段划分，根据盾构施工过程中的工程、水文地质条件、环境条件以及隧道埋深等因素对隧道进行组段划分，确定适宜各个组段的盾构施工参数控制范围。

（3）盾构选型，综合考虑工程地质条件和水文地质条件，隧道区间平、纵断面设计，施工环境条件和相关风险工程及地表变形控制标准。

（4）盾构及其重要配套设备的适应性应满足隧道穿越主要地层的适应性要求，对非主要地层只需满足安全性要求即可。

（5）盾构进场前和进场过程中应完成对盾构设备的验收工作。

（6）组段划分和盾构选型技术要求及其重要配套设备适应性评估和盾构设备进场验收相关要求执行。

（7）方案设计评估

1）设计方案评估主要对盾构始发和到达端头、区间联络通道、泵房加固方案的安全风险进行评估。

2）盾构始发/到达端头、联络通道、泵房加固设计评估：

①加固后土体的C、Φ值、单轴抗压强度等；

②加固范围，主要考虑纵向加固长度L、加固宽度B、上方加固高度H_1和下方加固高度H_2；

③加固后土体的渗透性K；

④设计采用的加固工艺的适应性。

6.4.2 施工过程

施工过程中安全风险评估需重点对盾构始发和到达，盾构检修、换刀，盾构掘进过程，联络通道等进行监控、评估与预警。

1. 施工风险控制技术要点

（1）盾构始发和到达。

1）洞门安装止水橡胶帘布和扇形压板，确保洞门处止水效果。

2）加强对端头加固效果的检查，确保端头加固效果达到要求。

3）盾构在加固区内的施工，土压建立前（始发）和土压降低后（到达）应严格控制出土量，正确使用加固后土体松散系数确定合理出土量。

4）盾构始发出加固区时需要转换土压力，在出加固区时应将土压建立到略高于正常值，盾构出加固区时不至于出现土压过低，发生地表塌陷事故。

5）盾构到达进入加固区后应逐步减小土压直至降为0，同时降低推进速度（速度）和推力，缓慢向洞门推进，防止端头处土体被盾构推出洞门，发生塌陷事故。

6）盾构到达施工过程中，当刀盘距离围护结构小于4环（4.8m）时，应该停止注入土体改良剂、添加剂（泡沫、膨润土等）。

（2）盾构检修、换刀。

1）对于土层，优先选择从地面开挖明挖竖井或人工挖孔井（桩）来进行开舱检修和换刀。

2）对于砂卵石等磨蚀性较强的地层，应提前对开舱位置进行选择，并提前进行相关施工，做到主动开舱检修盾构。

(3) 盾构掘进过程。

1) 盾构穿越重要环境风险工程时，应适当提高土压力，确保开挖面和地层的稳定，有效控制地表沉降和风险工程的变形。

2) 加强土体改良（尤其是砂层、砂卵石地层）降低刀盘扭矩，减小刀盘和刀具的磨损。

3) 盾构在沙层、卵砾石层和沙、卵石复合地层中掘进时，为减小磨损，应该采用低转速，高贯入度等措施，对于对沉降要求严格的组段，应匀速推进。

4) 同步注浆和二次补浆不能采用同种性质的浆液，同步注浆和二次补浆参数、浆液质量标准及补浆频率参见《盾构施工管理办法》(BJMTR/RM-PF-03)。

5) 盾构施工前开挖基坑或者竖井时取样进行试验确定土体松散系数，确定合理出土量。盾构掘进过程中，应根据出土量和土车容积来细化每个土车与盾构推进距离的关系，并做好记录。

6.4.3 安全风险巡视

(1) 联络通道、泵房现场主要巡视地层加固效果、管片拆除情况，及土方开挖、支护情况。

(2) 施工参数监控与预警，盾构掘进过程中主要参数数值超过或者低于组段划分报告中设定的控制范围时进行参数预警，主要参数包括：土压力（Bar）、推力（t）、刀盘扭矩（kN/m）、推进速度（cm/min）、刀盘转速（rpm）、注浆压力（MPa）和注浆量（L/环）七项指标，具体预警准则如下：

1) 黄色预警：以上七项参数数值在1.0～1.1倍的控制范围最大值之间，或者在0.9～1.0倍的控制范围最小值之间。

2) 橙色预警：以上七项参数数值在1.1～1.2倍的控制范围最大值之间，或者在0.8～0.9倍的控制范围最小值之间。

3) 红色预警：以上七项参数数值大于1.2倍的控制范围最大值，或者小于0.8倍的控制范围最小值。

(3) 盾构检修、换刀。

1) 换刀地点地质与环境条件的再确认；

2) 常压换刀或带压换刀及其施工方案。

3) 突发性刀盘检修与刀具更换方案、实施条件与危险性预测。

4) 换刀后检修井及土舱回填情况。

(4) 施工组织管理及作业状况。

1) 施工单位人员组织机构合理性和盾构操作人员的以往盾构施工经历，人员资历等按相关要求执行。

2) 管片安装人员的操作熟练程度。

3) 对各种注浆、注脂和膨润土注射设备的操作熟练程度。

4) 对自动导向系统的操作熟练程度、联系测量工作的频率和方式。

5) 盾构及其相关设备维护保养人员的工作水平和能力。

(5) 巡视预警，巡视内容及巡视预警标准可参考表6-3。

表 6-3 盾构法施工巡视预警参考表

巡视内容	巡视状况描述	安全状态评价		
		黄色预警	橙色预警	红色预警
铰接密封情况	小股流水、流砂	★		
	严重涌水、涌砂			★
管片破损情况	管片出现贯通的裂缝，对隧道安全影响严重			★
管片错台情况	错台＞30mm，影响管片的防水性能			★
管片间渗漏水、砂	小股流水、流砂	★		
	严重涌水、涌砂			★
盾尾漏浆情况	小股漏浆	★		
	喷浆、涌浆		★	
同步注浆	连续3环同步注浆量低于最小控制值，或连续3环同步注浆量高于最小控制值，且注浆压力低于最小控制范围	★		
	连续4环同步注浆量低于最小控制值，或连续4环同步注浆量高于于最小控制值，且注浆压力低于最小控制范围		★	
	连续5环及以上同步注浆量低于最小控制值，或连续5环及以上同步注浆量高于最小控制值，且注浆压力低于最小控制范围			★
	一周之内现场取样发现1次不满足质量要求	★		
	一周之内现场取样发现2次不满足质量要求		★	
	一周之内现场取样发现3次及以上不满足质量要求			★
出土量	实际出土量与控制值的偏差在1～2m^3	★		
	实际出土量与控制值的偏差在2～3m^3		★	
	实际出土量与控制值的偏差超过3m^3			★
土压力	持续3min或盾构推进10cm隧道长度范围内低于最低控制值	★		
	持续5min或盾构推进20cm隧道长度范围内低于最低控制值		★	
	持续5min及以上或盾构推进30cm及以上隧道长度范围内低于最低控制值			★
盾构姿态	隧道轴线平面或高程偏差在±50～±70	★		
	隧道轴线平面或高程偏差在±70～±80		★	
	隧道轴线平面或高程偏差超过±80			★
	盾构滚动角偏差在±3°～ ±4°	★		
	盾构滚动角偏差在±4°～ ±5°		★	
	盾构滚动角偏差超过±5°			★

6.4.4 应急处置措施

1. 盾构始发与到达漏水、漏砂

（1）巡视查明漏水/漏砂的原因和相关周边环境，查明水的来源。

（2）盾构到达施工发生漏水/漏砂，应迅速将盾构推出洞门，巡视组织人员进行注浆堵水，封堵洞门。

（3）盾构始发施工发生漏水/漏砂，如洞门围护结构破除完毕，应迅速将盾构推入洞门，如洞门围护结构未破除，应对洞门进行封闭，重新进行加固。

（4）加强对周边的管线等环境风险工程的巡视，如有异常，应及时与产权单位联系，采取相关应急措施。

（5）处置过程中要及时与应急救援物资单位联络，保证物资供应渠道畅通。

2. 盾构始发与到达土体失稳

（1）盾构到达施工发生端头土体失稳，立即停工，对洞门进行挂网喷射混凝土，然后恢复推进，推进过程中应将土压力降为0，并停止注入土体改良材料。

（2）盾构始发施工发生端头土体失稳，应对端头土体进行挂网喷射混凝土，确保土体的稳定，然后将盾构顶入洞门。

（3）在端头处转孔，进行回填注浆。

（4）加强对始发/到达端头的巡视。

3. 盾尾/铰接/管片涌水、涌砂

（1）巡视查明进水的情况（包括：进水的位置、时间、目前盾构所处的位置、周边施工环境、地层环境等），查明进水的原因。

（2）对于铰接涌水、涌砂，应迅速打开铰接紧急密封。

（3）对于盾尾和管片涌水、涌砂，应迅速采用双液浆或聚氨酯等高性能堵水材料进行封堵。

（4）加强对隧道内管片变形的监测，对邻近隧道，也应采取注浆等加固措施，必要时可采用洞内支撑等措施，确保隧道变形和位移在可控范围内。

（5）密切注意周围环境的变化，采取相关应急措施，防止事态的进一步发展和避免次生灾害的发生。

（6）加强对周边环境的监控，尤其是加强对盾构所处地面重要管线和重要建/构筑物的监测，弄清相关产权单位的联系方式，当险情扩大时要马上与产权单位联系。

4. 建/构筑物变形过大

（1）立即停止施工，必要时疏散建（构）筑物内及周边人员，对于桥梁必要时还应限制过往桥梁车辆的数量、速度和吨位。

（2）采取洞内和（或）地表的方式对建（构）筑物进行注浆加固，注浆的同时即时对建（构）筑物进行监测，根据监测情况调整注浆压力、注浆量、注浆工艺、注浆部位等参数，以主动控制其沉降。

（3）召开专家会对原因进行分析，制定针对性措施并实施。

（4）邀请相关单位，对建（构）筑物进行结构加固和修补。

（5）优化隧道施工工艺和参数。

5. 管线变形过大

（1）开挖并暴露管线，并对其进行合理适当的保护。

（2）根据管线监测情况，及时调整盾构施工参数，如控制推进速度、土舱压力、同步注浆压力和注浆量、出土量、刀盘扭矩和总推力等。

（3）根据管线及周边地面变形情况及时调整注浆量、注浆部位，对于沉降大的部位可采用补压浆的措施。

（4）合适的地层改良措施，改善土体的塑性流动性、保持进出土顺畅并有效控制出土量。

（5）根据管线及周边地面状况，在管线与隧道之间或管线（箱涵）底部基础、采取隔离桩、树根桩等或注浆加固等隔断或减小盾构施工对其的影响。

（6）必要时从管片上进行壁后注浆。

（7）联系管线产权部门，并配合管线产权部门对局部已产生变形，但还不影响周边环境的管线进行修补。

（8）加强施工监测，实施动态信息化施工管理。

6. 既有轨道交通变形过大

（1）立即停止施工，召开专家会对原因进行分析并制定针对性措施。

（2）征得运营部门同意，对既有轨道交通进行结构加固和修补。

（3）加强监测频率、强化监测措施和要求，成立现场施工指挥领导小组进行现场施工管理。

（4）继续优化盾构施工参数。

7. 河（湖）防汛堤（墙）变形、开裂

（1）根据监测数据和堤（墙）的变形情况，进一步对堤（墙）进行注浆加固，巩固堤（墙）的基础，开启地面注浆管，进行地面跟踪注浆。

（2）根据堤（墙）变形监测情况及时调整盾构施工参数，如控制推进速度、土舱压力、同步注浆压力、出土量、刀盘扭矩和总推力等。

（3）损坏盾尾刷及时更换，或在盾尾内垫棉絮或海绵，对盾尾进行堵漏。

（4）必要时从管片上进行壁后注浆。

（5）联系防汛部门，并配合防汛部门对局部已产生变形，但还不影响防汛功能的堤（墙）进行修补。

（6）若变形状态的可控性还不能确定，且又时逢防汛季节的，可筑防汛袋或在堤（墙）内打板桩等构筑临时防汛堤墙，以备万一。

（7）加强监测频率和监测要求，成立公司（或分公司）现场施工指挥小组，进行现场施工管理。

8. 盾构轴线偏差过大

（1）立即停工，上报监理单位和也只单位，并邀请控制测量单位对成形隧道和盾构姿态进行测量，明确准确的偏差量。

（2）及时与设计单位沟通，做好隧道线路调整的相关准备。

（3）上报业主，由业主组织施工单位、设计单位、监理单位、控制测量单位召开应急启动会，并有设计进行隧道线路调整设计。

（4）施工单位按照重新调整后线路进行盾构施工，施工过程中加强姿态控制。

9. 螺旋输送机喷涌

（1）迅速关闭螺旋输送机闸门，施工单位应组织相关技术人员查明地下水来源。

（2）迅速准备高分子聚合物等堵水材料。

(3) 采用高分子聚合物进行土体改良，防止螺旋输送机喷涌。

(4) 调整盾构姿态，防止铰接和盾尾漏水、漏砂。

(5) 加强对左右线成形隧道的监测，包括拱顶沉降、收敛等，出现异常时应对成形隧道进行加固。

(6) 提高浆液质量，及时进行二次补浆，并加大二次补浆频率。

10. 漂石、地下障碍物等

(1) 立即停工，施工单位组织相关技术人员进行分析，明确地层条件、地面环境条件。

(2) 施工单位制定完善的开舱方案，地面环境允许的话，应优先考虑从地面施做竖井或者人工挖孔桩进行开舱作业。

(3) 洞内开舱时应严格按照施工方案进行，加强隧道内的通风，确保开舱作业的安全。

(4) 盾构恢复掘进时应对竖井或者人工挖孔桩或者土舱进行回填。

(5) 加强对停机位置的监测和巡视，如有异常应立即启动相关应急机制。

11. 叠摞隧道管片开裂、错台、混凝土剥落

(1) 立即停工，增加顶升结构的顶升压力。

(2) 施工单位组织相关技术人员和专家进行分析，明确管片开裂、错台发生的原因。

(3) 适当降低盾构推进的土压力、注浆压力、刀盘扭矩，减小地层附加应力。

(4) 加强对隧道的监测和巡视，如有异常应立即启动相关应急机。

6.5 高架桥梁施工控制要点

6.5.1 施工准备期

(1) 达到深基坑基础的施工方案的安全性分析。

(2) 大型围堰施工方案的安全性分析。

(3) 高墩施工的施工方案的安全性分析。

(4) 现浇梁支架体系和模板体系设计方案的安全性和实用性。

(5) 预制梁运输及吊装方案的安全性和适用性。

(6) 悬臂法施工方案的安全性分析。

(7) 特殊结构（斜拉桥、悬索桥、钢管混凝土拱桥、钢桁架等）施工方案的安全性分析。

(8) 管线导改方案与环境状况、基坑围护结构形式的适宜性。

6.5.2 施工过程

达到深基坑基础施工，参考6.2明挖法施工控制要点。

1. 大型围堰施工风险控制技术要点

(1) 编制专项施工方案及其安全技术措施，经专家评审通过后，严格按照方案执行。

(2) 钢板桩围堰施工安全：

1）在水中沉打钢板桩施工钻孔桩、承台，适用水深2～6m的情况。

2）钢板桩的入土深度，必须根据计算确定，保证足够深度。

3）钢板桩的内支撑，必须根据计算确定，保证足够刚度。

4）采取可靠措施，保证钢板桩施工机械的安全。

5）在施工中，定期检查水流对钢板桩入土的冲刷。

（3）钢筋混凝土围堰施工安全：

1）围堰施工前需要在其底范围内夯实、整平地基，并铺设枕木，以保证地基承载力的均匀性。

2）围堰宜分节浇筑；待第一节围堰浇筑完成、混凝土强度大于70%后，方可对称开挖围堰内刃脚处地基。

3）对河床以上围堰壁，需要埋设硬塑管，以爆破河床以上部分围堰。

4）围堰下沉时，水面以上采用长臂挖机在刃脚下开挖，水面以下采用排水开挖，排水不能挖到标高时采用挖斗开挖；并必须保证开挖的均衡性。

（4）钢套箱（吊箱）围堰：

1）合理选择结构形式，保证结构安全：钢套箱围堰按形式分有矩形（圆端形）和圆形，其中每种围堰又分为单壁、双壁以及单、双壁组合式钢围堰。

2）围堰的加工：为运输方便，一般选择船运比较方便的工厂进行加工。为减少墩位处拼装工作量，一般根据现场起重能力分节在工厂加工。其加工顺序为先分单元在胎具上加工成型，然后在浮体上组拼。矩形围堰由于较轻，一般是分块加工，一次拼装成型。

3）围堰的浮运：围堰的浮运根据下沉的设备情况而定，如果采用大型浮吊下沉，可用平驳进行浮运；如果采用组拼的龙门浮吊下沉，可直接用浮吊进行浮运。

4）围堰的下沉：矩形围堰由于重量较轻，可一次拼装到位，因此，精确定位后，可一次放置于河床上进行下沉。而双壁或单、双壁组合式围堰由于体积大，需在水中边下沉边接高。

5）封底混凝土的施工：钢围堰沉至设计标高，灌注封底混凝土之前，要求潜水员用高压水枪进行清理，整平河床面，同时，为了保证封底混凝土与桩身、箱壁的良好结合，达到止水效果，潜水员应用高压水枪将桩身和箱壁上附着的泥浆冲洗干净。

（5）施工安全控制要点：

1）施工平台应安装栏杆，脚手板固定牢固，不得有探头板，空当处挂设安全网，平台上设置救生和消防设施。水上备有救生船只和人员。

2）施工过程应避开双重作业，当无法避免时，上下层作业点必须错开。

（6）航道通航的安全：

1）在通航的江河上进行施工前，与当地航政部门联系，商定有关航运和施工的安全事项，并通报有关单位，在航道上按规定设置航标进行导航。

2）施工使用的各种船只，按航政部门规定设置航行标志，并备有救生、消防及靠绑等设备。

3）施工中需要封航时，必须与航务部门联系，在航道上做好封航标志，办理封航手续并通知相关单位。

2. 高墩施工风险控制技术要点

（1）高桥墩（台）、塔墩、索塔等高层结构，采用滑升模板施工时，应按照高处作业的安全规定，加设安全防护设施，穿戴好个人防护用品，并须根据工程特点，编制专项施工方案及其安全技术措施，经专家评审通过后，严格按照方案执行。

（2）采用滑板施工，滑模及提升结构应按设计制作和施工，并严格按照施工设计安装。作业前，要对滑升模板进行验算和试验，并应有足够的安全系数。顶杆和提升设备，应符合墩身的形状和要求。

（3）当塔墩等高层建筑采用爬模施工方法时，应进行特殊设计，在工厂制作。爬升架体系、操作平台、脚手架等，要保证具有足够的刚度和安全度。架体提升时，要另设保险装置。模板爬升，作业人员不得站在爬升的模板或爬架上。

（4）液压系统组装完毕后，必须进行全面检查。施工过程中，液压设备应由专人操作，并经常维护，发现问题及时处理。

（5）模板提升到2m高以后，应安装好内外吊架、脚手架，铺好脚手板，挂设安全网。模板内设置升降设施及安全梯。

（6）操作平台上的施工荷载，应均匀对称，不得超负荷。平台周围应安设防护栏杆，并备有消防及通信设备。

（7）浇筑混凝土，不得用大罐漏斗直接灌入，防止冲击模板。振捣时，不得震动顶杆、钢筋及模板。在提升模板时，不得进行振捣。

（8）模板每次提升前，应进行检查，排除故障，观察偏斜数值。提升时，千斤顶应同步作业。

（9）顶杆和平台应稳固，如顶杆有失稳或混凝土又被顶出的可能时，应及时加固。

（10）用手动或电动千斤顶做提升工具，千斤顶丝扣的旋转方向，应以左右方向对称安装，使其力矩相互抵消，防止平台被扭动而失稳。

（11）操作平台的水平度、倾斜度应经常检查，发现问题应及时采取措施。

（12）平台上应规定人群荷载和堆放材料的限量标准。材料要均匀摆放，不得多人聚集一处。

（13）运送人员、材料的罐笼或外用电梯，应有安全卡、限位开关等安全装置。

（14）为防止模板发生倾斜、扭转，滑模施工宜采用油压千斤顶，并保持同步提升。提升速度控制在10～30cm/h。

（15）支座安装，应按设计施工。采用盆式橡胶支座，可在场地装配后，整体或部分吊装就位。擦洗支座等表面污迹，应用酒精或丙酮，严禁用汽油、煤油等代替。

（16）拆除滑模设备时，应做好安全防护措施。拆除时可视吊装设备能力，分组拆除或吊至地面上解体，以减少高处作业量和杆件变形。拆除现场应划定警戒区。警戒线到建筑物边缘的安全距离不得小于10m。

3. 现浇梁施工风险控制技术要点

（1）满堂支架法施工。

1）支架搭设前必须进行方案编制及结构检算。

2）支架在钢筋绑扎前必须经过预压，并计算各项变形参数。

3）支架搭设处地基要满足承载力要求，要有防排水措施。

4）每根立杆底部应设置刚性底座或垫板。

5）当采用多层支架时，支柱应垂直，上下层支柱应在同一竖向中心线上。严禁将外径 48mm 与 51mm 的钢管混合使用。

6）立杆接长接头必须采用对接扣件连接，对接应符合规范要求。

7）立杆必须设置纵、横向扫地杆，扫地杆距立杆底不大于 200mm，最顶层水平杆距立杆顶不大于 200mm。

8）设在立杆顶的可调顶托伸出立杆顶不得大于 250mm。

9）满堂模板支架纵向及横向每隔三排要设置一道剪刀撑，每道剪刀撑宽度不应小于 4 跨，一道剪刀撑并应由底至顶边连续设置，剪刀撑与地面的倾角宜为 45 度。

10）四边与中间每隔 4 排立杆从顶层开始向下每隔 3 步设置一道水平剪刀撑。

11）剪刀撑斜杆的接长宜用搭接，搭接长度不应小于 1m，应采用 2 个旋转扣件固定，钢管端部露出扣件的长度不应小于 100mm，是剪刀撑斜杆应用旋转扣件固定在与之相交的横向水平杆的伸出端或立杆上，旋转扣件中心线至主节点的距离不宜大于 150mm。

（2）梁式支架法。

1）梁式支架搭设前必须进行方案编制及结构检算。

2）梁式支架在钢筋绑扎前必须经过预压，并计算各项变形参数。

3）军用墩纵向连接，采用专用 Φ22 高强螺栓，螺母以全部套入螺栓，严禁螺母有空丝没有套入。军用墩纵向连接完成后，确保轴线无偏移、无侧弯曲。当军用墩有侧弯曲时，侧弯曲挠度不大于 L/400。

4）采用横向连接件连接军用墩时，满足定型尺寸时采用专用横边。当无专用横连时，采用自制横连。自制横连的螺栓孔禁止用气焊吹眼，用小型钻机钻眼，误差精度控制在 ±2mm，以确保军用墩受力横向分配均匀。横连连接为分内外两层，以增加军用墩刚度。

5）当军用墩上垫梁相对于军用墩悬空较大时，可以用 16 号槽钢对扣焊接作为斜撑，以增加上垫梁悬空强度。

6）当下垫梁与军用墩螺栓孔不能相对时，采用自制钢夹钢将下垫梁与军用墩相连成整体。

7）施工前向监理、业主提出施工方案，在方案得到批准后，向社会发布施工通告，提醒过往车辆与行人，注意施工安全。

8）必须备有必需的清障设备，如装载机、吊车等，保障快速抢险。

（3）移动模架法。

1）移动模架设计时，应明确：适应的最小平曲线半径；适应的最大纵向坡度；适应的海拔高度；适应的环境温度；设计抗风能力；纵横向稳定系数。

2）应对移动模架各作业工况进行受力分析，并提出其对永久性结构物所施加的作用力。

3）应明确墩旁托架在桥墩两侧的锚固位置和锚固方式以及在承台上的支撑位置和支撑方式，移动模架支腿在墩顶上或在已成箱梁顶板上的支撑位置和支撑方式，须取得设计、业主的同意后，并经必要的应力检算后方可实施。

4）在梁自重和模板系统自重作用下，主梁跨中竖向变形挠度不宜大于 L/700（L 为主梁的支承跨度）。

5）移动模架走行方式宜采用液压驱动，并有可靠的纵向防溜措施和机构。液压系统的设计应符合现行国家标准《液压系统通用技术条件》GB/T 3766—2001 的规定，并应保证移动模架作业安全、可靠、维修方便。

6）厂内静载试验载荷取值为箱梁重 1.1 倍和内模重之和，布载方式应尽量模拟正常施工时移动模架的受力状态。

7）在路基上拼装移动模架时，地基应压实，不积水，不得出现不均匀沉降。

8）在支架上拼装移动模架时，支架必须经过专门设计检算，并应选择正确的支架卸载的方式方法，以保证结构和操作人员的安全。

9）拼装完成后必须对液压电气系统及模板系统试运行，次数不少于 3 次。

10）移动模架现场拼装完成后，第一片箱梁施工之前必须进行堆载预压。堆载应尽量模拟箱梁施工时的受力状态，以测量移动模架主梁、横梁、墩旁托架等不同部位的变形，同时检验模架的安全性能。

11）预压荷载取值为箱梁重 1.1 倍和内模重之和。预压时，必须分级加载、逐级卸载，必须待结构变形稳定后测量各工况下的结构变形，以便据此进行预拱度设置。

12）对未进行厂内模拟载荷试验的移动模架尚应检测主承载结构的应力变化，以便评估次级加载的安全性。

13）高强螺栓在第一次浇筑混凝土前后都必须检查，以后每 10 跨必须检查一次。

14）移动模架过孔必须严格按照操作规程和施工方案执行。

15）移动模架拆除，使用方应与移动模架制造商共同制定拆除方案及详细的现场拆除操作细则，并报监理审批，拆除时严格按照拆除方案进行。

4. 预制梁运输及吊装

（1）编制专项施工方案及其安全技术措施，经专家评审通过后，严格按照方案执行。

（2）架梁前工作：

1）当双梁式架桥机两侧的稳定设备或中立柱支放在道砟槽板上进行横移梁时，应检算梁或台的抗裂安全度。

2）当零号柱支在托盘式、板凳式墩台帽外缘，或千斤顶、移梁砂箱等安放在顶帽外缘支顶梁时，均应作墩台帽检算。

3）当顶梁或移梁不能按正常办法支护，或采用过短的移梁设备时，均应作稳定性检算。

4）当架桥机需吊梁通过临时性梁或临时性梁上架梁时，应对临时性梁作检算。

5）当在预应力连续梁端跨开始架设相邻简支梁时，应符合设计要求，设计无要求时，应对箱体强度和抗裂度进行检算。

6）当使用悬臂架桥机在不良的填土路基上架梁时，应作路基稳定性检算。

7）运架设备组装完成后，必须根据国家有关规定，经有关部门的技术检查和验收，取得安全生产许可证及型式试验合格证后方可作业。

8）运输预制梁须有相应的运梁方案，并经过监理审核，如借用地方公路或桥梁，还需事前办理相应的手续，特别是经过既有桥梁时，应对桥梁的承载力进行核实及验算。

（3）运输与架设。

1）后张梁终张拉完成并且管道内浆体强度达到设计强度后方可进行运架梁施工。

2）所架梁须经监理检验合格后方可进行运架梁施工。

3）针对不同的梁型选择不同的吊具，所选吊具必须经过检算满足规范要求的强度。

4）为防止梁体在运架过程中受损，吊、运设备均应能够实现四点起吊三点平衡的功能。

5）龙门吊、架桥机拼装及行走路过的路基必须压实，防止在拼装运行过程中出现下沉，造成事故。

6）龙门吊、架桥机拼装完毕后，必须要做试吊梁试验，试吊合格并取得当地劳动技术监督部门颁发的安全生产许可证后方可正式架梁施工。

7）架桥机纵向运行轨道两侧规定高度要求水平，保持平稳。前支腿、中支腿横移轨道铺设要求水平，并且两轨道必须平行，轨道下垫木必须选用优质方木或枕木垫实，特别是边跨梁位置，防止架桥机在架梁过程中出现下沉，造成事故。

8）架桥机每次过孔前，每孔梁的横隔板钢筋必须全部按要求焊接完毕经监理同意后方可过孔行走。

9）架桥机架梁坡度不能超过设计最大值，超过时须调整前支腿与中车的高差。坡度过大时盖梁上应铺设斜木使横移轨道铺设水平。

10）每片梁架设前都要对运架设备进行安全检查，发现问题及时处理，不允许设备带故障作业。

11）风力超过 6 级时严禁作业，并将架桥机、龙门吊锚固可靠。

5. 悬臂法施工

（1）编制专项施工方案及其安全技术措施，经专家评审通过后，严格按照方案执行。

（2）挂篮设计时充分考虑挂篮刚度和稳定性保证挂篮刚度和稳定性，避免在灌筑过程中因挂篮变形挤压未达到承重强度的混凝土，致使梁体衔接处挤裂。

（3）挂篮安装完成后，必须进行压载试验，以检验挂篮各构件的受力情况、挂篮的抗倾覆性及挂篮的刚度，消除挂篮的非弹性变形和测定弹性变形量，为梁体的线形控制提供基础数据。

（4）对称加载：

1）梁段悬臂灌筑时，T 构两端施工荷载要尽可能保持平衡，并注意左右偏载，两端浇筑混凝土进度之差不得大于设计要求。

2）挂篮走行时，保证两端走行速度一致。

3）施工材料和机具的堆施工保证对称。

（5）混凝土实行强度和弹性模量指标双控。混凝土除满足强度、早期强度、初凝时间、坍落度、和易性等指标要求外，还须满足混凝土的弹性模量指标要求。混凝土的弹性模量是影响梁体混凝土收缩、徐变及受力变形的关键因素。

（6）各梁段施工加强梁体测量、观测，注意挠度变化，加强线形控制。

（7）跨越行车道、航道的施工安全措施。当悬浇施工跨越铁路、公路或有通航要求的河流时，必须采取有效措施保证通车或通航的安全。

1）行车道或航道上方悬灌施工时，设封闭式防护装置，确保桥下行船的安全。

2）设专人防护，当桥下有过往车辆或船只时，停止电焊、吊装等作业，严防坠物。

3）工程实施前，主动与管理部门联系，请予支持和指导，设置示警标志。

4）跨越铁路或公路时，应搭设安全通道保证行车安全。

6. 特殊结构施工

由于特殊地理位置或结构形式的需要，轨道交通高架桥便会采用特殊结构形式的桥梁，如斜拉桥、拱桥、悬索桥等，虽然这些形式不常采用，一旦出现便存在较大的安全风险，应加强对安全风险的管理。

（1）编制专项施工方案及其安全技术措施，经专家评审通过后，严格按照方案执行。

（2）斜拉、悬索桥施工。

1）挂篮设计必须详细计算，承受挂钩荷载的混凝土主梁位置选择合理，浇筑主梁混凝土之前必须进行等载试验和走行试验。

2）斜拉桥主梁悬臂施工时必须对称进行，以免结构内部出现过大应力或将临时固结结构破坏。

3）主塔和主梁上的索道管定位必须精心测设，并且牢固定位，以免出现偏位，索道管管壁摩擦斜拉索，导致斜拉索破坏，影响结构安全。

4）张拉斜拉索或调索之前，千斤顶、油管、油泵均应细致检查，以免在施工过程当中出现故障，使索力发生突然变化，引起主体结构破坏。

5）塔底与桥墩为铰接时，施工中，必须将塔底临时固定。塔身建筑到一定高度后，必须设置风缆。斜缆索全部安装并张拉完成后，方可撤除风缆并恢复铰接。

6）斜拉桥的塔底与墩固结时，脚手架必须在墩上搭设。当索塔与悬臂段同时交错施工，并分层浇筑索塔时，脚手架不得妨碍索塔的摆动。

7）施工期间，应与当地气象站建立联系，密切注意天气变化，大风、雷雨时，应立即停止作业。

8）随着索塔升高（到20m以上，或高度以不足20m的索塔但郊区或平原区施工或附近无高大建筑物提供防雷保护时）防雷电设施必须相应跟上，避雷系统未完善前，不得开工。

9）缆索的制作与安装作业，应该做到：

①缆索施工时，不得撞伤锚头。锚头发生移位时，不得用铁锤强击复位。

②缆索的防护层，不得有折损或磨伤，否则应在修补后安装，或作标记，安装后修补；

③悬索桥的主索及斜拉桥的斜缆索，应进行破断试验，其破断力应满足设计要求；

④锚具、套筒，应用超声波或射线探伤仪检查，内部有损伤者，不得使用；

⑤主索及斜缆索顶张拉时，应选择适当场地，埋设足够强度的地锚。并在张拉台前设置防护墙。对张拉设备，应严格检查，以确保安全；

10）缆索套管内采用压注水泥浆防护时，水泥浆应从下往上压入。索塔超过50m时，应分段向上压注，以防灌注压力过大，套管破裂伤人。

11）悬索桥施工中，临时架设的工作索、牵引索安装完毕后，应对索具、吊具等进行全面、仔细检查。索夹如采用高强螺栓旋紧时，螺栓的拧合扭矩，应先经试验。

12）索夹下的吊杆承受全部荷载时，索夹应与主索连接紧密，不得在主索上向下滑移。为防止主索磨损，可在索夹与主索之间垫物隔离。

13）悬索桥采取重力式锚碇时，对锚碇体的施工，应按照有关安全规定浇筑混凝土或砌体工程。锚碇体必须达到坚实牢固。

14）斜拉桥主梁施工，采用悬臂浇筑钢筋混凝土或预应力混凝土时，采用悬臂拼装梁体时，采用顶推法施工时，采用转体或其他方法施工时，应遵照相对应的安全控制要点。

15）悬索桥安装加劲桁构（梁）时，应该做到：

①利用主索吊装加劲桁构（梁）构件时，应在平台上进行组拼。组拼后，利用主索吊运到位，与索夹、吊杆同时安装。施工前，应检查机具设备是否完好。吊装时，应按照有关吊装的安全规定作业；

②加劲桁构（梁）的吊装，宜从跨中向两岸进行。索夹与吊杆应配合加劲桁构（梁），同时安装，不得先安装索夹及吊杆；

③索塔下端为固结时索鞍将逐步向河心偏移，施工中，应对索鞍偏移量进行观测和控制，防止超过设计允许偏斜量而影响塔架的安全。

④索塔下端为铰接时，亦应按设计观测，并控制索塔的偏斜量；

16）斜拉桥、悬索桥在跨越水域时，施工中应配备水上救护船只。

（3）拱桥（钢管混凝土系杆拱桥顶推法施工）。

1）在顶推施工过程当中，用精密水准仪观测混凝土系梁、导梁的挠度；同时用水准仪观测临时墩的沉降量。

2）用经纬仪观测临时墩的平面偏移。

3）在混凝土系梁和导梁的重点截面贴片，观测其应力变化；在临时支撑墩的根部贴片，观测临时墩重点截面的应力变化。

4）利用千斤顶的油表观测四氟滑板与滑道不锈钢板间的摩擦系数的变化。

5）以上观测所得的数据如与施工设计不符，应停止顶推，查明原因处理后，再行施工。

6）钢管拱拱脚段重量大，安装定位要求精度高，应编制专门的施工方案，确定其定位和固定方法，以免影响施工安全。

7）钢管拱拼装支架，应与系梁混凝土牢固连接，避免支架倾覆。

8）钢管拱吊装要选择合适的吊点，拱肋管段就位后要与鞍座临时连接。

9）系梁预制支架、导梁拼装支架基础牢固，搭设施工符合规范要求。

10）系杆拱顶推时，顶推千斤顶的油泵、油管、钢绞线、锚具应经常检查。

11）系杆拱结构在顶推间歇时要有临时固定设备。

12）吊杆张拉力调整、拱肋钢板的补焊、注浆排气孔的切除以及面漆的喷涂等作业要有相应的防坠落措施。

13）同时顶推的几台千斤顶要保持同步，防止结构受力不均，造成临时结构破坏。

14）顶推设置的导梁，临时支墩，临时支墩的基础，墩身和滑道等设施都要进行详细的检算。

（4）钢桁架桥施工。

1）钢梁杆件组装，应在平整的作业台上进行，其基础应有足够的承载力。

2）钢梁拼装前，应按设计图检验杆件和零部件是否达到设计标准。

3）高强螺栓、螺母、垫圈，在使用前，应做探伤检查。

4）高强螺栓，经防锈处理后的摩擦系数应符合设计要求。

5）对接焊缝，应进行超声波探伤，对接接头内部，应进行探伤检验。

6）浮运吊装时，应按照水上运输和起重吊装作业安全控制要点进行。

7）悬臂拼装法安装大跨径钢桥时，可按照悬臂拼装法施工安全控制要点进行。

8）在通航的江河上施工，应与当地的港航管理部门联系，取得水上施工许可证，并按照水上作业的有关安全控制要点进行作业。

6.5.3 安全风险巡视

实施重大风险工程施工条件验收，对验收的主控项目加强风险管理。

1. 临时结构

（1）支架预压前后的变形情况，混凝土浇筑过程中支架体系的变形情况。

（2）临时结构基础沉降情况。

（3）脚手架的搭设及变形情况。

（4）栈桥和围堰沉降、位移等变形情况。

（5）索道、缆索等架构的稳定情况。

2. 主体结构

（1）深基坑的监控。

（2）悬臂法施工的稳定性及线型控制。

（3）高墩（塔）沉降、竖直度等变形监控。

（4）索力监控。

（5）拱线型及应力变化监控。

（6）梁体应力变化的监控。

3. 其他

（1）大型吊装设备的安全运行情况。

（2）挂篮、爬模等大型施工设备的安全运行情况。

（3）气象监测及预警，特别是强降水、大风、气温、雷电。

4. 施工组织管理及作业状况

施工组织管理及作业状况还应对以下内容进行巡视与评估。

（1）设计文件落实情况；

（2）施工组织设计及施工专项方案落实情况；

（3）作业规范情况。

5. 巡视预警

深基坑基础巡视预警可参考表6-1明挖法施工巡视预警参考表。

其他高架巡视预警内容可参考表6-4～表6-6。

表6-4 现浇施工巡视预警参考表

巡视内容	巡视状况描述	安全状态评价		
		黄色预警	橙色预警	红色预警
支架基础情况	基础开裂较大			★
	基础不均匀沉降造成裂缝		★	
	基础排水不畅	★		

续表 6-4

巡视内容	巡视状况描述	安全状态评价		
		黄色预警	橙色预警	红色预警
支架杆件变形情况	严重变形			★
	较严重变形		★	
	一般变形	★		
预压情况	雨天砂袋预压未覆盖		★	
	不均匀堆载	★		
挂篮开裂情况	挂篮扭曲变形，结构容易失稳			★
	挂篮部件开裂，影响结构稳定		★	
	挂篮连接不牢固	★		
挂篮施工偏压情况	挂篮不对称施工或单侧堆载过大			★
挂篮拼装、走行情况	拼装、走行未按方案实施，引起挂篮系统偏位倾斜		★	
	拼装、走行未按方案实施，影响整体安全性		★	
	拼装、走行未按方案实施	★		

表 6-5 梁体预制和架设施工预警参考表

巡视内容		巡视状况描述	安全状态评价		
			黄色预警	橙色预警	红色预警
预制梁厂情况	预制底座状况	预制底座有轻微开裂、下陷，未导致底模变形	★		
		预制底座有明显开裂、下陷，已导致底模变形		★	
	存梁底座状况	存梁区有积水，存梁底座有轻微下陷，未导致存梁倾斜或托底	★		
		存梁区积水严重，存梁底座已下陷至地面，导致存梁倾斜或托底		★	
	起重设备状况	龙门吊行走轨道轻微变形、下陷，未影响龙门吊正常行驶	★		
		龙门吊行走轨道严重变形、下陷，已影响龙门吊正常行驶，造成脱轨等		★	
		起重设备操作人员未经过上岗培训，未取得资格证		★	
预制梁架设状况	梁体运输情况	未按规定的路线、时间运输梁体	★		
		梁体运输配备人员不足，运梁车操作人员未经上岗培训，未取得资格证		★	
	梁体架设情况	梁体架设偏位，支座安装不规范	★		
		梁体架设配备人员不足，架桥设备操作人员、信号工未经上岗培训，未取得资格证		★	
		土体边坡较大范围内坡度超出设计坡度 10%～30%	★		

表 6-6 围堰施工巡视预警参考表

巡视内容	巡视状况描述	安全状态评价		
		黄色预警	橙色预警	红色预警
组件变形情况	组件严重变形			★
	较严重变形		★	
	一般变形	★		

续表 6-6

巡视内容	巡视状况描述	安全状态评价		
		黄色预警	橙色预警	红色预警
围堰渗漏水情况	流水			★
	滴水～小股流水		★	
	渗水～滴水	★		
支护体系施作及时性情况	支撑施作不及时	★		
封底漏水情况	封底后围堰底涌水、涌砂		★	
	封底后围堰底渗水	★		
钢管柱倾斜情况	钢管柱严重倾斜			★
	钢管柱一般倾斜		★	
	钢管柱倾斜	★		
连接件开裂情况	连接件开焊、松动	★		
栈桥扭曲变形	栈桥整体扭曲较大，横风向震颤，影响整体结构稳定			★
	栈桥线形变化一般，重载后异响		★	
	栈桥线形不平顺，目测变形较小	★		

6.5.4 应急处置措施

承台基坑失稳：参见 6.2.4 明挖法应急处置措施。

1. 水上围堰变形

（1）立即停止施工作业，并启动应急预案。

（2）控制现场，疏散现场闲杂人员及涉险人员。

（3）详细检查围堰结构和支撑、变形情况，对变形严重超限区段采取增加支撑等措施。

（4）向围堰内注水等措施，使围堰内外压力差减小。

（5）查找事件的导致因素，防止失稳现象扩散。

（6）如发生跨堰，应尽快疏散周围的人员和水上设备，防止浪涌损坏其他人员设备。

（7）必要时，会同属地管理部门对影响到的巷道进行封闭。

（8）召集专家及有关人员参加的抢险紧急会议，决定应急处理方案，并据此进行应急处理。

（9）调整分层抽水抽砂高度或增加支撑层数并严格控制。

（10）加强对失稳部位的支撑体系的监控。

2. 高墩（塔）模板失稳

（1）墩台爆模。

1）若事故征兆比较轻微，则直接进行处理，如：对支架有偏移位置进行加固、漏浆处及时封堵、控制混凝土浇筑速度、加强支撑等。

2）若事故征兆比较明显，应立即疏散危险区域内的人员，待人员疏散完成后，由专家组对可能出现坍塌事故的危险区域进行评估：该区域极易发生坍塌事故，需立即调用吊车对关键部位点进行悬吊，减少偏移速度，并安排专人专盯现场，时刻注意事态发展。

3）迅速撤离危险区域内所有人员，待支护系统稳定后，再进行物资或设备转移。

4）遇险人员要积极自救，同时要想方设法通知救援人员自己所处的准确位置，以便得到及时救援；救援人员按规定穿戴好防护用品，在保证自身安全的前提下，携带相关救援装备（根据储备物资装备确定），对遇险人员进行抢救、搜救。

（2）爬模异常。

1）架体螺栓松动或被剪断：如螺丝有松动，应立即对螺栓进行紧固；如螺栓被剪断，应临时固定并立即更换螺栓。

2）因超载导致局部架体变形：此时应立即清理架体上所有物品，对局部变形位置进行暂时加固，立即安排更换变形部件的工作，做安全检查，看其他部位是否正常（施工过程中严禁架体进行超载或集中荷载作业）。

3）附墙装置螺栓断裂：在架体爬升到位后，应立即将安全钢丝绳安装到位，安全钢丝绳为每个机位配备一个。如出现附墙装置螺栓断裂情况，因安装有钢丝绳的保护架体不会坠落，此时应立即用塔吊吊住附墙装置螺栓断裂的机位，并更换附墙装置螺栓。

4）大模板调节丝杠断裂：此时由于爬模爬架模板支撑体系托住大模板，模板不会发生坠落事故，如发生调节丝杠断裂现象，应立即用爬模爬架水平移动小车将模板移至墙体表面，用模板穿墙螺栓将模板与墙体连为一体，再进行调节支腿的更换。

5）立即停止架体的爬升作业，保证架体在有双重保护的装体，切断架体爬升所需电源，将架体上端悬挑端进行拉接固定，待大风天气停止后再进行爬升作业。

6）爬升过程中液压油缸无法正常工作：液压油缸无法正常工作通常发生在伸缸过程中，此时应对正在爬升架体的油缸进行回缸，通过爬升箱将架体或导轨固定在导轨上的踏步块上，拆除故障油缸，更换新油缸。

7）立即停止架体的拆除，将架体上端悬挑端进行拉接固定，待大风天气停止后再进行拆除作业。

3. 支架模板失稳

施工过程中，应有专门的管理人员对架体进行观测，观测的内容有支架的变形和沉降。当观测数据超过警戒值时或目测支架变形有可能导致失稳破坏时，应立即启动应急预案，并采取如下应急措施：

（1）立即把施工人员从操作面疏散到安全地带部位或从安全通道疏散到地面上。

（2）立即把在支架内值班的人员或支架有可能坍塌影响到的范围内的所有人员疏散到安全地带，并划出危险区域，拉起警戒线，由安全员负责不准人员靠近。

（3）现场值班的项目最高级别的负责人马上报告给应急小组组长及相关负责人，主要说明有可能失稳的部位、预压荷载或混凝土浇筑量、已经采取的应急措施。

（4）应急领导人赶到现场后，应快速了解现场的实际情况，检查人员是否全部疏散到了安全地带，检查已经采取的应急措施是否合理和有效。

（5）如果存在坍塌的可能，应立即通知所有人员终止应急措施，迅速撤离到安全区域。

（6）在确定坍塌没有继续扩大的可能后，根据确定的被埋人员的位置和被埋的方式立即投入救援。

（7）其他组员采取有效措施，防止事故发展扩大，控制事故影响。事故现场周围建立警戒区域实施交通管制，维护现场治安秩序。

(8) 当发生支架坍塌初始阶段，无法判定其坍塌的范围和程度，所以在坍塌没有稳定前，不得从通道或其他地方疏散人员，要等坍塌事故基本稳定不再扩展时方可组织施救和人员疏散，避免在施救和疏散过程中造成对人员的二次伤害事故。

4. 架桥设备失稳

(1) 发现架桥机有异响或不平衡后，应立即停止架梁作业，将操作人员撤离到安全区域，并启动应急预案。

(2) 待确认不会发生倾覆后，应首先尽可能将已吊起的梁放下或降至最低点。

(3) 查明险情，确定是否还有危险源，分析事故的发展趋势，找出故障原因，并制定安全的修正措施后，方可对处在失稳状态下的架桥设备进行修正。

(4) 现场做好警戒，保护现场，维护治安持续，保持抢险救援通道的畅通。及时抢救伤员，联系救护车，并及时进行止血包扎。

(5) 电工负责切断有危险的电器线路的电源。如果在夜间，接通必要的照明灯光。

(6) 抢险救援结束后，封闭事故现场直到收到明确解除指令。对事故的处理、控制、进展、升级等情况进行信息收集，有针对性定期和不定期向外界和内部如实地报道。

5. 挂篮失稳

(1) 当出现施工作业设备和作业环境正常状态异常，如杆件应力过大、挂篮变形异常、出现异常响声、模板沉降异常等现象，应立即停止加载，并采取急有效措施或尽可能减少相应的操作人员。

(2) 如果发生了事故（在没有造成人员受伤的情况下），现场负责人要采取使受灾程度降到最低的措施，明确地执行不同于正常情况下的紧急操作方法。

(3) 当事故不能排除时，组织作业者迅速躲避，并立即向上级汇报。

(4) 如果发生了伤害事故，要暂时停止与伤害有关的机器设备，或者暂时中断作业，救出受灾人员，接受医生治疗。

(5) 异常事态发生时，应立即上报，如实报告受伤程序及经过保护现场，并按程序报告。

6. 雨水、污水管道断裂

(1) 立即向有关部门报告，调集专业队伍抢险，封闭管线断裂及邻近区域。

(2) 立即切断上游水源，并通知管线产权单位核查影响范围内管线，对其进行保护。

(3) 配合相关部门进行抢险工作。

6.6 周边环境巡视

6.6.1 一般规定

(1) 周边环境主要有建（构）筑物、桥梁、既有线（铁路）、道路（地面）、河流湖泊、地下管线等。

(2) 工程施工过程中应对明挖基坑、矿山法隧道、盾构法隧道周边 $2.0H/D$（埋深/

洞径）影响范围内的环境进行巡视。

6.6.2 周边环境巡视与评估

1. 周边建构筑物

（1）建构筑物开裂、剥落：包括裂缝宽度、深度、数量、走向、剥落体大小、发生位置、发展趋势等。

（2）地下室渗水：包括渗漏水量、发生位置、发展趋势等。

2. 周边桥梁

主要应巡视、评估墩台或梁体开裂、剥落情况，包括裂缝宽度、深度、数量、走向、剥落体大小、发生位置、发展趋势等。

3. 周边既有线（铁路）

（1）结构开裂、剥落：包括裂缝宽度、深度、数量、走向、剥落体大小、发生位置、发展趋势等。

（2）结构渗水：包括渗漏水量、发生位置、发展趋势等。

（3）道床结构开裂：包括裂缝宽度、深度、数量、走向、发生位置、发展趋势等。

（4）变形缝开合及错台：包括变形缝的扩展和闭合大小、变形缝处结构有无错开、位置、发展趋势等。

4. 周边道路（地面）

（1）地面开裂：包括裂缝宽度、深度、数量、走向、发生位置、发展趋势等. 。

（2）地面沉陷、隆起：包括沉陷深度、隆起高度、面积、位置、距墩台的距离、距基坑（或隧道）的距离、发展趋势等。

（3）地面冒浆/泡沫：包括出现范围、冒浆/泡沫量、种类、发生位置、发展趋势等。

5. 周边河流湖泊

（1）水面漩涡、气泡：包括水面有无出现漩涡、水泡、出现范围、发生位置、发展趋势等。

（2）堤坡开裂：包括裂缝宽度、深度、数量、走向、位置、发展趋势等。

6. 周边地下管线

（1）管体或接口破损、渗漏：包括位置、管线材质、尺寸、类型、破损程度、渗漏情况、发展趋势等。

（2）检查井等附属设施的开裂及进水：包括裂缝宽度、深度、数量、走向、位置、发展趋势、井内水量等。

7. 周边邻近施工情况

主要应巡视、评估邻近在施工程项目规模、结构、位置、进度、与轨道交通工程水平距离、垂直距离等。

6.6.3 巡视预警

巡视预警内容可参考表 6-7。

表 6-7 周边环境巡视预警参考表

巡视内容		巡视状况描述	安全状态评价		
			黄色预警	橙色预警	红色预警
建构筑物	建构筑物开裂、剥落	施工造成建构筑物承重墙体、柱或梁出现开裂、剥落			★
		施工造成建构筑物非承重墙体出现开裂、剥落，影响正常使用		★	
		施工造成建构筑物非承重墙体出现开裂、剥落，不影响正常使用	★		
	地下室渗水	墙面或顶板涌水		★	
		墙面或顶板渗水、滴水	★		
桥梁	墩台或梁体开裂、剥落	墩台、梁板或桥面裂缝 0.5mm 以上，混凝土剥落、露筋			★
		墩台、梁板或桥面裂缝 0.2～0.5mm		★	
		墩台、梁板或桥面裂缝 0.2mm 以下	★		
道路（地面）	地面开裂	强烈影响区内地面产生开裂，其裂缝宽度、深度或数量有增加情形			★
		开挖施工影响区内造成局部地面开裂，裂缝宽度在 5～10mm，暂无扩大情形		★	
		开挖施工影响区内造成局部地面开裂，裂缝宽度在 5mm 以下，暂无扩大情形	★		
	地面沉陷、隆起	在基坑边坡滑移面附近或隧道中心线上方出现沉陷或隆起，或沉陷严重影响交通			★
		地面出现明显沉陷或隆起，轻微影响交通		★	
		地面出现沉陷或隆起，暂不影响交通，或在建构筑物、墩台周边出现明显的相对沉陷	★		
	地面冒浆/泡沫	盾构背面注浆/泡沫、矿山法隧道超前支护注浆等施作时引起地面冒浆	★		
河流湖泊	水面漩涡、气泡	在施隧道上方河流湖泊水面出现漩涡或密集的水泡			★
		在施隧道上方河流湖泊水面出现稀疏的水泡		★	
	堤坡开裂	施工影响范围内堤坡裂缝宽度在 5～10mm		★	
		施工影响范围内堤坡裂缝宽度在 5mm 以下	★		
地下管线	管体或接口破损、渗漏	地下管线持续漏水（气）			★
		地下通信电缆被切断			★
		地下输变电管线破坏			★
	管线检查井等附属设施的开裂及进水	施工影响范围内地下管线的检查井等附属设施出现开裂或进水	★		
邻近施工		严重扰动工程周边地质，支护结构受力变化大，对支护体系产生不利影响		★	
		扰动工程周边地质，支护结构受力变化较大，对支护体系产生不利影响	★		

安全隐患排查治理篇

第7章　概　　述

7.1　轨道交通安全隐患概念特点

城市轨道交通工程建设安全质量隐患排查治理管理体系是以城市轨道交通土建工程、机电设备安装、轨行区作业、车站装修、试运行等各建设阶段为范围，以各建设阶段的安全质量隐患为对象，通过制定隐患排查、评估、治理等各环节的标准、制度以及建立信息化管理平台等技术手段，开展全过程、动态化的全面隐患排查，实施差别化、有针对性的隐患治理，以规避或减少轨道交通工程事故的发生。

据相关部门统计，在我国全年的城市轨道交通事故中，由于物体打击而引发的事故占据全面事故总数的50％以上，而后续容易造成事故发生的原因则分别为物体坍塌、施工机具伤害、从高处坠落、触电、火灾、电击等。从这些数据中我们就可以了解到，这些事故发生的原因都是因为施工现场存在安全隐患造成的，而要对这些问题进行解决，就需要我们在实际的施工过程中从事故发生的源头即对施工现场的安全隐患进行细致的排查，可以有效地对事故发生率起到降低的作用。

城市轨道交通安全质量隐患具有涉及专业多、类型多、数量大、致因复杂、人的不安全行为与管理缺陷隐患突出等特点。

7.2　安全隐患排查组织机构

现以北京（建管公司）和天津泰达城轨的组织结构为代表。见图7-1。

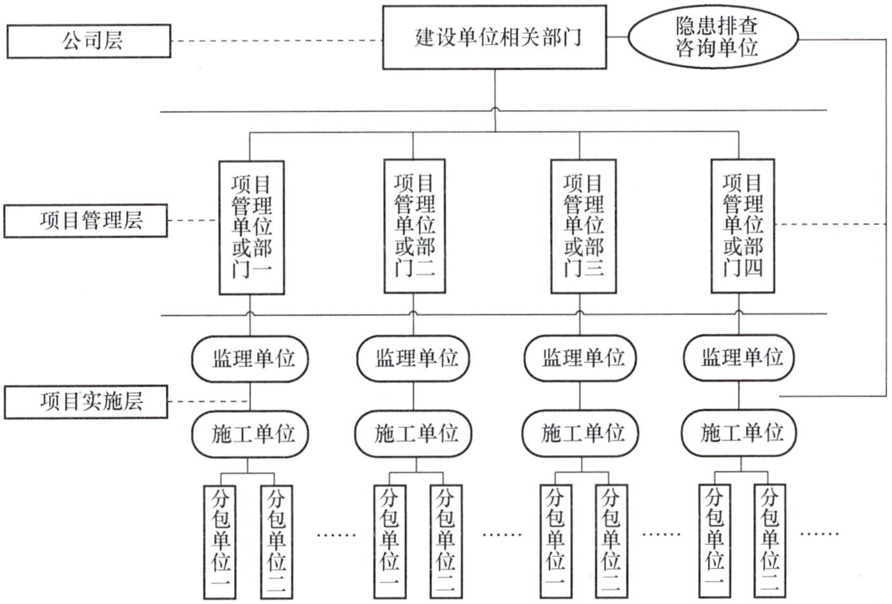

图7-1　安全隐患排查的组织机构

7.3 安全隐患排查的内容

7.3.1 建立管理的长效机制

对于任何一项工作来说，对其进行良好的组织机构建设是非常重要的。对于轨道交通的隐患排查工作也是一样，对此，应当建立起合理的组织结构，可以以公司层的管理下设安全质量检查部门，并在其下分设相应的管理部门与监理、施工单位，并在各结构部门的明确分工、交互合作下，共同对安全隐患进行排查工作。在对组织机构进行合理的设置之后，还应当对工作的管理体系进行制定与完善。没有规矩不能成方圆，相应的职权部门的具体职责进行一定程度的细化与梳理，并且将隐患排查工作中的各项环节如排查、分级、等级、整改等步骤全部严谨细致的列入制度规范当中，从而以严格的规范制度来对工作进行监督与推进。

在隐患排查中引用 PDPC 理念，即将运筹学中所运用的过程决策程序图应用于质量管理。PDPC 法是指在制定达到目标的实施计划时，加以全面分析，对于事态进展中可以设想的各种结果的问题，设想和制定相应的处置方案和应变措施，确定其能达到最佳的结果的方法。在后续的隐患排查工作中引入该理念有利于减少安全事故发生。

7.3.2 分类与分级

城市轨道交通工程建设安全质量隐患可按照建设阶段、工法工艺、排查对象、排查方法等进行分类。

按建设阶段划分，可分为土建工程安全质量隐患、设备安装工程安全质量隐患、轨行区作业安全质量隐患、车站装修安全质量隐患、试运行安全质量隐患以及工后运营安全质量隐患等 6 类。

按工法工艺划分，可分为明（盖）挖法施工、盾构法施工、矿山法施工、施工机械机具、起重吊装作业、临时用电、消防、三宝四口、模架施工等安全质量隐患类型。

安全质量隐患的分级，国家安全生产监督管理总局令《安全生产事故隐患排查治理暂行规定》将事故隐患分为一般事故隐患和重大事故隐患两级。由于城市轨道交通安全质量隐患涉及专业多，类型多、致因复杂，各地的管理模式与风险特点也不尽相同，各地建立城市轨道交通安全质量隐患分级标准时，可以根据自身的管理特点与技术特点设置隐患等级，根据隐患产生后果的严重程度及社会影响程度，一般可分为一级、二级、三级共 3 个等级，从一级到三级，隐患产生后果的严重程度逐级降低。

7.3.3 制定隐患排查标准

制定排查标准在轨道交通的隐患排查工作中也是非常重要的一部分，通过制定科学、严谨的标准，可以使相关工作人员在排查工作中更加有据可依，从而使得隐患排查系列工作能够更加标准与规范。对此，可以对安全隐患以分级的形式进行管理，即根据隐患的严重程度对其分为不同的级别。从而可以在后续的工作中依据级别对其进行排查。除了对排查标准进行制定之后，还应当对隐患管理情况进行综合的评估工作，通过评估工作可以对轨道建设的前景与目前形势进行一定的分析，为了此项工作顺利地开展，应当实行以专家评估与监理单位评估相结合的方式来进行，而在评估结果得出以后，再对承建单位进行相应的处理方式。

7.3.4 隐患排查与评估

在轨道交通工程中，其每个阶段都会存在相应的安全隐患，而由于阶段的不同，其存在的隐患类型与特点也就有所不同。在实际隐患排除工作中，故应当建立起一套排查的标准与排查方案，从而使排查工作进行规范化、系统化。

在实际的排查工作当中，相关部门可以通过多种排查的方式单独排查或者结合排查，以此来探寻更好的排查方式，比如可以通过施工单位自身同其他第三方排查方进行配合，来对现场的施工情况进行排查，从而在实践中探寻出最好的排查方式。

而对于隐患的评估工作来说，其不是由单纯的某一项因素来决定的，而是由很多个的因素相互制约之下而做出的总体的评价。对此，我们可以设置出一套安全隐患的评估体系来对相应的隐患进行评估，在其中我们可以将对象细化为三个不同的层次，即三级指标的模式。在一级指标中，其主要包括相关安全隐患的管理、技术、环境因素等。在二级指标中，实质上就是对一级的因素进行一定程度的细化，其中包括对安全管理工作完成度的评价、施工前的准备工作以及安全的实际操作等。在三级指标中，就是对上一级指标进行更深层次的具体化，即制定出相应的工作人员责任、具体的保障措施、技术规范等。通过这种分级的评判方式，可以更好地对安全排查工作的实际操作情况进行差别化管理。

7.3.5 加大排查与治理工作的力度

在对安全隐患评估的相应标准进行制定并对其做出评估之后，就使得隐患排查工作有了最根本的基础与保障，而随后就需要对排查力度进行加强。其具体措施为：在建设单位中应当定期的召开隐患管理的各类形式工作会议，并在会议中进行思想与工作进度的实时报告，再对此工作报告进行及时的编制。当遇到重大隐患时，应当根据计划对其重点情况进行分类，并根据存在隐患的阶段由单位之前设置的各专业部门对其进行隐患的排查工作与跟踪工作。另外，还应当以单位领导带队的方式，将检查工作做到制度化、常态化。

7.3.6 建立隐患管理信息平台

随着我国科学技术的迅速发展，使得计算机技术在工作各行各业的应用也越来越广泛。对于轨道安全的排查工作来说，也应当积极地通过计算机与网络技术对安全管理工作进行加强，并将隐患信息化工作树立为轨道交通质量管理体系的重要部分。通过一个良好的信息管理系统，可以使排查工作更加有效率、更加系统化、更加具有准确性。

在隐患信息系统中，应当主要具备以下模块：

（1）综合信息模块。在这个模块中，主要对轨道交通工程近期需要排查的隐患信息、工作重点，以及政府部门与同轨道交通有密切联系的职能部门与媒体信息进行显示。

（2）隐患编码模块。该模块可以将隐患类型以简化的方式进行标注，具体的简化方式可以通过英文字母加阿拉伯数字的形式显示，通过简化的编码方式能够使工作人员在工作中简化工作量，并使信息更加一目了然。

（3）隐患上报模块。通过这个模块，用户就可以将存在的隐患信息及时地进行上报，在上报方式中可以用手机或者电脑的方式。并对隐患的关键信息如类型、级别、现场情况等进行及时完整的上报。

（4）隐患响应模块。在这个模块中，工作人员可以对隐患的处置情况进行发布，并及时显示对此隐患处理的会议记录、领导指示等等。

第8章　各参建单位管理要点

8.1　建设单位

建设单位全面组织管理安全隐患排查工作，对参建单位隐患排查治理工作进行督察和考核。

（1）建立或明确隐患排查管理体系及制度，配置符合要求的管理人员进场、重点明确项目负责人、隐患主管部门、实施单位或部门等的职责与分工。

（2）全面统筹管理安全隐患排查治理工作，全面掌握工程的安全隐患排查治理情况，对安全隐患排查治理工作进行监督管理。

（3）组织安全质量隐患排查治理工作会议及安全质量隐患检查，审阅安全质量隐患排查治理报告。

（4）制定、修订、宣贯、培训安全质量隐患排查治理的管理办法、隐患分级、隐患排查要点及系统使用说明等相关文件。

（5）对参建各单位安全质量隐患排查治理工作进行监督、指导和考核，根据考核结果进行奖惩。

（6）按照相关管理规定对排查出的安全质量隐患进行响应与消除。必要时，对安全质量隐患整改情况进行督察。

8.2　专业咨询单位

建设单位可根据工程需要，引入专业咨询单位，协助建设单位组织相关各方开展安全隐患排查治理工作并提供技术支持。

（1）协助建设单位相关部门开展安全质量隐患排查治理相关规定的制定、修订、宣贯和培训等工作。

（2）提供隐患排查治理工作的技术支持、平台信息输入和系统维护等服务，协助建设单位对安全质量隐患排查与治理信息系统进行管理。

（3）协助建设单位组织开展安全质量隐患排查，并将隐患信息及时、全面、准确的上传至安全质量隐患排查与治理信息系统。

（4）协助建设单位对隐患的整改落实情况进行监督和检查，对监理单位、施工单位隐患排查治理工作落实情况进行监督、指导和考核。

（5）按照相关管理规定对排查出的安全质量隐患进行响应与消除。

8.3　监理单位

对所监理的工程开展安全隐患排查治理工作，对本监理标段的现场安全隐患排查治理负责监督管理职责。

（1）建立或明确隐患排查管理体系及制度，配置符合要求的管理人员进场、重点明确项目负责人、隐患主管人员等的职责与分工。

（2）对所监理的工程开展隐患排查治理工作，并保障所需要的人员、设备及相关费用。

（3）对施工单位安全质量隐患排查治理工作进行监督管理与考核，并将考核情况纳入对施工单位的履约评价中。

（4）按照相关管理规定对排查出的安全质量隐患进行响应与消除。

（5）参加建设单位主持召开的安全质量隐患排查治理工作会议，汇报隐患排查治理情况，定期编制隐患排查治理工作报告。

（6）提供总监办隐患排查治理相应岗位人员信息，核实施工单位隐患排查治理相应岗位信息。

8.4 施 工 单 位

对所管辖施工现场开展安全隐患排查治理工作，对安全隐患排查治理工作负主责。

（1）施工单位是施工现场安全质量隐患排查治理工作主责单位，全面负责安全质量隐患自查自纠工作。

（2）建立或明确隐患排查管理体系及制度，配置符合要求的管理人员进场、重点明确项目负责人、隐患主管部门、实施部门等的职责与分工。

（3）保障安全隐患排查治理工作所需要的人员、设备及相关费用。

（4）根据本标段工程实际情况编制、整理及更新安全质量隐患排查清单。

（5）参加建设单位及监理单位召开的安全隐患排查治理工作会议，汇报所管辖标段安全隐患排查治理的工作情况，定期编制安全隐患排查治理工作报告。

（6）施工单位本地区工程指挥部（集团公司）对施工现场安全质量隐患排查治理工作负领导责任，按规定每月对管辖所有标段组织安全质量隐患排查治理。

（7）按照相关管理规定对排查出的安全质量隐患进行响应与消除。

（8）提供本标段隐患排查治理相应岗位人员信息。

第9章　施工期阶段工作

9.1　隐患排查管理

施工期实行“全员、全过程”的安全质量隐患排查治理。隐患排查治理工作分“三层管理机制”，即公司层、项目管理层和项目实施层。公司层为建设单位相关部门全面统筹监控安全质量隐患排查治理工作。项目管理层为建设单位各现场管理部门，组织、实施安全质量隐患排查治理工作。项目实施层为施工现场的各参建单位（监理、施工、分包），是安全质量隐患排查的行为和实施主体和责任主体。各隐患排查层应按照工作职责、分工，开展安全质量隐患排查治理工作。隐患排查咨询单位负责协助公司层开展隐患排查、技术支持等工作。监理单位是施工现场安全质量隐患排查治理的监督管理主责单位，应全面督察、监控和评价安全质量隐患排查治理工作。施工单位是施工现场安全质量隐患排查治理的主责单位，全面负责安全质量隐患自查自纠、整改工作。

根据国内开展隐患排查治理较早城市的经验，可参照以下方式开展相关工作。

9.1.1　安全隐患排查程序及要求

参建各单位应按照国家、行业、地方有关规定和标准的相关内容开展隐患排查治理工作。形成从公司层的主要负责人到实施层的一线员工的隐患排查治理工作网，确定各层级的隐患排查治理职责。通过全员参与的主动排查方式，全范围、全方位、全过程地去发现存在的隐患，然后采取各种有效手段，治理各类隐患和问题，将事故消灭在萌芽状态。

9.1.2　排查频次规定、岗位人员要求

1. 公司层安全质量隐患排查频次规定

（1）每季度至少组织1次专项隐患排查，并对重点工程不定期开展安全质量隐患排查。

（2）每年度至少组织1次全面安全质量隐患排查，对一级安全质量隐患治理工作复查。

2. 项目管理层安全质量隐患排查频次规定

（1）项目管理层每两周至少开展1次隐患排查工作，每季度至少对每个标段进行1次排查，重点排查高风险动态关注点、隐患排查不到位的标段以及被通报批评、媒体曝光及警告的相关单位。

（2）甲方代表每周对所管辖标段至少开展1次隐患排查。

3. 咨询单位安全质量隐患排查频次规定

咨询单位根据合同要求对施工现场进行排查。

4. 监理单位安全质量隐患排查频次规定

（1）总监理工程师（总监代表）每周至少对所辖标段开展1次隐患排查工作。

（2）专业安全监理工程师、专业机电监理工程师、驻地监理工程师每周至少开展2次隐患排查工作［不含总监理工程师（总监代表）排查，含项目经理部综合排查］。

（3）负责巡视的驻地监理员每天每单位工程至少开展1次隐患排查工作。

5. 施工单位安全质量排查频次规定

（1）项目经理、总工程师、生产副经理、安全副经理（安全总监）每周至少开展1次隐患排查工作。

（2）安全部门负责人、质量部门负责人、机电部门负责人每周至少开展2次隐患排查工作［不含总监理工程师（总监代表）排查，含项目经理部综合排查］。

（3）安全员、质检员每单位工程至少配置1人负责隐患排查工作，每天至少开展1次。

9.1.3　安全质量隐患治理的发布、响应范围及权限

各参建单位对自身排查出的安全质量隐患均有发布权，并上传信息系统。

1. 公司层的响应范围及权限

（1）对自身发布的各级隐患进行响应。

（2）对项目管理层及咨询单位发布的一级隐患进行响应。

2. 项目管理层的响应范围及权限

（1）对自身发布的各级隐患进行响应。

（2）对咨询单位和监理单位发布的一、二级隐患进行响应。

（3）对施工单位发布的一级隐患进行响应。

（4）对建设单位发布的一、二级隐患消除进行核准。

（5）对咨询单位和监理单位发布的一级隐患消除进行核准。

3. 咨询单位的响应范围及权限

（1）对建设单位和自身发布的各级隐患进行响应。

（2）对监理单位发布的一、二级隐患进行响应。

（3）对施工单位发布的一级隐患进行响应。

（4）对建设单位发布的三级隐患消除进行核准。

（5）对咨询和监理单位发布的二级隐患消除进行核准。

（6）对施工单位发布的一级隐患消除进行核准。

4. 监理单位的响应范围及权限

（1）对建设单位、咨询单位和自身发布的各级隐患进行响应。

（2）对施工单位发布的一、二级隐患进行响应。

（3）对咨询单位和自身发布的三级隐患消除进行核准。

（4）对施工单位发布的二级隐患消除进行核准。

5. 施工单位的响应范围及权限

（1）对建设单位、咨询单位、监理单位和自身发布的各级隐患进行响应。

（2）对自身发布的三级隐患消除进行核准。

9.1.4　安全质量隐患治理响应时限

1. 公司层隐患治理响应时限

对项目管理单位排查上传的一级隐患 8 小时内在信息系统上予以响应。

2. 项目管理层隐患治理响应时限

对公司层、咨询单位、监理单位排查上传的一级隐患，8 小时内在信息系统上予以响应；对公司层排查上传的二级隐患，24 小时内在信息系统上予以响应。

3. 咨询单位隐患治理响应时限

对建设单位排查上传的一、二级隐患，6 小时内在信息系统上予以响应；对监理单位排查上传的一、二级隐患，8 小时内在信息系统上予以响应；对建设单位排查上传的三级隐患，24 小时内在信息系统上予以响应。

4. 监理单位隐患治理响应时限

（1）对相关单位排查上传的一级隐患，4 小时内总监理工程师在信息系统上予以响应。

（2）对建设单位、咨询单位上传的二级隐患，6 小时内驻地监理工程师在信息系统上予以响应。

（3）对建设单位、咨询单位上传的三级隐患，12 小时内驻地监理工程师在信息系统上予以响应。

（4）对施工单位上传的二级隐患，8 小时内驻地监理工程师在信息系统上予以响应。

5. 施工单位隐患治理响应时限

（1）对相关单位排查上传的一级隐患，4 小时内项目经理在信息系统上予以响应。

（2）对相关单位排查上传的二级隐患，6 小时内项目经理在信息系统上予以响应。

（3）对相关单位排查上传的三级隐患，12 小时内安全副经理（安全总监）在信息系统上予以响应。

6. 公司层及项目管理层隐患治理响应时限

按照上述规定的响应时间为工作日时间。

9.1.5　现场核验及平台收销项

（1）公司层、项目管理层平台发布的一、二级隐患由甲方代表现场验收并平台销项。

（2）公司层、项目管理层平台发布的三级隐患由总监理工程师现场验收并平台销项。

（3）咨询单位平台发布的一、二级隐患由工点负责人现场验收并平台销项。

（4）咨询单位平台发布的三级隐患由总监代表现场验收并平台销项。

（5）监理单位发布的一、二级隐患由总监理工程师或总监代表现场验收并平台销项。

（6）监理单位发布的三级隐患由监理工程师现场验收并平台销项。

（7）施工单位平台发布的一、二级隐患由总监代表现场验收并平台销项。

（8）施工单位平台发布的三级隐患由监理工程师现场验收并平台销项。

9.1.6　隐患排查、质量各层级参与方工作流程图

各相关单位开展隐患排查治理工作，可参照以下流程图（见图 9-1～图 9-5）进行。

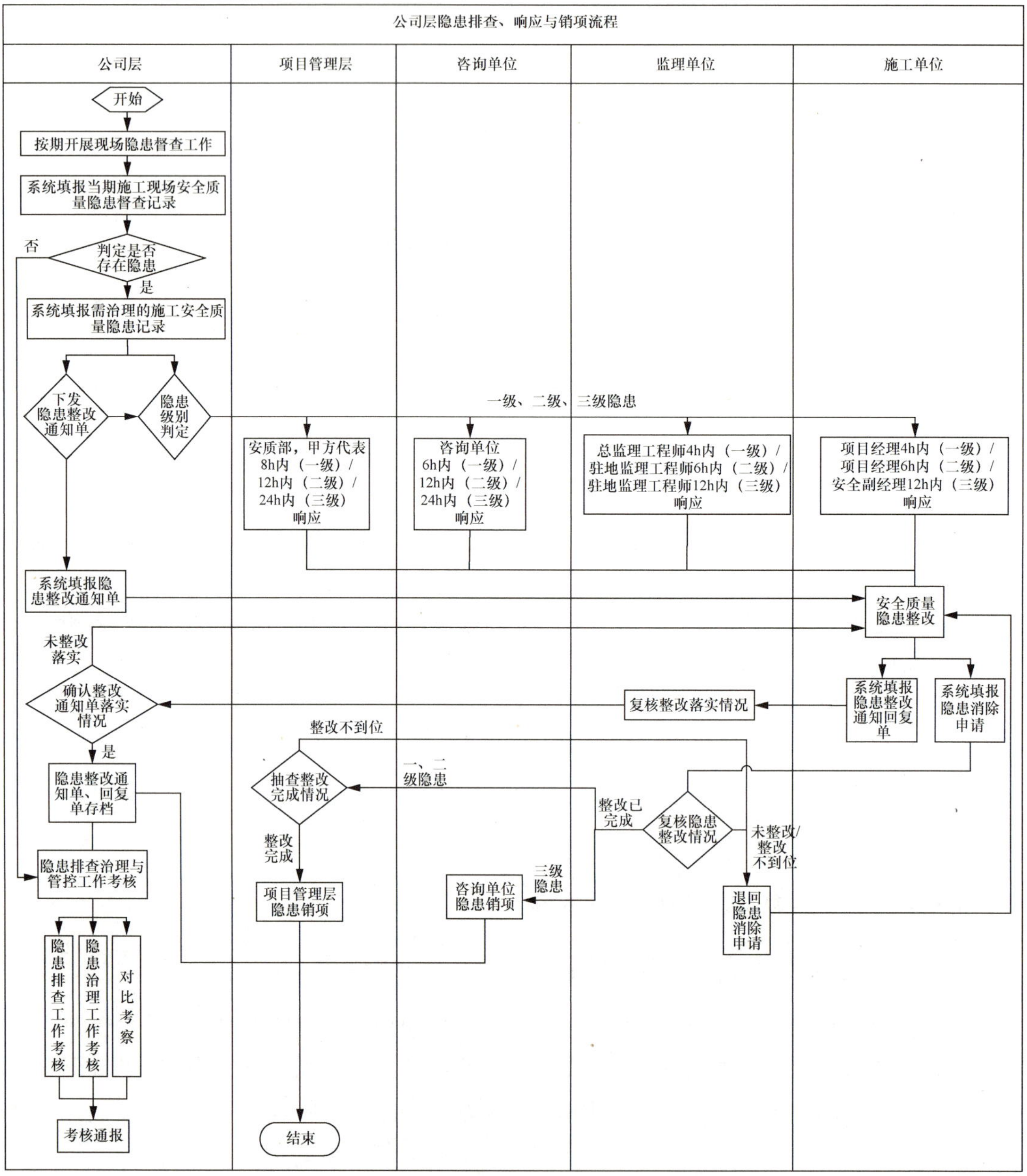

图 9-1 公司层隐患排查、响应与销项流程图

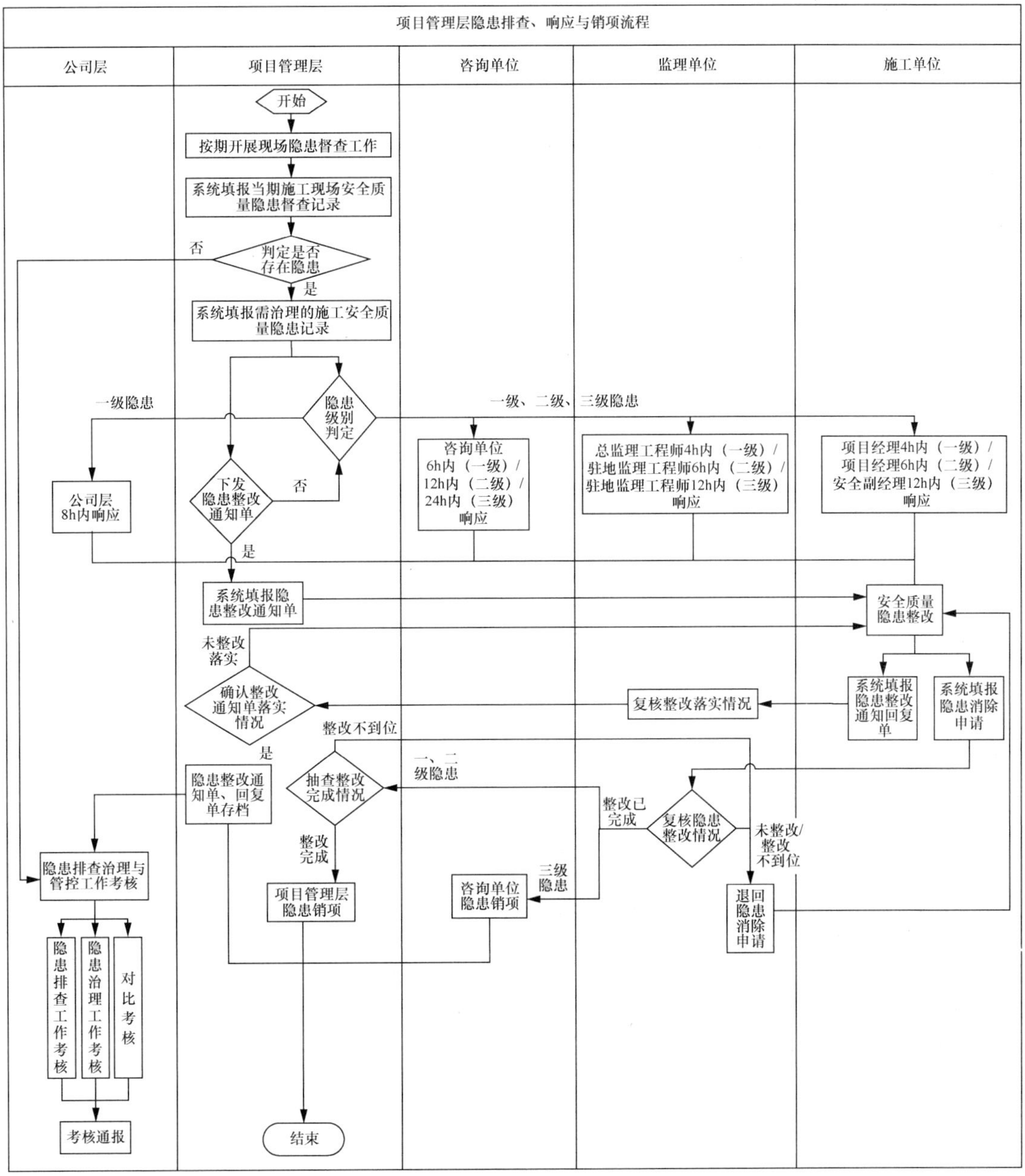

图 9-2 项目管理层隐患排查、响应与销项流程图

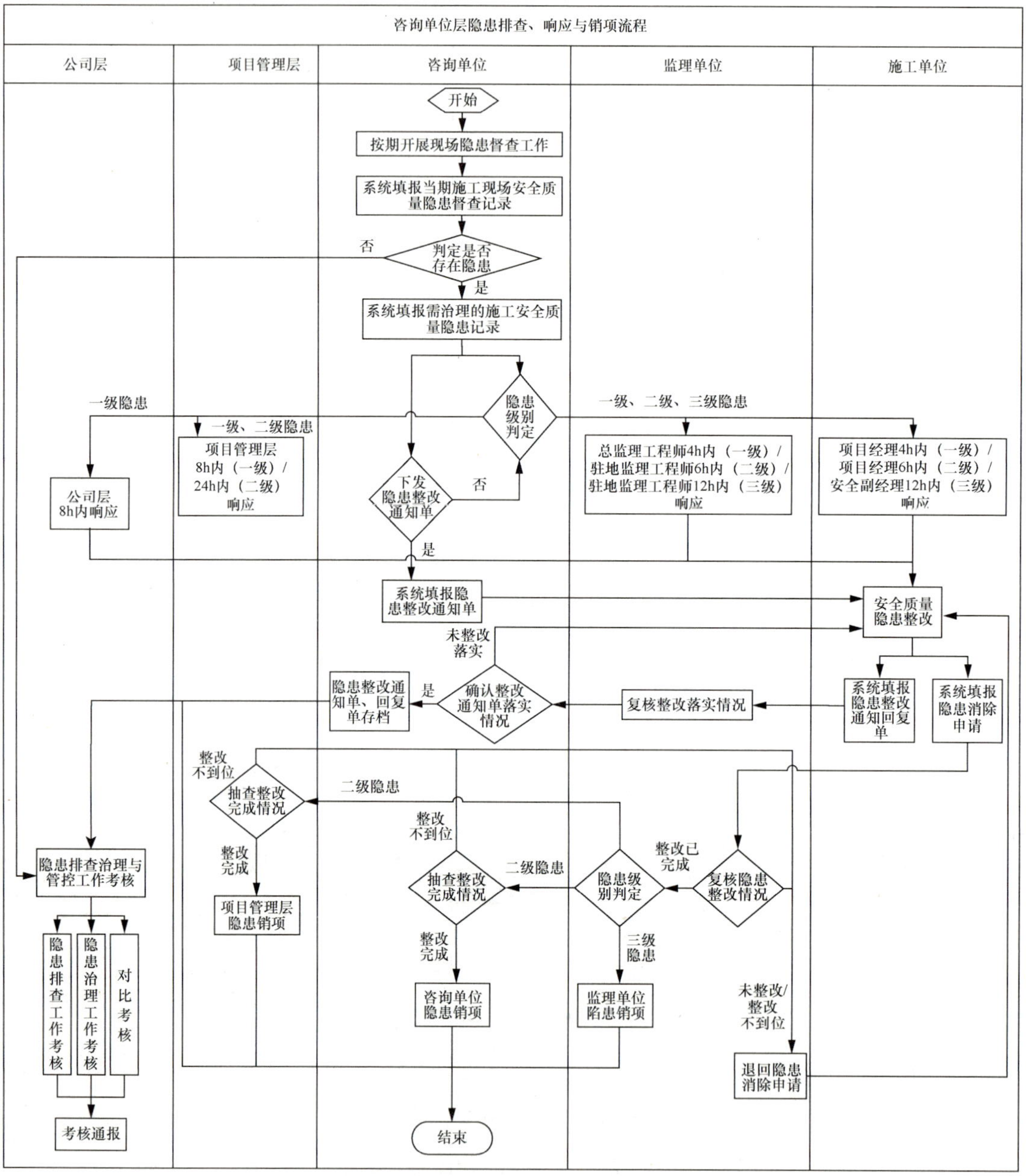

图 9-3 咨询单位隐患排查、响应与销项流程图

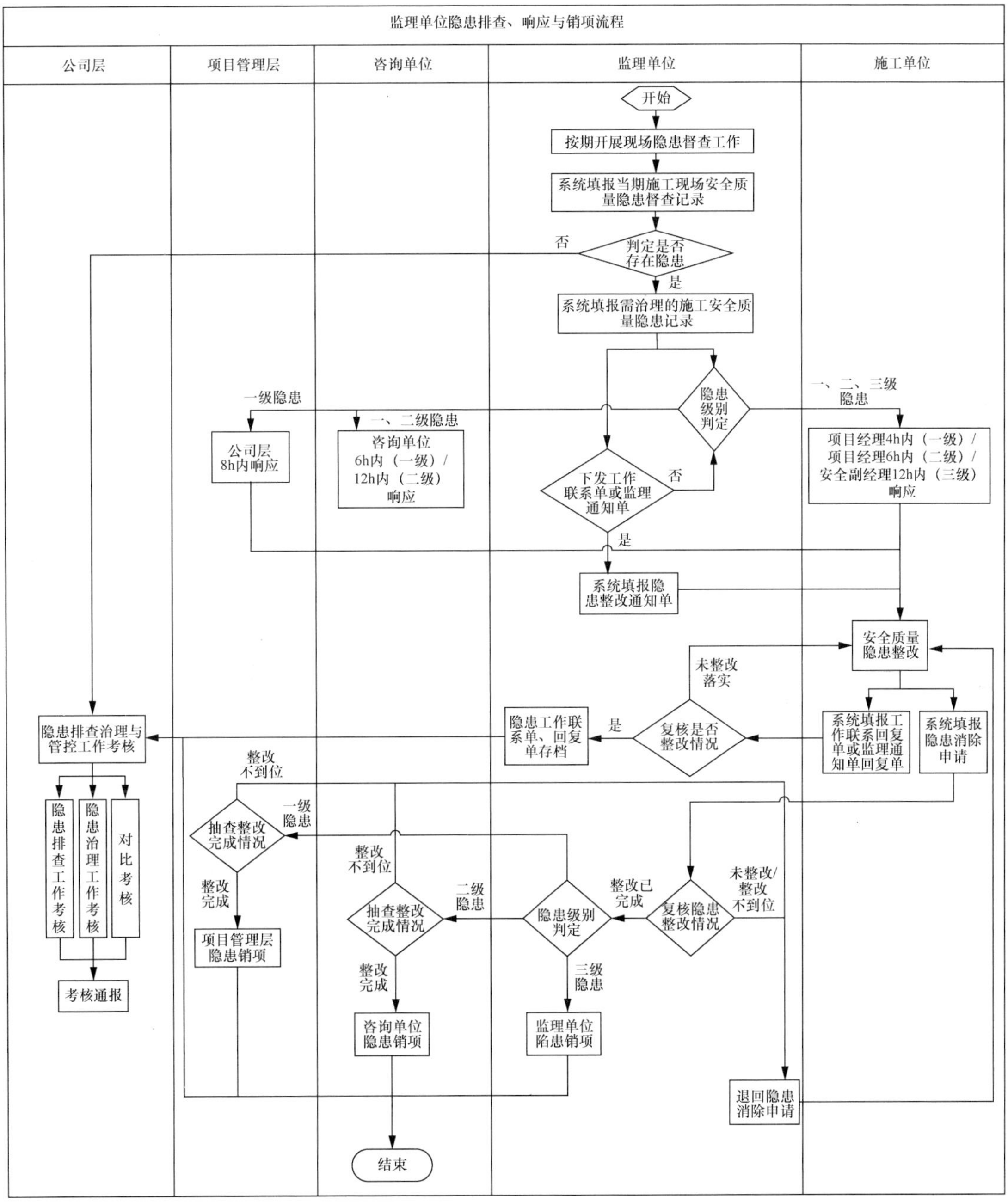

图 9-4　监理单位隐患排查、响应与销项流程图

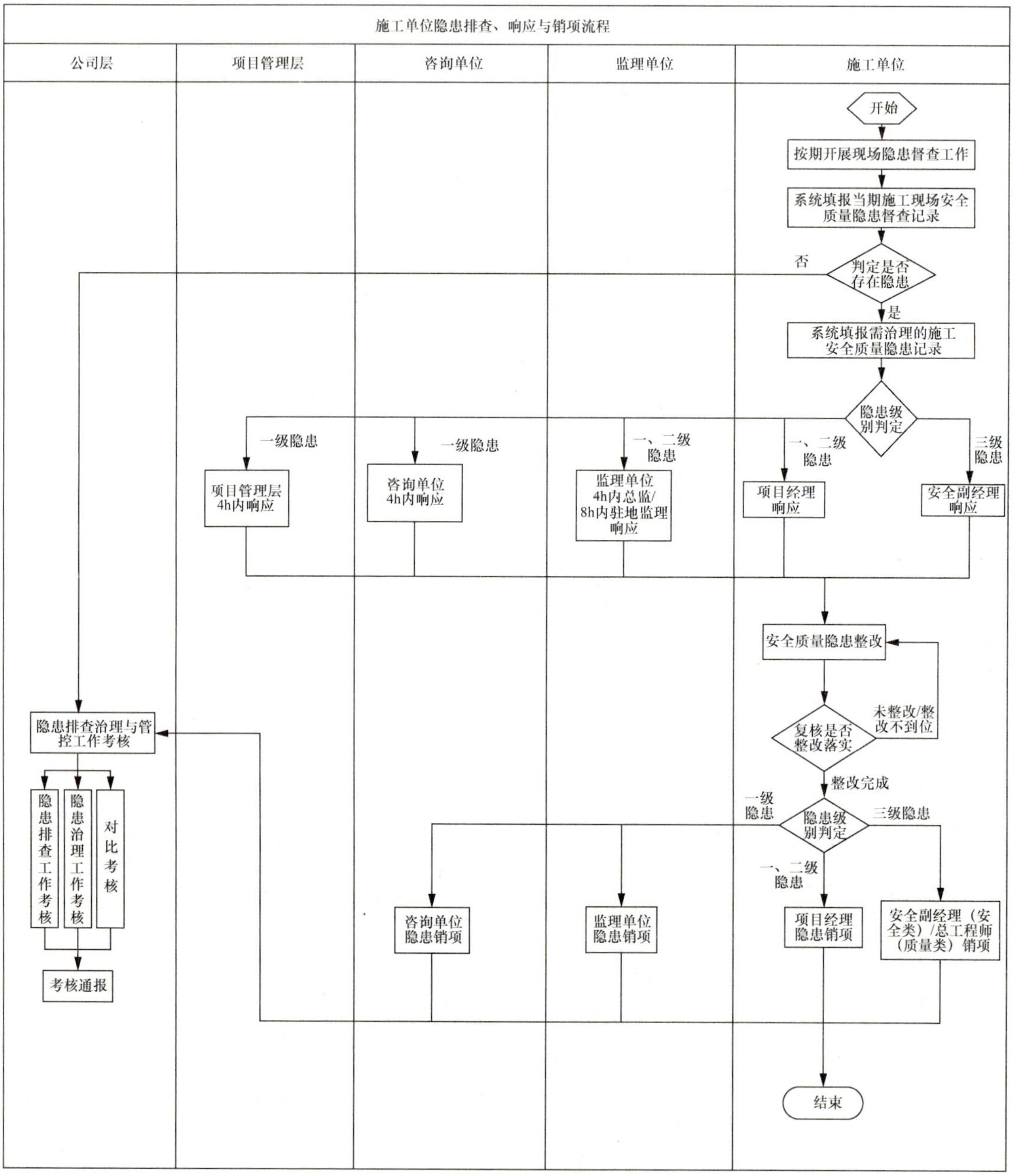

图 9-5　施工单位隐患排查、响应、治理与销项流程图

9.1.7　隐患排查治理文档要求

（1）施工单位、监理单位及项目管理单位、咨询单位应对安全质量隐患排查治理工作情况及时编制周报及相关专项报告，并按以下时限要求上传至隐患排查治理信息系统：

1）周报于每周五上午 12 点前上传至隐患排查治理信息系统；

2）相关专项报告应在专项工作结束后 3 日内上传至隐患排查治理信息系统。

（2）隐患排查、治理与消除工作，能以影像资料取证的，上传系统时须同时上传影像资料。

（3）《施工安全质量隐患整改通知单》《施工安全质量隐患整改回复单》及《工作联系单》《监理通知单》《工作联系回复单》《监理通知回复单》是施工过程中的重要资料，应及时存档。

（4）施工、监理单位更换本办法规定的被考核人员须上报建设单位备案。

施工安全质量隐患整改通知单

项目名称：　　　　　　　　　　　　　　　　　　　　　　　　　编号：

致＿＿＿＿＿＿＿＿＿＿单位： 在安全质量隐患排查治理过程中，贵单位存在＿＿＿＿＿＿＿＿＿＿＿＿＿＿＿＿，现令贵单位立即整改。 特此严正警告。		
经办人： 日期：	部门负责人： 日期：	部门主管领导： 日期：

施工安全质量隐患整改回复单

项目名称：　　　　　　　　　　　　　　　　　　　　　　　　　　编号：

致____________________单位： 　　我方接到编号__________的安全质量隐患整改通知单后，已按要求完成了相应整改处理工作，请予以复查。 　　附报上相应证据资料： 　　1. 　　2. 　　3. 承包单位（章）：__________ 项目经理：__________ 日　期：______年______月______日
复查意见： 安全监理工程师：__________ 日　期：______年______月______日
审查意见： 项目监理机构：__________ 总监理工程师：__________ 日　期：______年______月______日

工作联系单

项目名称：　　　　　　　　　　　　　　　　　　　　　　编号：

致____________________单位：

抄送：

事由：

内容：

发出单位名称：__________

经办人：__________

审核人：__________

日　期：______年______月______日

监理通知单

项目名称：　　　　　　　　　　　　　　　　　　　　　　编号：

致__________单位：

事由：

内容：

项目监理机构：__________

总/专业监理工程师：__________

日　期：______年______月______日

工作联系回复单

项目名称： 编号：

<table>
<tr><td>
致__________单位：
抄送：

事由：我司收到__________工作联系单，具体回复内容如下：

内容：

发出单位名称：__________
经办人：__________
审核人：__________
日　期：______年______月______日
</td></tr>
</table>

监理通知回复单

项目名称： 编号：

<table>
<tr><td>
致____________________单位：

我方接到编号为__________的监理通知单后，已按要求完成了通知单中相关工作，请予以复查。
详细内容：

承包单位（章）：__________
项目经理：__________
日　期：__________
</td></tr>
<tr><td>
复查意见：

项目监理机构：__________
总/专业监理工程师：__________
日　期：__________
</td></tr>
</table>

9.1.8 技术保障措施规定

(1) 施工单位项目部需配备 wifi 无线设备，网络需 4M 及以上专用带宽。

(2) 技术保障所使用资金可在安全文明措施费中列支。

(3) 系统人员信息更新每半年更新一次，项目管理层于半年结束期前 7 个工作日以书面形式（电子文档）报至公司层。若被考核人员暂时离岗，可由主管领导指派同等技术条件的人员代为开展工作。

9.1.9 考核机制

考核以扣分、罚款为主，按月、季、半年、年的统计结果进行考核，并根据结果对相关责任单位及责任人向安全质量委员会提出责任追究建议，以下均以京市轨道交通建设管理有限公司的考核制度为例。

1. 被考核单位及人员

(1) 公司层、项目管理层隐患排查治理主管部门及甲方代表。

(2) 咨询单位的项目经理、技术负责人及工点负责人。

(3) 监理单位的总监理工程师（总监代表）、专业安全监理工程师、专业机电监理工程师、驻地监理工程师、监理员。

(4) 施工单位及项目经理、总工程师、生产副经理、安全副经理（安全总监）、安全部门负责人、质量部门负责人、机电部门负责人、专职安全员、质检员。

2. 考核记分

(1) 每月为一个考评周期，每月初记分为 100 分。系统记分采取百分扣分制度，施工单位按项目经理部（标段）排序，监理单位按总监办排序。

(2) 根据系统记分统计，分为高、中、低三级关注度。记分越低，关注度越高。记分小于等于 70 分为高关注度，记分 70 分至 90 分之间为中关注度，记分大于等于 90 分为低关注度。

(3) 公司层及项目管理层考核记分。

未按规定进行排查、响应及消除的，每一次记 2 分。考评结果分别纳入公司对隐患排查治理主管部门的考核及公司对项目管理层安全质量目标考核中。

(4) 监理单位考核记分。

1) 自身上报的隐患不记分；

2) 未按本规定进行排查、响应及消除，对被考核单位每一人次记 10 分；

3) 政府有关部门、公司层、项目管理层发现的隐患，而监理或施工单位排查未发现、未上传或未按时限要求响应的，对监理单位按隐患等级进行扣分。每条一级隐患记 4 分，每条二级隐患记 3 分，每条三级隐患记 2 分。

(5) 施工单位考核记分。

1) 自身上报的隐患不记分；

2) 未按本规定进行排查、响应及系统上传和消除，对被考核单位每一人次记 10 分；

3) 未按本规定整改，被复查单位认定整改不到位的，对被考核单位每一次记 15 分；

4) 政府有关部门、公司层、项目管理层发现的隐患，而施工或监理单位排查未发现、未上传或未按时限要求整改的，对施工单位按隐患等级进行扣分。每条一级隐患记 7 分，每条二级隐患记 5 分，每条三级隐患记 3 分。

（6）下列几种情况，系统记分如下：

1）同一施工标段存在故意制造隐患、恶意重复上报隐患等弄虚作假的情况，由公司隐患排查治理主管部门确认，发现一次，对施工、监理的当月记分值乘以 0.9；发现两次，对施工、监理的当月记分值乘以 0.8；以此类推；

2）安全监控中心通报一次红色综合预警，对施工、监理的当月记分值扣 5 分；通报一次红色巡视预警，对施工、监理的当月记分值扣 2 分。针对上述预警，若施工单位或监理单位已在安全监控中心发布预警前 8 小时在隐患系统中提前上报，经监理单位提供证明材料，经公司隐患排查治理主管部门核实，不扣分；

3）出现事故或险情，按照《××××生产安全事故报告和调查、处理规定》的事故等级对施工及监理记分的季度平均分乘以下列相应系数：A 级—0.5，B 级—0.7，C 级—0.75，D 级—0.8，E 级—0.9；

4）同一施工标段一个季度内连续发生两次及以上事故或险情，季度平均分的记分系数累计相乘；

5）同一施工标段连续 10 天排查上报隐患每日超过 2 个，当月记分值加 2 分（关注度超过 100 分，不再加分）。

3. 违约责任追究

（1）监理单位违约责任追究标准。

1）有下列情况之一的，公司层在公司范围内通报、向总监办上级单位发出整改督查通知单或约谈其主管领导，并从应支付给监理单位的监理费中扣处 5000 元到 20000 元作为违约金：

①存在故意制造隐患、恶意重复上报隐患等弄虚作假的情况；

②施工现场存在重大安全隐患，出现事故或险情的；

③被上级单位或部门通报批评的；

④施工单位未按监理要求整改而监理单位未向属地建委及建设单位汇报的；

⑤监理单位履责不到位，现场存在严重隐患的；

⑥被政府有关部门、公司层、项目管理层责令停工的；

⑦被新闻媒体负面曝光，并对公司造成负面影响的；

⑧每季度、半年、1 年对隐患排查治理情况进行综合排名靠后的。

2）每季度对处罚情况通报；

3）每半年、年对隐患排查治理情况进行综合排名靠后的单位可对项目负责人或上级单位领导进行约谈等违约处罚措施。

（2）施工单位违约责任追究标准。

1）安全质量隐患排查治理不到位，被政府有关部门、轨道公司、项目管理单位发现而监理或施工单位未发现的一、二级隐患，施工单位应及时整改、消除隐患。并从应支付给施工单位的工程款中扣处每条二级隐患 3000 元、每条一级隐患 5000 元作为违约金。

2）有下列情况之一的，公司安全质量委员会在公司范围内通报、向集团指挥部发出整改督查通知单或约谈其主管领导，并从应支付给施工单位的工程款中扣处，10000元～50000元作为违约金：

①被上级单位或部门查出隐患并通报的；

②未按监理通知要求进行回复的；

③隐患排查弄虚作假的；

④现场存在严重隐患的；

⑤被政府有关部门、轨道公司、项目管理单位责令停工的；

⑥被新闻媒体负面曝光，并对公司造成负面影响的；

⑦每季度、半年、1年对隐患排查治理情况进行综合排名靠后的。

3）每季度对处罚情况通报；

4）每半年、年对隐患排查治理情况进行综合排名靠后的单位可对项目负责人或上级单位领导进行约谈等违约处罚措施。

9.2 人的安全管理

9.2.1 人的不安全行为概念

人的不安全行为是指会引起事故发生的行为。一般分为与事故直接相关的不安全行为和与事故间接相关的不安全行为。与事故直接相关的不安全行为是指行为的产生伴随着事故的发生。其中与事故直接相关的行为包括有意地不安全行为和无意的不安全行为。与事故间接相关的不安全行为是指单一的行为并不能造成事故，当多个行为累积的时候会造成事故发生。与事故直接相关的不安全行为和事故的关系更为密切，是行为安全研究矫正的主要对象。

有意地不安全行为主要指忽视相关安全规定未做防御措施而产生的不安全行为和由于行为人错误操作而造成事故的不安全行为，其中的错误操作不是行为人不会，而是由于自己判断或决策的失误而造成的。主观上讲有意地不安全行为的产生主要是受行为人心理因素的影响，如冒险心理、侥幸心理、自负心理、急功近利的心理等。客观上讲有意地不安全行为主要由于安全规章制度不健全，安全组织管理的缺陷，工作监督和安全交易的不到位等管理因素及不良的工作环境，安全防护设施设备不齐全，或者设备实施的设计布置不符合人机工程学的要求等环境因素造成的。

无意的不安全行为主要是指施工人员由于没有按照相关安全管理规定或操作规定工作而产生的不安全行为。从内部原因来讲，无意的不安全行为受三个方面影响：一是心理原因，如注意力不集中，情绪起伏较大、心理压力较大等；二是个人原因，如体力、视力、听觉等，当体力不支，听力视觉较为疲劳会造成不安全行为产生；三是自身素质，如专业知识和技能，专业知识不足，操作技能缺乏或者操作技能不够娴熟都会造成不安全行为的产生。从外部原因来讲，外部心虚错误或人没有感知到外部信息的刺激，如没有健全的安全管理体制，外界工作环境较为恶劣，人际关系恶劣等错误的外部信息会造成不安全行为的产生；人知识缺乏未能及时对信息刺激做出反应也会造成不安全行为的产生。

具体在地铁施工中，人的不安全行为主要有以下几种：

1. 施工人员的不安全行为分类

（1）施工人员操作错误。

地铁施工过程中，施工人员的违反安全规章制度。施工前未进行安全防护措施，未对安全保护措施进行检查验收，施工中酒后作业、奔跑作业、送料过快、用手代替工具操作、机器运转时加油、清洁、修理、工作时说笑打闹，未经允许开动、关停、移动施工设备，开、关设备时未给信号，忘记关闭设备，在起吊物下作业、停留。在吊放塔材或工具时，下方有人停留：在吊装、吊卸设备或重物时，设备的起落和转动范围内有人。

（2）工人未佩戴安全防护用品的行为。

根绝地铁施工事故数据显示，在地铁施工过程中很多施工人员的伤害大部分是由于自己在施工过程中未佩戴安全防护用品造成的，如未佩戴安全帽、未佩戴安全带等。

（3）造成安全设置失效的行为。

在施工过程中对安全设置进行不当的操作调整，如私自拆除安全设置，错误调配安全设置等，这些行为导致安全设置失效，使之不能起到安全防护作用。

（4）使用不安全设备。

临时使用不牢固的设施：使用完全设置的设备。

（5）用手代替工具操作的行为。

在安全管理规定必须用工具操作的时候直接用手操作，如取放垫物时，直接用手取放代替专门工具：用手代替手动工具；用手消除切削；不用夹具固定，用手拿工件进行机械加工。

（6）对物体的存放不当。

没有将物体存放到应该存放的位置。如将施工工具随手放置导致施工工具坠落砸伤别人，将材料随手放置导致施工环境受阻等。

（7）冒险进入危险场所。

施工人员在施工过程中没有按照安全管理规定冒险进入危险场所，如进入正在工作高速运转的机器的工作区域；升降机起落时工作人员进入起落范围内等。

（8）攀、坐不安全位置。

（9）有分散注意力行为。

（10）对易燃、易爆等危险物品处理错误。

2. 其他人员的不安全行为

（1）现场监测人员的不安全行为。

地铁施工过程中，第三方监测人员的不安全行为是指由相关规定设置监测项目、对监测数据分析不及时、监测数据作假、报警不及时等原因造成轨道交通安全事故的发生的行为。

（2）监理的不安全行为。

地铁施工过程中，监理人员的不安全行为主要有：监理人员缺少相应资质证书，监理人员素质不高，业务不熟练；监理工作仅停留在施工阶段，忽视对设计质量的监管；淡化对材料的抽检工作；对施工单位的严重错误行为、违规作业未能及时遏制等。

（3）承包商的不安全行为。

由于承包商方面的原因导致施工事故的发生，如：承包商的资质不够、其施工经验不足、安全意识差、对突发事故盲目随意处理、应急措施不力、管理混乱等。

9.2.2　不安全行为特点

由于人的不安全行为的产生比较复杂，整体来说由于自身的心理原因和生理原因加上周围环境的制约导致人的行为的产生。主要归纳起来有以下几点：

1. 人的不安全行为往往受周围情景环境的影响

人的工作离不开当时的情景环境，周围情景环境中如安全设置失效、错误的显示信号和紧迫的时间压力等都会诱发不安全行为的产生。

2. 人的不安全行为具有重复性

人的不安全行为由于人的能力与外界需求不匹配造成。如果这种不匹配不能消除这种不安全行为会重复出现。因此在对不安全行为管理时要通过有效手段控制这种不匹配现象的存在。

3. 人的不安全行为可以纠正

当人的产生不安全行为导致事故的发生或者将要发生时，人如果发现了这种失误会做出纠正反应。

4. 人具有学习能力

人能够通过需求动力和周围环境影响，自发的不断学习，提高自己的能力，从而改进自己的工作绩效，降低不安全行为产生。

综上所述，不安全行为可以进行防空。人的不安全行为产生受周围情景环境刺激影响，且不安全行为具有重复性需要一定措施控制这种重复的出现。在行为的管理中可以通过人的自主学习能力提高自身能力，降低不安全行为的产生。总的来说在对不安全行为的管理中需要注重情景环境的管理，对不安全行为进行负强化管理减少不安全行为的产生，通过环境营造使行为人更加自主的学习。

9.2.3　不安全行为管理原则

1. 制度安全化

对不安全行为管建立的制度需要符合相关法律法规规定，符合安全施工的要求，制定的制度要合理化和人性化，使得员工在能够完成符合要求的工作的同时也能够顾及工作人员的心理感受和需求。

2. 管理安全化

针对不同类型的工种，依据其自身特点制定相对应的安全操作规范，并按照规范进行规律性和经常性的安全教育及安全培训，进而从安全意识方面规范人的行为，从而减少失误，提高安全系数。

3. 劳动安全化

促进生产标准化，使人的行为在科学的作业标准要求下得以规范，从而形成全员共同参与的安全监管体制，将劳动者的素质提高。

4. 机器设备安全化

机械设备本身不仅要具有安全可靠的特性，而且也要适应操作人员的作业方式，并提高作业人员的修理和检查能力，从而使得机械设备能够与人的操作行为更好地拟合。

5. 生产环境安全化

对于井下作业环境要尽可能地给予改善，不仅要适合作业特点和要求，也要考虑到作业人员的要求。企业的大环境要形成具有安全保证和积极浓厚的安全文化氛围。

6. 程序步骤安全化

在思想上，时刻把安全放在首位，在步骤和程序上严格按照规章制度进行生产，妥善处理生产事故，积极地恢复和组织生产，并要及时准确地向上层反馈信息。只有在这样规范的程序步骤下，才能有效地避免因决策或判断错误而产生的二次认为失误。

9.2.4 不安全行为管理要点

1. 反应性制约管理要点

表 9-1 不安全行为因素的管理要点

<table>
<tr><th colspan="3">不安全行为的影响因素</th><th>具体影响</th><th>管 理 要 点</th></tr>
<tr><td rowspan="6">个体因素</td><td rowspan="3">生理因素</td><td>体能</td><td>达到体能极限</td><td>防止过于疲劳的状态出现，环境以舒适为主</td></tr>
<tr><td>视觉</td><td>视觉疲劳没有危险提示信息</td><td>防止过于疲劳的状态出现，环境以舒适为主设置安全提醒</td></tr>
<tr><td>听觉</td><td>过度疲惫</td><td>防止过于疲劳的状态出现，环境以舒适为主</td></tr>
<tr><td rowspan="3">心理因素</td><td>情绪</td><td>情绪低迷</td><td>通过环境变换刺激情绪</td></tr>
<tr><td>注意力</td><td>注意力不集中</td><td>通过环境变换刺激提高注意力</td></tr>
<tr><td>心理压力大</td><td>压力过大</td><td>环境以舒适为主，工作以适度为主，奖惩合适</td></tr>
<tr><td>组织因素</td><td colspan="2">安全意识</td><td>自身安全意识淡薄</td><td>刺激提高安全意识</td></tr>
<tr><td rowspan="6">工作环境因素</td><td rowspan="6">现场环境</td><td>温度湿度</td><td>过高过低</td><td>防止过于疲劳的状态出现，环境以舒适为主</td></tr>
<tr><td>照明</td><td>太过刺眼、暗淡</td><td>防止过于疲劳的状态出现，环境以舒适为主</td></tr>
<tr><td>粉尘</td><td>粉尘过多</td><td>防止过于疲劳的状态出现，环境以舒适为主</td></tr>
<tr><td>色彩</td><td>色彩单一</td><td>防止过于疲劳的状态出现，环境以舒适为主</td></tr>
<tr><td>噪声</td><td>声音过大</td><td>防止过于疲劳的状态出现，环境以舒适为主</td></tr>
<tr><td>设备因素</td><td>安全设备不足</td><td>使用前应检查安全设备</td></tr>
<tr><td>领导管理因素</td><td colspan="2">安全态度</td><td>不注意安全管理</td><td>通过环境刺激领导安全意识</td></tr>
</table>

通过表 9-1 可以看出，对人的不安全行为管理主要集中在以下三点：施工环境舒适度的营造、安全信息的提醒、安全意识的提高。因此，针对人的不安全行为的管理主要有以下几点措施：

（1）设置安全信息提醒标牌。

在施工入场口设置安全提醒标志，例如佩戴安全帽、工作前要检查安全装备。安全标志要设置在入口处，标牌要大且醒目，起到提醒和刺激作用，用以提高人的安全意识。

（2）设置安全信息通报栏。

在施工场地中设置安全信息通报栏，对本工程施工过程中的事故以及全国地铁施工事故进行通报，通报中要有事故现场照片，刺激工人感官及加强工人的安全意识，对事故原因进行分析，通过感官刺激增强工人的记忆。对国家相关安全政策进行公布，加强领导者对安全管理的认识，也有利于领导者安全意识的提高。

（3）营造舒适安全的工作环境。

工作环境的营造可以通过对施工环境中温度、适度、压力、噪音、色彩等参数的测定及调控实现。根据相关地下施工的环境要求，按照安全管理标准对地下施工洞内温度、湿度、粉尘、噪音进行监管控制，定时对施工环境进行检查，当温度、湿度、粉尘、噪音不符合管理标准要求时对其进行调整。地下施工色彩比较单一，容易造成工人情绪和心理上的低迷，在施工环境中可以统一施工人员服装，服装以方便干练为主，在衣服上设置部分色彩，以改变工人视觉效果。

（4）设置警报提醒器。

长时间单一工作容易造成工人安全意识降低，这时可以通过声音刺激工人。在施工现场设置报警器，设置合理的工作时间，当时间达到时通过报警声音刺激施工工人，提醒工人注意安全。特别是对于夜间施工中，一夜的施工容易造成工人的疲劳更需要利用报警设置对工人情绪进行刺激。在天快亮的时候是工人最疲惫的时候，要加大报警提醒的频率。

（5）设置监控器。

在施工入口处和施工现场设置监控装置，一方面刺激工人，提高工人的安全意识，另一方面对工人行为进行监督，及时发现工人施工过程的不安全行为和施工环境的变化。发现工人操作问题要及时纠正，发现周围不安全因素或异域情况出现也要及时纠正或改善。

（6）设置提醒标签。

在施工所用的机械设备上设置提醒标签，提醒标签要通过图文模式提醒工人正确的施工方法，刺激工人安全意识的提高和帮助工人完善自己的安全行为。

（7）建立上岗前的培训制度。

在工人工作开展前要进行小组的培训教育，主要通过小组长对本次工作内容和施工技术的强调。强调工人工作前安全设备的检查问题，强调工作时要不能单纯凭记忆做判断，强调施工过程中可能出现的危险。

（8）设置安全巡视员。

在施工现场设置安全巡视员，一方面从心理上对工人进行干预，提高工人安全意识，刺激工人注意力集中，进行安全施工。另一方面及时发现施工过程中出现的危险源，对工人的不安全行为进行监管。

（9）员工分类。

可以将员工分为①有经验且有安全意识的员工；②有经验但安全意识薄弱的员工；③无经验的新员工。对于③类的员工需要由①员工指引，并且不允许进入高风险地段。对②员工加强安全意识培训，对于经常性的有意进行不安全行为的这类员工，可以加入地铁施工的黑名单。

2. 加强规章制度管理

无规矩、不成方圆。先进企业必然有先进的规章制度，培养优秀员工更需要先进的规章制度来规范员工行为。建立单位作业管理手册内容应包括：各岗位人员职责；现行有效的规章制度和标准规范、应急预案、操作规程等。建立管理体系文件包括：作业指导书、作业计划书、检查表，其中作业指导书内容包括：队站概况、岗位设置、属地划分及人员职责、操作规程、应急处理措施。这些规定从制度上保证管理者和操作员工在生产过程中行为规范，若使企业建立的规章制度符合实际，被员工接受和严格实施，用规章制度规范员工的行为，建议做好以下几个方面：

（1）建立隐患排查清单。

隐患排查清单是可能造成人员伤害、职业病、财产损失、工作环境破坏或其结合的根源或状态的条件。建立隐患排查清单是一项复杂的工作，它任务量大，难点多要根据施工工艺、工法、流程和作业环境条件以及对全岗位的全部施工过程进行危险、危害辨识，找出可能发生或本单位、本行业已经发生过事故的危险、危害项目（潜在的危害因素）。

（2）制定合理的安全制度及操作规程。

1）要在已确定隐患排查清单前提下制定安全制度、操作规程，使所制定的安全制度、操作规程科学合理、有安全性，切实可行、有可操作性，实施以后能有效控制不安全行为，确保避免伤亡事故；

2）要吸取事故（包括本单位曾发生的事故和尽可能搜集到的同行业、同类型单位曾发生的事故）教训，把处理事故时制定的防止重复性事故的措施中有关规范、约束操作者行为的措施写进安全制度、操作规程中。

3）不能以制定约束人的行为的安全制度、操作规程取代按国家安全生产法规、国家标准、行业标准规定的生产经营单位应具备的安全生产条件。

4）安全制度、操作规程不能只作原则性或抽象的规定，不能只明确“不准干什么、不准怎样干”而不明确“应怎样干”，不能留有让从业人员“想当然、自由发挥”的余地。

5）安全制度、操作规程中的要求和规定不能突出了“重点”而放弃了“一般”，要具体详尽，宜细不宜粗，能细则细，应有可操作性，应明确操作中必要的操作、禁止的操作、必要的操作步骤、操作方法、操作注意事项和正确使用劳动防护用品的要求以及出现异常时的应急措施。

6）涉及设备（设施）操作的安全操作规程应包括如何正确操纵设备（设施），以防止因操作不当而导致设备设施损坏事故的规定如《设备（设施）的技术操作规程》。

7）文字表述要直观、简明，便于操作者理解、掌握和记忆。

在企业管理中安全制度确实不少，但有多少制度员工能认可和接受，这应引起我们的深思。为此，要对安全制度进行整合，取其精华、去其糟粕，使员工能够认同，执行到位。企业在安全生产管理的实践过程中要注意总结经验，不断地修订完善安全操作规程。随着生产的发展、变化，要及时地修改、补充制定新的安全操作规程，以保持其健全、完善、有效。同时，要强化制度执行考核，通过先进制度的落实和刚性考核促进员工良好安全行为的养成，做到不违意、不蛮干。

（3）强化监督和奖惩机制。

1）有效的现场安全监督是规范员工安全行为、确保各项安全制度措施执行到位、实现安全生产的重要手段。

2）要进一步强化安监队伍建设，加大动态监察力度，消除各类“三违”现象。

3）要充分发挥上岗干部、班组长、党员、团员、网员监督员的作用，强化安全监管。

4）要强化全面班组全程管理、岗位就近式管理和安全程序化管理，从而扎实有效地规范员工安全行为，实现员工行为安全和作业安全。

从职工对安全管理的态度来分析，其过程为：服从一同化一内化3个阶段。服从，即指个人为避免惩罚而按照要求、规范采取的表面行为。这说明新工人对规程、管理制度刚开始的执行只是表面服从，然后才会受班组中其他人的思想行为的同化，最终从内心深处接受安全规意和制度。这说明严肃的奖罚会深刻影响一个人对安全的态度和意识。企业在安全生产管理过程中，要进一步完善安全奖惩机制，逐步变以罚为主为以奖为主，逐步加大员工安全工资占总工资的比例，如增设员工安全等级工资、安全行为工资、隐患排查工资、安全考试工资等。开展安全比武大赛、安全智力竞赛、评比“六员一防”安全光荣榜等，完善现行的个人安全技能账户和集体安全绩效工资考核制度，真正使员工感到奖的动心、罚的痛心，使员工不敢违章，形成人人为安全工作出力、个个为安全工作争光的氛围。

3. 注重安全意识的培养

意识决定态度，态度决定行为，人要有安全的意识，才会有安全的行为，有了安全的行为，才能保证安全生产。所谓安全意识，就是人们头脑中建立起来的生产的安全观念，也就是人们在生产活动中各种各样有可能对自己或他人造成伤害的外在环境条件的一种戒备和警觉的心理状态。实践证明人的不安全行为是受人的安全意识所影响，安全意识对安全生产有着决定性作用。从国内外发生过的众多安全生产事故来看，部分企业的安全工作整体上并不是很差，安全投入也能满足安全生产的需要，规章制度健全，员工知道安全操作规程，而发生事故的主要原因是个别职工的安全意识不强引发的不安全行为。一起事故可能是因为某个员工的一根香烟，一个小失误，一次小违规，但引发的事故后果却非常严重，对员工们造成人身伤害，对企业造成财产损失，甚至在社会上造成恶劣的社会影响。从这个角度和意义上讲，增强安全意识、杜绝不安全行为对于提高企业的安全管理水平是非常重要的。

（1）做有感领导。

领导的最低要求就是员工的最高行为标准。管理体系的建立过程中，领导是核心，体系的运行过程中，运行质量的好坏，领导起到关键作用。有感领导是指企业各级领导通过以身作则的良好个人安全行为，使员工真正感知到安全的重要性，感受到领导做好安全的决心和示范性，感知到自身做好安全的必要性。其含义如下：

1）是安全的影响力，有感是员工的感觉而不是领导者本人的感觉，是让员工和下属体会到领导对安全的重视；

2）是安全示范力，自上而下领导强有力的参与，各级管理者深入现场，以身作则，亲力亲为；

3）是安全执行力，领导提供人力、财力和组织运作上的保障，让员工感受到各级管理者对安全责任做出的承诺。

4）是安全意识，将领导的承诺、意愿和企业的方针、目标，带头贯彻、宣讲，让全体员工充分理解领导及企业的安全政策，在安全生产上有明确的方向，统一的行动目标，促进有本企业特色的安全意识的形成。

5）是加强沟通，深入生产一线，加强与操作员工的沟通，纠正员工的不安全行为。事实证明领导因各种原因对违章的默许，就是对员工不安全行为的纵容，是最大的安全隐患。

（2）安全事故应急预案和演练。

1）安全事故应急预案是根据危害因素辨识和评价的结果，针对可能造成比较严重后果的危害制定预防、控制、应急处置和事后恢复进行编制。要求一切突发事件的应对工作，都必须把预防和减少突发事件的发生放在首位，做到防患于未然。企业应要求施工现场编制专项预案，并规定针对可能发生的各类事件，从操作措施、工艺流程、现场处置、监测、监控，以及事态控制、紧急疏散与警戒、人员防护与救护、环境保护等方面制定，细化应急处置步骤、岗位应急处置程序等规定。

2）安全事故应急预案演练针对可能发生的事故情景，依据应急预案而模拟开展的应急活动。演练能形象地表现出危险源、安全事故发生、发展及处理过程，是与事故相关人员参与其中的全方位培训，能使员工深刻体会到事故对人、物、环境造成的损害。为使员工增强安全意识，施工现场要将建立的现场处置预案所涉及的事故进行全部、定期演练，要全员参加，在不出现安全事故的前提下，演练尽量真实。若有条件，设立由安全监督、工程技术专家构成的专职评价人员。演练结束，必须进行总结评价，找出不足项、整改项和改进项。

（3）进行企业法规和安全技能培训。

1）学习规程和安全技术是提高安全知识水平最直接、最有效的方法。

2）通过学习，积累、提高安全知识，安全意识活动的积极能动性才会被释放、激发。

3）通过学习过程中的感觉、知觉，使表象不断上升为概念、判断、推理，并运用逻辑的、理智化的思维活动，将安全意识形成系统化、体系化、高度自觉化的理论体系和思想。

4）“安全活动”是在安全生产的长期实践中得出的预防事故的有效措施，是班组安全管理的重要内容，也是员工安全知识和安全技能培训的最有效的方法之一。它为班组成员提供了安全思想、信息、技术、措施的交流场所。通过大家的语言、思想交流、推理和判断把个人心理的感性认识最终转变为提高安全意识的推动力。安全活动需要认真组织、合理安排，不能流于形式、降低质量。要定期开展，形成制度，使参加者的安全意识通过安全活动不断得到巩固、强化。安全活动要结合实际并有针对性。如对事故的处理，应做到“举一反三"，从事故中吸取经验教训，用科学的方法防范类似事故的发生。这样才能开启每个人安全意识中的预见性和反思性，使安全意识的深度、广度得到发展，让安全意识的积极能动性得以发挥。

9.3 隐患排查要点

9.3.1 安全隐患排查的基本方法、内容

根据隐患类别的不同，隐患清单将土建工程安全隐患分为三类：安全隐患排查类、质量安全隐患排查类、专项隐患排查类。

其中包括安全管理隐患排查表；扣件式钢管脚手架隐患排表；碗扣式钢管脚手架隐患排查表；承插型盘扣式钢管支架隐患排查表；满堂红模板支架隐患排查表；模架工程安全

隐患排查表；施工机具安全隐患排查表；物料提升机安全隐患排查表；塔式起重机安全隐患排查表；龙门吊安全隐患排查表；移动式起重机安全隐患排查表；桥式起重机、电动葫芦安全隐患排查表；基坑支护安全隐患排查表；盾构法隧道施工安全隐患排查表；矿山法隧道施工安全隐患排查表；水上作业施工安全隐患排查表；架桥机作业安全隐患排查表；轨道工程施工安全隐患排查表；人工挖孔安全隐患排查表；质量管理隐患排查表；设备安装质量隐患排查表；分部分项工程质量隐患排查表；围护结构钻孔灌注桩施工质量隐患排查表；围护结构连续墙施工质量隐患排查表；围护结构人工挖孔桩施工质量隐患排查表；围护结构土钉墙施工质量隐患排查表；围护结构降水、止水、截排水施工质量隐患排查表；围护结构锚杆（索）支护施工质量隐患排查表；明挖法（盖挖法）施工质量隐患排查表；矿山法施工质量隐患排查表；盾构法施工质量隐患排查表；高架桥施工质量隐患排查表；路基工程质量隐患排查表；轨道工程质量隐患排查表；装饰装修质量隐患排查表；施工用电安全隐患排查表；安全防护隐患排查表；文明施工安全隐患排查表；消防安全隐患排查表；汛期安全隐患排查表；冬期施工隐患排查表；特殊气候施工安全隐患排查表共 42 个表格 2357 个检查项目。

安全隐患排查类 19 个表格，1171 个检查项目（含安全管理隐患排查类 1 个表格，112 个检查项目）；质量安全隐患排查类 16 个表格，787 个检查项目（含质量安全管理隐患排查类 1 个表格，74 个检查项目）；专项隐患排查类 7 个表格，399 个检查项目。

9.3.2　准备工作

1. 资料收集

资料的主要内容：工区平面布置图；重要工艺流程图；危险工序作业、特种及大型设备和材料清单；组织机构与规章制度的建立清单以及施工方案、专项方案等。

2. 隐患排查区段划分

轨道交通工程的隐患排查区段应充分考虑以下项目。

（1）具有重大或影响较大的工程；

（2）行业中发生过事故的单位、分部、分项工程及重要环节工序等；

（3）新技术、新工艺、新材料、新设备的工程；

（4）无明确规范要求的工程；

（5）相关方强烈关注的工程。

3. 排查人员要求

排查人员要求：既要考虑个人的业务能力，更要考虑整体的工作能力；既要考虑排查的全面性，更要考虑层级排查的层次性；保证排查工作能够从点到面辐射范围，通过层级的检查、评价、考核制度将隐患控制在萌芽阶段，消灭事故的发生。

4. 隐患排查单元划分

根据城市轨道交通工程的特点隐患排查可按作业区划分如：单位工程、分部工程、分项工程及主要工序作业进行层次分解，直至各施工作业的关键作业活动，主要以排查表的形式划分作业单元。以地下连续墙施工为例，其作业活动划分如表 9-2 所示。

表 9-2 地下连续墙施工质量安全隐患排查表

序号	分项工程	排查项目	排查内容
1	地下连续墙施工	施工方案	①未编制施工方案、施工方案不符合规范要求
			②方案未经施工单位技术负责人、总监理工程师审查、签字
			③连续墙嵌固深度截面强度未经计算
		导墙施工	①内外导墙净距小于地下连续墙设计尺寸
			②导墙未建在坚实地基上，总高度及高出地面尺寸不符合设计或方案要求
			③导墙接头不牢固，现浇导墙养护期重型机械在附近作业或停留
			④导墙施工偏差不符合规范规定
		泥浆制备	①泥浆材料未优先选用膨润土，没有根据地质和地面沉降控制要求配置泥浆
			②挖槽期间泥浆面未达到高于地下水位 0.5m 以上
			③泥浆的各项指标不符合规范的要求
			④新拌制的泥浆没有储存 24h 以上并加分散剂充分水化后才使用
			⑤泥浆储备不满足槽壁开挖需要，废弃泥浆未采取措施防止污染环境
		挖槽施工	①挖槽的平面位置、长度、深度、宽度和垂直度是否符合设计要求
			②清底未按要求自底部抽吸，沉淀物大于 100mm
			③开挖过程观察槽壁变形、垂直度，泥浆液面发现异常时未及时提出抓斗，并分析原因、采取措施
			④单元槽段长度不符合设计规定
			⑤槽段挖至设计高程后未按规范要求做好记录
			⑥单元槽段未根据地质情况采用间隔式开挖
		钢筋笼制作安装	①钢筋笼未在槽段接头清刷、清槽、换浆合格后及时吊装入槽，存在强行入槽
			②钢筋笼分段入槽时，上下节主筋未对正连接不牢固，或未经检查合格继续下沉
			③钢筋笼未在平台上制作成型，不符合规范规定
			④钢筋骨架和预埋管件安装变形、松动、遗漏，标高、位置不符合设计要求
		墙体接头	①锁口管未在混凝土灌注 2～3h 后进行起拔，提升高度不符合规范要求
			②后续槽段开挖，未按规范要求对槽段竖向接头进行清刷
			③锁口管未紧贴槽端对准位置垂直缓慢沉放，碰撞槽壁
			④地下连续墙各墙幅间竖向接头不符合设计要求
		灌注水下混凝土	①导管灌注管节连接不严密、不牢固施工前未进行试拼及闭水试验
			②导管水平间距小于 3m，距端部部小于 1.5m，下端距槽底为 300～500mm，导管内未放置隔水栓
			③混凝土灌注未连续进行，间隔时间超过 4h
			④导管提升不符合规范要求
			⑤地下连续墙混凝土强度和止水性能不符合设计要求
			⑥未按规定留置强度及抗渗试件，未按规范要求做好记录
		工程验收	①地下连续墙每一单元槽段施工，未按规范要求进行中间项目验收
			②基坑开挖后未按规范要求进行地下连续墙验收
			③地下连续墙的裸露墙面表面渗漏，孔洞、漏筋、蜂窝面积超过单元槽段裸露面积的 5%

9.3.3 隐患排查

1. 隐患排查依据

（1）国家、地方法律、法规及规范标准及国家、地方的政策导向；

（2）国内外或其他企业先进技术、方法、制度等；

（3）工程的安全生产方针、安全生产目标；

（4）施工方案、专项方案等技术文件要求；

（5）合同要求等。

2. 隐患排查方法

隐患排查方法可采用安全隐患检查表法。

安全隐患检查表法是为了系统找出施工中的安全隐患，把施工过程中的人、物、管理的三个方面查出各阶层的不安全因素。根据不同检查项目，形成单位工程、分部工程、分项工程隐患排查表。此表能够显示单次、多次及一定时间内的突出隐患因素和检查项目的隐患数量。此表分为安全隐患排查表和安全管理隐患表两类。现以地下连续墙为例如表9-3所示。

（1）分部、分项工程隐患排查表法（见表9-3）。

表9-3 连续墙施工质量安全隐患排查表

序号	排查项目	排查内容	危险有害因素		
			人	物	管理
1	导墙施工	①内外导墙净距小于地下连续墙设计尺寸			
		②导墙未建在坚实地基上，总高度及高出地面尺寸不符合设计或方案要求			
		③导墙接头不牢固，现浇导墙养护期重型机械在附近作业或停留			
		④导墙施工偏差不符合规范规定			
2	泥浆制备	①泥浆材料未优先选用膨润土，没有根据地质和地面沉降控制要求配置泥浆			
		②挖槽期间泥浆面未达到高于地下水位0.5m以上			
		③泥浆的各项指标不符合规范的要求			
		④新拌制的泥浆没有储存24h以上并加分散剂充分水化后才使用			
		⑤泥浆储备不满足槽壁开挖需要，废弃泥浆未采取措施防止污染环境			

续表 9-3

序号	排查项目	排 查 内 容	危险有害因素		
			人	物	管理
3	挖槽施工	①挖槽的平面位置、长度、深度、宽度和垂直度是否符合设计要求			
		②清底未按要求自底部抽吸，沉淀物大于 100mm			
		③开挖过程观察槽壁变形、垂直度，泥浆液面发现异常时未及时提出抓斗，并分析原因、采取措施			
		④单元槽段长度不符合设计规定			
		⑤槽段挖至设计高程后未按规范要求做好记录			
		⑥单元槽段未根据地质情况采用间隔式开挖			
4	钢筋笼制作安装	①钢筋笼未在槽段接头清刷、清槽、换浆合格后及时吊装入槽，存在强行入槽			
		②钢筋笼分段入槽时，上下节主筋未对正连接不牢固，或未经检查合格继续下沉			
		③钢筋笼未在平台上制作成型，不符合规范规定			
		④钢筋骨架和预埋管件安装变形、松动、遗漏，标高、位置不符合设计要求			
5	墙体接头	①锁口管未在混凝土灌注 2～3h 后进行起拔，提升高度不符合规范要求			
		②后续槽段开挖，未按规范要求对槽段竖向接头进行清刷			
		③锁口管未紧贴槽端对准位置垂直缓慢沉放，碰撞槽壁			
		④地下连续墙各墙幅间竖向接头不符合设计要求			
6	灌注水下混凝土	①导管灌注管节连接不严密、不牢固施工前未进行试拼及闭水试验			
		②导管水平间距小于 3m，距端部小于 1.5m，下端距槽底为 300～500mm，导管内未放置隔水栓			
		③混凝土灌注未连续进行，间隔时间超过 4h			
		④导管提升不符合规范要求			
		⑤地下连续墙混凝土强度和止水性能不符合设计要求			
		⑥未按规定留置强度及抗渗试件，未按规范要求做好记录			
7	工程验收	①地下连续墙每一单元槽段施工，未按规范要求进行中间项目验收			
		②基坑开挖后未按规范要求进行地下连续墙验收			
		③地下连续墙的裸露墙面表面渗漏，孔洞、漏筋、蜂窝面积超过单元槽段裸露面积的 5%			

（2）管理隐患排查（见表 9-4）。

表9-4　安全管理隐患排查表

序号	排查项目	排查内容	是或否	备注
1	资质与资格	①总包、分包单位资质不符合国家规定，安全生产许可证年检过期无效		
		②企业“三类”人员未持安全生产考核合格证上岗。（安全A、B、C本）		
		③特种作业人员未持有效证件上岗		
		④企业未按规定配备、委派项目部专职安全管理人员及数量不满足要求（项目专职安全管理机构）		
		⑤重大危险部位施工时项目安全主要管理人员未到岗履职		
		⑥项目经理在两个及以上项目任职，此情况未经建设单位同意		
		⑦未明确质量安全管理标准化自评部门		
		⑧监测人员的配备不能满足工程需要		
		⑨盾构机司机上岗前未经（施工单位）实际操作考核合格		
2	施工组织设计与专项方案	①使用未经审查合格的施工图设计文件或国家明令淘汰或禁止使用的工艺、产品		
		②当地质条件和施工状况发生较大变化时未及时修改施工组织设计或编制专项施工方案		
		③专项施工方案的安全措施不全面或针对性不强		
		④未制定安全技术措施编制、审查制度		
		⑤施工组织设计、专项施工方案未按规定进行审核、审批及完善		
		⑥施工组织设计的安全措施不全面或针对性不强		
		⑦危险性较大的分部分项工程及未编制专项施工方案		
		⑧110kV、35kV或400V送电前未制定送电方案		
		⑨对应当组织专家论证、审查的专项施工方案未进行论证、审查并落实审查意见		
		⑩未进行重大风险源辨识、登记、公示		
		⑪施工进度计划不合理，存在盲目压缩工期		
		⑫未与施工组织设计同步编制标准化实施方案		
		⑬对拟采用的无现行工程建设强制性标准的新技术、新工艺、新材料，未进行技术论证		
3	安全技术交底	①未制定安全技术交底制度		
		②交底不全面无针对性；安全技术交底未履行双方签字手续、存在签字弄虚作假现象或无书面安全技术交底		
		③项目技术人员未就有关施工安全要求对施工班组、作业人员交底		
		④未制定各工种安全技术操作规程，操作规程不全面、混乱，或操作规程未挂设在作业场所显著位置		
		⑤未对安全技术交底文件进行留置、存档		

续表 9-4

序号	排查项目	排 查 内 容	是或否	备注
4	安全教育和班前安全活动	①未对进入新岗位或新进场的作业人员及设备租赁单位的作业人员进行安全教育		
		②未按要求组织开展了班前教育或无记录		
		③未建立班前安全活动制度		
		④未建立安全生产教育制度		
		⑤未进行三级安全教育培训和考核，或虚假培训和考核		
		⑥无三级安全教育档案，或档案不齐全		
		⑦未进行安全教育，或教育培训学时达不到要求		
		⑧每年六月份没有开展安全月活动，或无安全月活动开展记录		
		⑨未对作业人员普及触电、高处坠落或有限空间中毒（窒息）、落水、车祸等事故应急救援知识		
5	作业管理	①未建立工程重要部位、环节施工前条件验收制度（包括进入有限空间、压力/高压设备调试区域的安全许可）		
		②未按规定对工程重要部位或环节进行安全条件验收		
		③未按要求进行现场安全防护、消防设施验收		
		④危险性较大分部分项工程施工时无专职安全管理人员现场指挥、监督		
		⑤存在违规作业或违章指挥现象		
		⑥工程（临时）停工前未进行风险评估并落实相应措施，或复工前未进行安全检查		
6	工程周边环境保护	①未核查工程周边环境现状		
		②未对地下管线做地面标识		
		③在管线安全保护范围内施工时未进行安全技术交底或未安排专人监控		
		④未按规定与受施工影响的管线管理单位签订管线保护协议		
		⑤核查结果与建设单位提供的资料不符时未反馈给建设单位		
		⑥对施工影响范围内的重要建（构）筑物、管线、道路未采取专项防护措施		
		⑦在管线安全保护范围内施工前未核查开工条件		
		⑧未按照规范要求对施工周边的河流、居住区等环境采取专项的保护措施		

续表 9-4

序号	排查项目	排 查 内 容	是或否	备注
7	安全检查	①未按规定开展安全管理标准化自评		
		②企业负责人或项目经理未按规定带班检查（生产）		
		③未有效开展日常、定期、季节性、敏感期安全检查或安全专项整治		
		④未进行危险性较大的重要部位和环节施工前条件验收		
		⑤未建立安全检查制度，事故隐患排查治理制度		
		⑥未组织高大模板工程、脚手架工程、竖井提升架、挂篮拼装工程、架桥机组装工程与建筑起重机械安装等重大风险工程的验收		
		⑦未按要求对施工现场安全防护、消防设施进行验收		
		⑧对发现的事故隐患未按“五到位”（责任、时限、措施、资金、预案到位）原则落实整改		
		⑨未建立安全检查档案（事故隐患排查治理台账）		
8	应急管理	①未制定安全生产事故应急救援总体预案或主要事故的专项应急预案及现场处置方案		
		②未按要求配备应急救援物资、设备、器材等资源，或未及时更换（置换）已失效的应急资源		
		③应急预案不全面、针对性不强		
		④未定期组织预案演练		
		⑤未对预案进行定期评估，或出现规定情形时未对预案进行修订		
		⑥未对应急预案按照要求进行备案及发布		
		⑦未建立项目应急救援组织机构和队伍		
		⑧未建立或未及时更新应急物资、集结路线图		
		⑨未设置应急逃生通道或通道被堵塞		
		⑩事故、险情发生后未按程序启动应急预案		
9	分包管理与协调管理	①分包单位资质、资格、分包手续不全或失效，或未进行备案		
		②分包单位的“三类”人员资格不符合要求，人员发生变化时未及时进行核查		
		③分包单位管理人员未到岗履职		
		④总包单位与分包单位的安全责任不明确		
		⑤分包合同未按规定向建设行政主管部门备案，或专业分包合同未经建设单位认可		
		⑥总包单位未按要求对分包队伍开展安全教育、安全检查，或未对劳务作业进行安全管理		
		⑦未与在同一场所作业的其他施工单位签订安全管理协议，或未明确双方安全管理人员		
		⑧不允许分包的工程总包单位私自分包		

续表 9-4

序号	排查项目	排 查 内 容	是或否	备注
9	分包管理与协调管理	⑨与机械设备、施工机具及配件的出租单位未签订合同或合同未规定产品技术性能与质量安全要求		
		⑩总包单位与分包单位未按合同法程序签订分包合同		
		⑪分包单位未按规定建立安全管理机构、配备安全员		
		⑫总包单位未编制对分包单位的管理办法，或未按管理办法进行管理		
10	安全防护用品管理	①未向作业人员提供合格的安全防护用品，或发放不及时，不齐全		
		②未建立劳动防护用品管理制度		
		③未建立安全防护用品管理档案		
11	安全标志	①有较大危险因素的设施、设备、部位、场所未设置明显标识、警戒围栏或安全引导语等安全警示标志		
		②未绘制现场安全标志布置图		
		③未按部位和现场设施的变化调整安全标志设置		
		④未进行主要风险公示，或未进行风险更新		
		⑤进行高处作业、有限空间作业、设备调试等危险作业时，未设明显标识、正确显示工作状态		
		⑥在隐患没能及时整改消除的场所未设置隐患告知牌		
		⑦未在机械设备、压力容器、上下通道等粘贴安全标志、警示标语		
		⑧未跨越道路、河流等作业处设置警示标语、安全限制标识牌，或相关提示标识位置、内容不符合实际等		
12	责任制度与目标管理	①未建立安全生产责任制和安全生产奖惩制度		
		②未建立安全生产管理体系		
		③未制定安全管理目标及其考核制度		
		④未进行安全责任目标分解或量化、更新		
		⑤考核制度未有效落实		
		⑥安全生产责任制未经责任人签字确认		
		⑦未签订安全生产责任书，或未按规定进行备案		
		⑧安全责任管理目标低于建设单位和规范标准		
13	安全费用	①未建立安全文明施工措施费用管理制度		
		②未编制安全资金使用计划或未按计划实施		
		③未建立安全文明施工措施费使用台账		
		④挪用安全文明施工措施费		

续表 9-4

序号	排查项目	排 查 内 容	是或否	备注
14	事故报告处理	①未建立工伤事故报告与调查处理制度		
		②事故、险情未按规定报告、处置不及时有效、调查、处理不认真		
		③未按“四不放过”原则调查处理安全事故		
		④故意隐瞒事故不报，或报告内容与实际不相符合；不配合事故调查		
		⑤未建立事故管理档案		
15	总结	①未对每周排查隐患的落实情况进行核查		
		②未对每月排查隐患的落实情况进行核查		
		③未编制隐患排查清单，不及时更新隐患排查清单		

3. 隐患排查的基本内容和要点

（1）安全管理隐患排查。

1）审查参建单位及人员的相关资质与资格；

2）检查施工组织设计与专项方案编制、审批及评审情况；

3）检查安全技术交底及记录；

4）检查安全教育和班前安全活动记录；

5）检查作业前条件验收、培训及演练情况；

6）检查作业前工程周边环境保护情况；

7）检查安全管理制度检查落实情况；

8）检查应急管理（方案、人员、物资、机械设备等）；

9）检查分包管理与协调管理的落实情况；

10）检查安全防护管理到位情况；

11）检查现场标志、标牌、警示等设置情况；

12）检查相关体系、制度与目标管理运转情况；

13）检查安全费使用情况；

14）检查事故、报告、处理情况。

（2）脚手架。

1）检查施工组织设计与专项方案编制、审批及评审情况；

2）检查脚手架基础稳固情况；

3）检查架体稳定情况；

4）检查脚手板与防护栏铺设、安装情况；

5）检查架体堆载是否符合设计要求；

6）检查杆件设置规范情况；

7）检查架体防护是否规范；

8）检查通道、卸料平台设置情况；

9）检查构配件材质合格情况；

10）检查架体搭设交底与验收记录；

11）检查架体拆除方案及执行情况。

（3）模架安全隐患排查。

1）检查施工组织设计与专项方案编制、审批及评审情况；

2）检查材料材质合格情况；

3）检查模架基础稳固情况；

4）检查支撑系统或桥墩立模设置、使用情况；

5）检查移动模架或挂篮验收情况；

6）检查施工堆载是否符合设计要求；

7）检查支拆模板是否执行方案；

8）检查模板存放是否规范；

9）检查上下通道设置规范情况；

10）检查模架关键节点验收情况。

（4）设备安全隐患排查。

1）施工机具安全隐患排查。

①检查平刨的使用验收情况；

②检查圆盘电锯的使用验收情况；

③检查手持电动工具使用情况；

④检查钢筋机械使用验收情况；

⑤检查电焊机使用验收情况；

⑥检查搅拌机使用验收情况；

⑦检查气焊用具使用验收情况；

⑧检查翻斗车使用情况；

⑨检查潜水泵使用情况；

⑩检查振捣器使用情况；

⑪检查桩工机械使用验收情况；

⑫检查预应力张拉机具使用校验情况；

⑬检查场内运输车规范使用情况；

⑭检查泵送机械使用情况；

⑮检查散装水泥存储设备验收使用情况；

⑯检查其他施工机具、设备使用校验情况。

2）物料提升机安全隐患排查。

①检查安全装置是否齐全规范；

②检查防护设施是否规范；

③检查附墙架与缆风绳可靠、规范性；

④检查吊篮及安全门安装、使用情况；

⑤检查钢丝绳及滑轮规范及使用情况；

⑥检查基础与导轨架规范及使用情况；

⑦检查动力与传动作业情况；

⑧检查操作棚的规范情况；

⑨检查通信装置规范及设置情况；
⑩检查避雷装置的规范及设置情况；
⑪检查安装拆卸与验收情况；
⑫检查日常检查及维修保养情况。
3）起重机安全隐患排查。
①检查施工方案评审、论证、备案情况；
②检查人员培训、教育、交底及资格情况；
③检查设备进场、作业前验收情况；
④检查索具规范使用情况；
⑤检查是否按操作规程作业；
⑥检查吊装作业制度落实情况；
⑦检查多机协作是否执行方案；
⑧检查高处作业是否符合规范要求；
⑨检查构建堆放是否符合规范要求；
⑩检查占道吊装许可证办理情况及相关标识、标牌、警示设置情况；
⑪检查安全警戒设置情况。
（5）施工安全隐患排查。
1）基坑支护安全隐患排查。
①检查施工方案评审、论证、备案情况；
②检查围护结构是否符合方案、设计、规范要求；
③检查基坑支护与拆除是否符合方案、设计、规范要求；
④检查降排水措施是否满足现场要求；
⑤检查上下通道是否符合使用和规范要求；
⑥检查基坑开挖验收及施工情况；
⑦检查附属结构施工、拆除是否符合方案；
⑧检查坑边荷载是否符合设计、规范要求；
⑨检查安全防护设置是否按要求设置；
⑩检查作业环境是否满足施工安全需求；
⑪检查基坑监测是否按方案执行；
⑫检查应急物资储备及人员演练情况。
2）盾构法（TBM）隧道施工安全隐患排查。
①审查选型论证情况；
②检查施工方案评审、论证、备案情况；
③检查安装调试验收情况；
④检查始发、接收条件验收及方案执行情况；
⑤检查盾构掘进参数及施工质量情况；
⑥检查水平及垂直运输设备、车辆的安全工作情况及人员资格证；
⑦检查开仓换刀的手续及各项检查记录；
⑧检查联络通道的条件验收、管片破损及施工情况；

⑨检查管片堆放与管片拼装是否符合要求及进场验收记录；
⑩检查施工测量及监测的方案、报告、方法、原始数据等情况；
⑪检查安全防护及保护措施是否符合要求。
3）矿山法隧道施工安全隐患排查。
①检查施工方案评审、论证、备案情况；
②检查洞口工程是否按要求施工并记录；
③检查降水排水是否符合方案及安全要求；
④检查地层超前支护加固是否符合方案及设计要求；
⑤检查隧道开挖是否符合设计、规范及安全要求；
⑥检查爆破工程运输、储存、作业是否符合国家、规范、设计要求；
⑦检查初期支护施工是否符合方案、设计、规范要求；
⑧检查防水工程人员培训及用具使用安全；
⑨检查二次衬砌的交底、验收及施工安全情况；
⑩检查隧道运输操作、指挥人员资格及车辆使用情况；
⑪检查作业架防护及高空作业防护验收及安全使用情况；
⑫检查作业环境是否符合职业健康管理要求；
⑬检查监控测量的方案、报告、方法、数据等情况；
⑭检查施工交底的签字及归档情况。
4）水上作业施工安全隐患排查。
①检查施工方案评审、论证、备案情况；
②审查施工单位（分包单位）水上作业资质及人员资格；
③检查安全措施与设备、材料保护是否规范；
④检查栈桥及平台施工是否符合方案、规范要求；
⑤检查围堰施工是否符合方案及规范要求；
⑥检查潜水作业施工交底记录及作业设备、人员的规范情况；
⑦检查环境保护措施是否到位；
⑧检查应急人员、设备、物资是否到位；
⑨检查栈桥的标识、标牌及警示标志是否按要求设置；
⑩检查栈桥、施工平台的验收记录及试载试验；
⑪检查栈桥、平台及围堰拆除是否执行方案。
5）架桥机作业安全隐患排查。
①检查施工方案评审、论证情况；
②检查架桥机验收记录和周期性工作检查记录；
③检查桥梁架设的技术交底、方案以及安全措施是否到位。
6）人工挖孔安全隐患排查。
①审查施工方案、应急预案的审批情况及交底记录；
②检查提升设备的规范情况；
③检查护壁是否符合设计、规范要求，有无验收记录；
④检查通风设备及孔内空气检查情况；

⑤检查开挖作业是否规范；
⑥检查上下井梯是否符合规范要求；
⑦检查井边荷载是否按方案执行；
⑧检查作业时是否有配合或监护人；
⑨检查井边防护是否满足安全需要；
⑩检查孔内防护是否符合安全要求。
（6）质量管理隐患排查。
①检查参建单位的资质和参施人员的资格是否符合要求；
②检查管理体系与责任制的落实情况；
③检查图纸合规性与工程洽商及时性；
④检查施组（方案）编制审批、评审是否规范；
⑤检查材料管理制度是否完善和材料检验、试验记录及台账；
⑥检查现场材料堆放、保护情况及作业交底；
⑦检查工程测量方案、控制网、人员、仪器是否满足要求；
⑧检查施工监测方案审批、论证情况及测点布设、保护以及监测频率、数据处理等；
⑨检查工程验收记录情况；
⑩检查质量缺陷事故处理是否符合程序要求；
⑪检查档案资料管理制度及管理情况。
（7）分部分项工程质量隐患排查。
①检查地基与基础工程施工、检测是否符合规范要求，综合接地是否合格；
②检查钢筋各项物理性能参数及作业规范性；
③检查模板外观、尺寸及支撑系统的计算、方案和验收记录；
④检查混凝土的各项指标及施工是否符合规范；
⑤检查防水材料的性能指标及防水施工是否规范；
⑥检查预应力构件的各项参数及施工规范性；
⑦检查钢结构、型钢及钢板的涂料和构件是否符合规范要求；
⑧检查屋面保温、防水施工是否符合规范要求。
（8）钻孔灌注桩施工质量隐患排查。
①检查测量定位的交底情况和实施的规范性；
②检查成孔的孔深、孔径、沉渣以及偏差是否符合规范要求；
③检查钢筋笼制作安装是否规范；
④检查水下灌注混凝土作业是否规范；
⑤检查桩身检测情况。
（9）地下连续墙施工质量隐患排查。
①检查施工方案评审、论证情况；
②检查导墙施工是否符合方案，偏差是否符合规范要求；
③检查泥浆制备、使用是否符合规范要求；
④检查成槽施工是否符合设计、规范要求；
⑤检查钢筋笼制作安装是否符合设计、规范要求；

⑥检查墙体接头安放和提升是否符合规范要求；
⑦检查水下灌注混凝土的导管、间距及混凝土的各项参数符合规范要求；
⑧检查连续墙施工中间项目验收及开挖前的监测验收。
（10）人工挖孔桩施工质量隐患排查。
①测量定位：检查桩位、深度、钢筋笼标高等；
②成孔护壁：检查开挖深度、护壁混凝土强度、开挖时间等；
③钢筋笼制作安装：检查材料及辅料规格型号、偏差及焊缝是否符合规范要求；
④检查混凝土各项参数及浇筑设施是否规范；
⑤检查桩体及承载力监测是否合格。
（11）土钉墙施工质量隐患排查。
①检查钢筋网、混凝土配合比、喷射厚度及保护层是否满足规范要求；
②检查土钉材质、规格、尺寸、孔内清渣及定位架是否符合方案要求；
③检查钢筋网的搭接及保护层厚度是否符合规范；
④检查土钉注浆方法、注浆量及补浆次数；
⑤检查坡顶、坡底有无截排水倒流措施；
⑥检查土钉墙施工是否符合开挖强度要求。
（12）降水、止水、截排水施工质量隐患排查。
①检查资质是否符合国家规定，方案是否上报审批；
②检查降水井施工是否符合设计要求；
③检查止水帷幕施工是否符合设计、规范要求；
④检查降水监测记录及开挖面渗漏水情况；
⑤检查是否采取截排水措施，且是否符合规范要求。
（13）锚杆（索）支护施工质量隐患排查。
①检查钻孔孔位、孔径、孔深是否符合设计要求；
②检查杆体材料品种、规格、焊接质量是否符合设计、规范要求；
③检查杆体安放是否扭压、弯曲变形及插入深度是否符合设计要求；
④检查锚杆注浆压力、注浆量及补浆次数；
⑤检查锚杆张拉锚具、变形值、锁定值是否符合设计要求；
⑥检查锚杆验收记录、张拉试验记录；
⑦检查锚杆监测数据及维护记录。
（14）明挖法（盖挖法）施工质量隐患排查。
①检查维护结构施工质量及混凝土强度报告；
②检查钢支撑材料、规格及连接质量是否符合设计、规范要求；
③检查土方开挖施工是否符合方案要求；
④检查钢支撑安装是否及时并按设计要求施加轴力；
⑤检查基坑回填材料、试验是否满足设计要求；
⑥检查盖挖法中板、顶板堆载及开挖前混凝土强度是否符合设计要求。
（15）矿山法施工质量隐患排查。
①检查施工方案编制、审批、专家论证记录；

②检查超前支护工法、数量、间距、角度等是否符合方案、设计及规范要求；
③检查开挖方法及辅助措施符合设计、规范要求；
④检查初期支护锁脚、格栅、连接筋、网片、混凝土是否符合设计要求；
⑤检查洞门及联络通道加固、洞门尺寸、开挖步序是否符合方案、设计要求；
⑥检查二次衬砌施工防水、钢筋、混凝土等工程是否符合设计、规范要求；
⑦检查成品保护是否符合规范要求及缺陷处理是否执行方案。

(16) 盾构法施工质量隐患排查。
①检查方案的编制、审批、论证及执行情况；
②检查盾构机的选型记录及配置说明等相关文件；
③检查盾构机始发、接收的方案、加固、配套设施及施工是否达到设计要求；
④检查盾构机掘进的各项参数及相关记录是否符合方案要求；
⑤检查控制测量的精度、频率以及成果记录；
⑥检查管片的制作、监测以及缺陷的处理是否符合设计、规范要求；
⑦检查管片拼装是否符合要求；
⑧检查联络通道、泵房的施工是否符合方案及设计要求；
⑨检查洞门处理的方法、效果是否符合设计、方案要求；
⑩检查是否按要求组织各项验收工作；
⑪检查缺陷处理是否按方案执行，处理结果能否满足设计使用要求。

(17) 高架桥施工质量隐患排查。
①检查承台基础监测报告及施工记录，以及钢筋、混凝土、养护是否符合规范要求；
②检查桥台桩基监测报告及施工记录，以及钢筋、大体积混凝土施工、养护是否符合规范要求；
③检查桥墩柱的监测报告及构造尺寸、标高、垂直度、轴线等偏差是否满足规范要求；
④检查墩帽、盖梁、垫石是否符合规范要求；
⑤检查支座的规格尺寸、性能指标、安装等是否符合设计要求；
⑥检查现浇梁的底模预拱、支架预压及钢筋混凝土施工是否符合方案、设计要求；
⑦检查预制梁的预拱度、张拉、是否符合设计、规范要求；
⑧检查混凝土叠合梁的试验检验报告、表面净度、探伤检验、抗滑移系数等是否符合设计和规范要求；
⑨检查桥梁预埋件的监测报告及预埋孔的位置尺寸等是否符合设计要求；
⑩检查桥面系统防水材料、混凝土强度等是否符合相关标准和设计要求；
⑪检查桥梁监测项目及相关检查报告。

(18) 路基工程质量隐患排查。
①检查施工方案、专项方案的编制、审批、专家论证及实施情况；
②检查路基施工的试验、填筑、坡度、厚度及预埋件是否符合设计、规范要求。

(19) 施工用电安全隐患排查。
①检查外电防护的防护方案、防护措施及人员的规范性；
②检查接地与接零的保护系统是否符合规范要求；

③检查开关、配电箱的安装使用是否符合规范要求；

④检查配电线路的电缆、架埋走线、接零及配套设施是否符合规范要求；

⑤检查电气的线路、与可燃物的距离、架设、过载、短路等是否符合防火要求；

⑥检查现场照明的接零、回路、电压、疏散照明等是否符合相关要求；

⑦检查配电室及自备电源的设备布置、防雨雪、消防及各项保护是否符合要求；

⑧检查电器装置是否符合规范要求；

⑨检查用电管理方案、交底、验收记录等。

（20）安全防护隐患排查。

①检查安全帽材质、佩戴是否符合要求；

②检查安全网规格、材质、使用是否符合要求；

③检查安全带是否符合标准，佩戴是否符合规定；

④检查电器作业防护用品是否佩戴且符合要求；

⑤检查防毒、防尘用品是否佩戴且符合要求；

⑥检查临边防护是否符合规范要求；

⑦检查洞口防护是否符合要求，警示标志是否规范；

⑧检查通道口防护是否符合要求；

⑨检查攀登作业是否采取安全保证措施；

⑩检查悬空作业的索具、吊具、料具是否鉴定验收，临时设施是否规范；

⑪检查移动式操作平台组装、防护措施是否符合规范要求；

⑫检查悬挑式钢平台搭设是否符合规范，方案、计算是否审批；

⑬检查物料平台搭设、措施是否符合规范，方案计算是否审批。

（21）文明施工安全隐患排查。

①检查施工方案是否合理，是否有用水计量、节水措施等；

②检查交通疏解是否设置标识、标牌、警示灯、限载、限速等；

③检查施工现场扬尘、噪声、泥浆、污水是否采取措施，“八牌两图”、标志、标牌等是否设置且合理；

④检查材料存放、布置、使用、回收等管理情况；

⑤检查治安管理的制度、视频监控、门禁系统、责任划分是否落实；

⑥检查现场围挡是否符合标准化要求；

⑦检查封闭管理是否符合规定；

⑧检查现场办公与住宿布置、管理是否符合要求；

⑨检查现场标志是否齐全规范；

⑩检查生活设施的设置、卫生、制度、安全等是否符合要求；

⑪检查保健急救设施、器材、人员、教育、演练等情况；

⑪检查环境保护的措施、制度、管理情况。

（22）消防安全隐患排查。

①检查消防管理制度、现场构件是否符合相关要求；

②检查消防设施与器材的配备、种类、供水等是否符号要求；

③检查施工现场易燃物品管理的储存、使用、措施等是否符合规定；

④检查动火管理的手续、器材、监管等是否符合要求；
⑤检查应急措施如通道、照明、队伍、培训、交底、演练等情况；
⑥检查临时设施防火是否符合相关要求；
⑦检查防护责任如人员、培训、交底、责任制、责任人等；
⑧检查防火标志及消防资料是否符合要求。
(23) 汛期安全隐患排查。
①检查方案、预案的审批情况；
②检查防汛措施的落实情况；
③检查防汛设备、物资的有效性、台账等；
④检查组织机构的建立、分工、制度、队伍等情况；
⑤检查汛情风险分析情况；
⑥检查培训、演练情况。
(24) 冬期施工隐患排查。
①检查施工方案、预案的审批、落实情况；
②检查基础工程施工是否符合要求；
③检查砌体工程是否符合规范要求；
④检查钢筋工程是否符合规范要求；
⑤检查混凝土工程施工是否符合规范要求；
⑥检查装饰装修工程施工是否符合规范要求；
⑦检查钢结构施工是否符合规范要求；
⑧检查管线保温、材料保温及安全教育等情况。
(25) 特殊气候施工安全隐患排查。
①检查人员值班、巡查情况及防护用品的配备情况；
②检查特殊气候预警的防范措施及管理程序；
③检查暴雨及地质灾害防范措施是否到位；
④检查大风防范措施是否到位；
⑤检查雷电防范措施是否到位；
⑥检查低温、冰雹（雪）、大雾等的防范措施是否到位；
⑦检查应急管理的预案、物资、人员、制度情况。

9.4 施工控制要点

施工中存在的隐患类型较多，隐患存在于施工的各个工序中，从各个工法去控制隐患发生效果较好，工作中要抓住其特点而制定隐患控制工作的实施重点。

9.4.1 明挖法（盖挖）隐患控制要点

1. 钻孔桩（围护结构）施工隐患控制要点

(1) 钻机就位后，对钻机及其配套设备，应进行全面检查，如卷扬机、钢丝绳、吊车、钻具、泥浆泵、水泵及电气设备等是否完好正常。

(2) 钻机安设必须平稳、牢固，钻架应加设斜撑或缆风绳。

(3) 采用液压电动反循环机钻孔前，应随时检查液压油、润滑油情况，注满油料后，旋塞要拧紧，关严；钻机皮带转动部分，不得外露；所使用的电气线路必须是橡胶防水电缆。

(4) 各类钻机在作业中，应由本机或机管负责人指定的操作人员操作，其他人不得登机；操作人员在当班中，不得擅自离岗。

(5) 每次拆换钻杆或钻具时，要迅速快捷，保证连接牢靠；严防工具、铁件及螺帽等掉入孔内，应在孔口加设防护罩。

(6) 采用冲击钻孔时，选用的钻锥、卷扬机和钢丝绳的损伤情况，当断丝已超过5%时，必须立即更换。

(7) 钢丝绳与钻具连接的夹子数，应按等强度安装。

(8) 卷扬机套筒上的钢丝绳应排列整齐。

(9) 卷扬机在卷扬钢丝绳操作时，严禁作业人员在其上面跨越。

(10) 卷扬机卷筒上的钢丝绳，不得全部放完，最少保留3圈，严禁手拉钢丝绳卷绕。

(11) 钻机钻进时，卷扬机变速器的换挡，应事先停车，挂上挡后，方可开车操作。

(12) 使用正、反循环及潜水钻机钻孔时，对电缆线要严格检查。

(13) 当滑移钻台时，应防止挤压电缆线及同水管路。

(14) 作业中，发现电缆破损要立即处理。

(15) 使用潜水钻机钻孔，一般在完成一根钻孔桩时，要检查一次电机的封闭情况；钻进速度应根据地质变化，加以控制。

(16) 钻孔过程中，必须设有专人，按规定指标，保持孔内水位的高度及泥浆的稠度，预防坍孔。

(17) 钻孔使用的泥浆，应设置泥浆循环净化系统，防止对环境的污染。

(18) 钻机停钻，必须将钻头提出孔外，置于钻架上，严禁将钻头停留孔内过久。

(19) 采用冲抓或冲击钻孔，应防止碰撞护筒、孔壁和钩挂护筒底缘；提升时，应缓慢平稳；钻头提升高度应分阶段（按进尺深度）严格控制。

(20) 钻孔中，发生故障需排除时，严禁作业人员下孔内处理故障。

(21) 对于已埋设护筒未开钻或已成桩护筒尚未拔除的，应加设护筒顶盖或铺设安全网遮罩。

2. 人工挖孔桩（围护结构）施工隐患控制要点

(1) 挖孔灌注桩应在无水或少水的密实土层或岩层中，按设计挖孔浇筑；挖孔较深或有渗水时，必须采取孔壁支护及排水、降水等措施，严防坍孔。

(2) 人工挖孔时对孔壁的稳定及吊具设备等应经常检查。

(3) 孔顶出土机具应有专人管理，并设置高出地面的围挡。

(4) 孔口不得堆积土渣及工具。

(5) 作业人员的上下应设常备的梯子。

(6) 夜间挖孔作业应悬挂示警红灯。

(7) 挖孔作业暂停时孔口应设置罩盖及标志。

(8) 所用电器设备必须装设漏电保护装置，孔内照明应使用36V电压的灯具。

(9) 起吊设备必须有限位器、防脱钩器等装置。

(10) 孔内挖土人员的头顶部应设置护盖。

(11) 取土吊斗升降时，挖土人员应在护盖下面工作。

(12) 相邻两孔中，一孔进行浇注混凝土作业时，另一孔的挖孔人员应停止作业，撤出井孔。

(13) 人工挖孔除应经常检查孔内的气体情况外，还要遵守下列规定：

1) 挖孔人员下孔作业前应先用鼓风机将孔内空气排出更换；

2) 二氧化碳气体含量超过0.3%时应采取通风措施；对含量虽不超过规定，但作业员有呼吸不适感觉时，亦应采取通风或换班作业等措施；

3) 空气污染超过三级标准浓度值时，如没有安全可靠的措施不得采取人工挖孔作业。

注：空气污染物三级标准浓度限值 (mg/m^3)：日平均（任何一日的平均浓度），总悬浮微粒应低于0.50，飘尘应低于0.25，二氧化硫应低于0.25，氮氧化物应低于0.15，一氧化碳应低于0.70，氮氧化物应低于0.30，一氧化碳应低于20.00。

(14) 人工挖孔超过10m深时应采用机械通风，并必须有足够保证安全的支护设施及常备的安全梯道。

(15) 挖孔桩需要嵌岩或孔内有岩层需要爆破时应采取浅眼爆破法，严格控制炸药用量，并按爆破安全规程的规定，一丝不苟地组织好爆破作业。

(16) 人工挖桩孔采用混凝土护壁时，每挖深1m（土质不好还应适当减少），应立即浇注护壁，护壁厚度不小于10cm。

(17) 人工挖孔采用混凝土护壁时应对护壁进行验收，第一圈护壁要做成沿口圈，沿口宽度要大于护壁外径300mm，口沿处要高出地面100mm以上，孔内护壁应满足强度要求，孔底末端护壁应有可靠防滑壁措施。

(18) 在较好土层人工挖扩桩孔不采用混凝土护壁时，必须使用工具式的安全防护笼进行施工，防护笼每节长度不超过2m，防护笼总长度要达到扩孔交界处，孔口必须做沿口混凝土护圈。

(19) 挖出的土方应随出随运，暂时不能运走的应堆放在孔口边1m以外处，且堆土高度不得超过1m。

(20) 凡孔内有人作业时，3m以内不得有机动车辆行驶或停放.

(21) 孔内人员作业时，孔上必须有监护人员，并要随时与孔下人员保持联系，不得擅自撤离岗位；孔上监护工作人员应随时注意孔壁变化及孔底施工情况，发现异常时应立即协助孔内人员撤离，并向有关人员汇报发现的真实情况。

3. 地下连续墙施工隐患控制要点

(1) 导墙施工隐患控制。

1) 施工前应平整场地，清除障碍物，测放出导墙位置；

2) 根据施工场地的地质条件、地下水位以及施工荷载、挖槽方法、地下障碍物等具体情况确定墙的结构形式；

3) 导墙脚应坐落于原状土层上，导墙混凝土要对称浇筑，强度达到70%后方可拆模，导墙内墙面垂直，导墙顶面保持水平；

4) 其养护期间严禁重型机械在导墙附近行走、停置或作业；

5）拆模后应立即在两片导墙间按一定间距加设支撑，防止导墙产生位移。

（2）槽壁稳定性控制。

1）地下水头控制：成槽时的槽段内泥浆液面应高出地下水位1.5m左右才能有效控制地下水头，如局部高差不足时，可采取增大泥浆比重的措施，或者采取降水的措施；

2）泥浆制作质量控制：

①泥浆选用环保型泥浆，泥浆搅拌严格按照操作规程和配合比要求进行，新拌制的泥浆应在槽中存放24h以上，并不断地用泵搅拌，使膨胀土充分水化后方可使用；

②在成槽施工中泥浆会受到各种因素的影响而降低质量，为确保护壁效果，应对槽段被置换后的泥浆进行分离净化处理，符合标准后方可使用，对不符合要求的泥浆进行处置，直至各项指标符合要求后再使用；

③对严重水泥污染及超比重的泥浆作废浆处理，用密闭车辆运到指定地点，不得污染环境；

④施工期间严格控制泥浆液体，保证槽内泥浆液位必须高于地下水位1.5m以上，而且不低于导墙顶面0.5m；在容易产生泥浆渗漏时，应及时堵漏和补浆，使槽内泥浆液面保持正常高度。

（3）成槽施工隐患控制。

1）成槽机垂直度控制：

①成槽过程中利用成槽机的显示仪进行垂直度跟踪观测，做到随挖随纠，达到设计的垂直度要求；

②合理安排每个槽段中的挖槽顺序，使抓斗两侧的阻力均衡；

③消除成槽设备的垂直度偏差，根据成槽机的仪表控制垂直度；

④成槽结束后利用超声波检测仪检测垂直度，如发现垂直度没有达到设计和规范要求，及时进行修正；

⑤铣槽机成槽必须在现场质检员的监督下，由机组负责人指挥，严格按照设计槽孔偏差控制液压铣铣头下放位置，将液压铣铣头中心线对正槽孔中心线，缓慢下放液压铣铣头施工成槽。

2）成槽控制：挖槽过程中抓斗出入槽应慢速、稳当，根据成槽机仪表及实测的垂直度及时纠偏。

3）槽深测量及控制：

①挖槽时应做好施工记录，详细记录槽段定位、槽深、槽宽等，若发生问题，及时分析原因，妥善处理；

②槽段挖至设计高程后应及时检查槽位、槽深、槽宽等，合格后方可进行清底；

③成槽过程中利用成槽机的显示仪进行槽深跟踪观测，做到随挖随纠，达到设计要求；

④槽深采用标定好的测绳测量，每幅根据其宽度测2～3点，同时根据导墙标高控制挖槽的深度，以保证设计深度；

⑤清底应自底部抽吸并及时补浆，清底后的槽底泥浆比重不应大于1.2，沉淀物淤积厚度不应大于100mm。

4）导墙拐角部位控制：在导墙拐角处根据所用的挖槽机械端面形状相应延伸出去

20cm，以免成槽断面不足。

（4）地下连续墙渗漏水控制。

1）地下连续墙的清底工作应彻底，清底时严格控制每斗的进尺量不超过15cm，以便将槽底泥块清除干净，防止泥块在砼中形成夹心现象，引起地下连续墙漏水；

2）槽段接头段应具有良好的抗渗性和整体性，接头处不允许有夹泥，施工时必须用特制接头刷，上下刷除多次直到接头无泥为止；

3）严格泥浆的管理，对比重、黏度、含砂率超标的泥浆应坚决废弃，防止因泥浆引起的砼浇筑时混凝土面高差过小而造成的夹层现象；

4）确保混凝土质量满足设计要求，砼浇筑时严格控制导管埋入混凝土中的深度，作好混凝土浇筑记录，绝对不允许发生导管拔空现象，防止混凝土导管拔出混凝土面而出现混凝土断层夹泥的现象；如出现拔空导管时，应立即测量混凝土面标高，将混凝土面上的淤泥吸清，然后重新开管浇筑混凝土，开管后应将导管向下插入原混凝土面下1m以上。

5）如开挖后发现有渗漏现象，应立即进行堵漏，可视其漏水程度不同采取相应措施：

① 在有微量漏水时，可采用双快水泥进行修补；

② 漏水较严重时，可用双快水泥进行封堵，同时用软管引流，等水泥硬化后从引流管中注入化学浆液止水堵漏，进行化学注浆；

③ 对较大渗漏情况，有可能产生大量土砂漏入时，先将漏点用土或快速水泥反压，防止大量砂子渗出，同时在地下连续墙的背面采用双液注浆（水玻璃和水泥）处理。

（5）钢筋笼吊装隐患控制。

1）每台钢筋笼吊装机械设备必须按规定配置齐全有效的各种安全保护装置，按要求办理验收证和检测合格证；

2）作业前必须对施工人员进行安全技术教育和安全技术交底，确保每个施工人员了解所操作的机械性能和本岗位的安全技术操作规程，必须持证上岗；

3）启动前必须重点检查各安全装置是否齐全可靠；钢丝绳及连接部件是否符合规定；燃油、润滑油、冷却水等是否充足；各连接部件有无松动；

4）起重机械的操作人员和指挥人员必须密切配合，指挥人员必须熟悉所指挥起重机的性能，操作人员应严格执行指挥人员信号；

5）起重机械的安全保护装置，必须齐全完整，灵敏可靠，不得随意调整和拆除，严禁用限位装置代替操纵机构进行停机；

6）起重作业时重物下方不得有人员停留或通过，严禁用起重机吊运人员；

7）起重机械不得靠近架空输电线路作业，如限于现场条件必须在线路旁作业时，应采取排架等安全保护措施，确保起重机与架空输电导线的安全距离；

8）起重机工作时，必须有平坦坚实的地面，如地面松软，应夯实后用枕木横向垫于履带下方。起重机工作、行驶或停放时，应与基坑保持距离，不得停放在边缘上；

9）吊运前应仔细检查钢筋笼各吊点，检查钢筋笼的焊接质量是否可靠，吊索具是否符合规范，严禁使用非标、不合格吊索具；

10）双机抬吊钢筋笼时两人指挥时必须有一人作总指挥，指挥统一，起重驾驶员必须严格听从指挥，不准擅自启动任何行走、回转动作；

11）合理安排双机吊点，辅机应随主机变化及时做好配合工作。

4. 基坑开挖施工隐患控制要点

（1）基坑开挖的方法、顺序以及支撑结构的安设，均应按照施工组织设计中的规定进行。

（2）开挖较大较深和地质水文复杂的基坑必须制定详细的施工方案和安全措施方案。

（3）开挖基坑时，要指派专人检查对邻近建（构）筑物或临时设施的安全，并留有检查记录，如有影响或不安全时，应采取安全防护措施后才能开挖。

（4）基坑深度超过1.5m时，为便利上下必须挖设专用坡道或铺设跳板，其宽度应超过60cm，深狭沟槽应设靠梯或软梯，禁止脚踏固壁支撑上下。

（5）开挖基坑时，要根据土壤、水文等情况，按规定的边坡坡度分层下挖，严禁局部深挖、掏洞开挖；基坑深度超过1.5m，不加支撑时应按要求进行放。

（6）如施工地区狭小或受其他条件限制，不能按标准放坡时，应采取固壁支撑措施，支撑方法应根据土质和施工具体情况事先做好施工设计。

（7）基坑、井坑开挖过程中，必须随时检查坑壁边坡有无裂缝和坍塌现象（特别是雨后和解冻时期），如果发现边坡有裂缝、疏松或支撑有折断、走动等危险先兆，应立即采取措施。

（8）在雨季、地下水及流沙地区挖土时，必须视具体情况增加坡度或加固支撑。

（9）要注意有关基坑边缘停放机械、堆土、堆料的有关规定进行放置。

（10）基坑边缘有表面水时，应采取截流措施，开挖排水沟或排水槽，不得使水流沿基坑边缘留下。

（11）在有大量地下水流的情况下进行挖基时，应配足抽水机具，施工人员应穿胶鞋，并设置出入基坑的安全通道，以防意外。

（12）采取挖土机械开挖基坑，坑内不得有人作业，必须留人在坑内操作时，挖土机械应暂停作业。

（13）挖掘机等机械在坑顶进行挖基出土作业时，机身距坑边的安全距离应视基坑深度、坡度、土质情况而定，一般应不小于1m。

（14）采用吊斗、扒杆或皮带运输机出土时，应检查吊斗绳索、挂钩、机具等是否完好牢固。

（15）向斗内装土时，不得超出斗缘。

（16）吊斗升降时，下面不得站人；坑内作业人员应躲离吊斗升降移动作业范围以外；吊斗不使用时，应及时摘下，不得悬挂。

（17）开挖基坑的人员不得在坑壁下休息。

（18）基坑开挖中，遇到有流砂、涌水、涌砂及基坑边坡不稳定现象发生时，应立即采取防护加固措施。

（19）基坑需机械排水开挖时，抽水机机管等要安放牢靠，并须配备足够的抽排水设备。

（20）基坑开挖需要爆破，应按国家现行的爆破安全规程办理：

1）使用电钻机钻眼时，认真检查手柄胶套和防止电缆脱落的装置是否良好；

2）电钻钻工必须戴绝缘手套、穿绝缘鞋，同时电气供电箱内要安装漏电保护器；

3）爆破人员必须是经公安机关培训发证的爆破工；

4）爆破器材加工必须在专用加工房里进行，严禁在加工房以外任何地方加工爆破器材；

5）加工好的爆破器材运到装炮点后，应分别放在安全地点，防止其他物件倾倒被砸；

6）爆破作业必须统一组织指挥，在炸药雷管的运进、装药和起爆、检查、瞎炮处理一条龙工作中必须确定一名合格的、经验丰富的人员，确保每次爆破的安全；

7）实施爆破前，所有人员必须撤离起爆现场；在通往爆破危险点的道路上应设旗手，阻止爆破作业期间的交通；在爆破前和爆破结束时都要发出声响警告信号；

8）通过安全教育和班组活动，解读安全警告标志和声响警告信号，使全体员工都能听懂、看懂、熟知、记牢、遵守。

9）哑炮的安全处理：

①起爆结束后，立即把起爆线与起爆器断开，然后全面搜索、清理现场，对未起爆的炸药进行全部线路搜寻，如有瞎炮立即做好标识，通知爆破安全监督人员；

②发现哑炮存在，应指派原装药爆破工专人处理，必要的人员协助，其他工作一律停止，人员、设备撤离现场；

③在所有哑炮未重新起爆前，未经授权人批准，任何人不准进入瞎炮处理现场，瞎炮处理区不允许进行任何工作。

（21）寒冷地区采用冻结法开挖基坑时，应根据地质、水文、气温等情况，分层冻结，逐层开挖。

5. 基坑降水控制要点

（1）收集工程地质、水文地质勘测资料，制定施工降排水方案，确定施工降排水方法、机具选型及数量。

（2）降排水施工必须采取有效的措施，控制施工降排水对周围构筑物和环境的不良影响。

（3）基坑降水应编制降水运行方案及应急措施，经审批后实施。

（4）基坑降水应遵循分层降水、按需降水、动态调整的原则进行，并根据不同部位、不同阶段、不同情况、实际降水效果分阶段提交降水分析报告，提出建议和意见。

（5）降水必须与基坑开挖协调配合。

（6）降水应根据工程开挖范围、开挖深度确定降水井的启动数量及降水标高，并根据监测结果适时调整。

（7）降水运行时应随时巡查。

（8）当基坑周边出现建筑物不均匀沉降、地下管线变形较大、地面开裂塌陷等异常情况时，应停止大量降水，采取维持性降水，立即分析原因，采取措施，排除隐患，确保施工安全。

6. 钢支撑施工控制要点

（1）钢支撑在开挖到设计位置后立即安装，并按设计要求施加预加应力。

（2）钢支撑安装时，在围檩上标出支撑点位置并进行清理、平整，使支撑端部与周围结构垂直密贴、受力均匀，并在端部采取固定支托措施，防止支撑滑落。

（3）在挖土或吊安下一道钢支撑时，防止撞击已安装好的支撑。

（4）钢支撑拆除前，经技术人员同意，由专人组织拆除，拆除过程中采取支护、降落等可靠措施，并由安全员进行检查。

（5）千斤顶预加轴力必须对称同步，以平衡横撑自重下落的可能和初期开挖预放的初应变。

（6）预加轴力完成后，活动头滑移槽采用钢板楔块塞紧，并焊接固定，防止泵出松动。

（7）第一次预加应力后12小时观测预应力损失及墙体位移，并复加预应力至设计值。

（8）由于温差过大导致钢支撑预应力损失时，立即在当天低温段复加应力至设计值。

（9）钢管横撑的设置时间必须严格按设计工况条件掌握，土方开挖时应分段分层，严格控制安装横撑所需的基坑开挖深度。

（10）所有支撑连接处，均应垫紧贴密，防止钢管支撑偏心受压。

（11）端头斜撑处钢围檩及支撑头，必须严格按设计尺寸和角度加工焊接、安装，保证支撑为轴心受力。

（12）使用螺栓拼接钢支撑，必须穿向一致，两次旋紧，螺栓外露不得少于二牙。

（13）钢支撑的施工要求紧随挖土的施工作业，随挖随撑，无支撑的暴露时间控制在12小时之内，必须遵循先撑后挖的施工原则，严禁无撑开挖。

（14）在开挖前需备好合格的带活络接头的支撑、支撑配件、施加支撑预应力的油泵装置等安装支撑所必需的器材，严防需要安装支撑时，因缺少支撑条件而延搁支撑时间。

（15）地面上有专人负责按设计长度配置钢支撑，然后用吊车吊运至基坑作业面开始拼装，以保证支撑长度适当、支撑轴线偏差小于±30mm。

（16）为确保基坑开挖过程中的支撑架设速度，对施加预应力的油泵装置要经常检查，使之运行正常。

（17）所量预应力值准确，每根支撑施加的预应力值要记录备查。

（18）支撑安装的过程中，电焊工作量较大，因此要求所有钢支撑的电焊焊缝表面焊缝饱满，不准有气孔、夹渣、裂纹、肉瘤等现象，每道工序完成后，必须清渣自检，并进行验收。

（19）钢支撑和机具进场后，派专人进行验收和检查，发现有不符合要求的，一律作退场处理。

7. 锚杆（索）施工隐患控制要点

（1）锚杆材质检查：确保每批锚杆材料均附有生产厂商的质量证明书，并按施工图纸规定的材质标准以及监理工程师指示抽检锚杆性能。

（2）注浆密实度试验：选取与现场锚杆的锚杆直径和长度、锚孔孔径和倾斜度相同的锚杆，采用与现场注浆相同的材料和配合比拌制的砂浆，并按与现场施工相同的注浆工艺进行注浆，养护7天后剖管检查其密实度。

（3）拉拔力试验：按设计要求对边坡支护锚杆，按作业分区在每300根锚杆中抽查三根进行拉拔力试验；如锚杆抗拔力达不到设计值，采用扩大钻孔直径，增大早强砂浆与围岩接触面积加以解决。

（4）施工过程中，对锚杆孔的钻孔规格（孔位、孔径、孔深和倾斜度）进行自检，做好记录，监理工程师进行抽验。

（5）现场进行各项试验和检查，并将各项试验记录和成果以及验收报告经监理工程师验收，在签认合格后作为支护工程完工验收的资料。

（6）锚杆防腐蚀控制：要求对腐蚀环境进行充分的调查，防腐方法必须适应使用目的，对锚头、自由段和锚固段应分别对待，规定永久性锚杆必须进行双层防腐，当腐蚀环境特别严重时，临时锚杆也应采用双重防腐。

（7）预应力锚杆防护要求：

1）预应力锚杆的锚固段灌浆体宜选用水泥浆或水泥砂浆，其抗压强度不宜低于 30MPa；压力分散型锚杆锚固段灌浆体抗压强度不宜低于 40MPa；

2）锚固段内的预应力筋每隔 1.5～2.0 m 应设置隔离架；

3）永久性的拉力型或拉力分散型锚杆锚固段内的预应力筋宜外套波纹管，预应力筋的保护层厚度不应小于 20 mm；临时性锚杆预应力筋的保护层厚度不应小于 10 mm；

4）自由段内预应力筋宜采用带塑料套管的双重防腐，套管与孔壁间应灌满水泥砂浆或水泥净浆；

5）预应力锚杆体内的绑扎材料不宜采用镀锌材料；

6）灌浆料可采用水灰比 0.45～0.50 的纯水泥浆，也可采用灰砂比为 1∶1，水灰比为 0.45～0.50 的水泥砂浆；

7）当采用自由段带套管的预应力筋时，宜在锚固段长度和自由段长度内采取同步灌浆；

8）当采用自由段无套管的预应力筋时，应进行两次灌浆。第一次灌浆时，必须保证锚固段长度内灌满，但浆液不得流入自由段；预应力筋张拉锚固后，应对自由段进行第二次灌浆；

9）永久性预应力锚杆应采用封孔灌浆，应用浆体灌满自由段长度顶部的空隙。

（8）锚杆材料要求：

1）塑料套管材料应具有足够的强度，保证其在加工和安装过程中不致损坏，具有抗水性和化学稳定性，且与水泥砂浆和防腐剂接触无不良反应；

2）隔离架应由钢、塑料或其他对杆体无害的材料组成，不得使用木质隔离架；

3）防腐材料应满足：在锚杆服务年限内，应保持其稳定性；在规定的工作温度内或张拉过程中不得开裂，变脆或成为流体；不得与相邻材料发生反应，应保持其化学稳定性和防水性；不得对锚杆自由段的变形产生任何限制；

4）水泥浆体材料应满足：水泥宜使用普通硅酸盐水泥，必要时可采用抗硫酸盐水泥；不得使用高铝水泥；细骨料应选用粒径小于 2 mm 的中细砂，砂的含泥量按重量计不得大于 3%，砂中所含云母、有机质、硫化物及硫酸盐等有害物质的含量，按重量计不宜大于 1%；

5）混合水中不应含有影响水泥正常凝结与硬化的有害物质，不得使用污水，永久性锚杆不得使用 pH 值小于 4.0 的酸性水和硫酸盐含量按 SO_4 计算不超过水重 1%的水；

。6）水泥浆中氯化物的总含量不得超过水泥重量的 0.1%，一般不宜采用膨胀剂。

8. 土钉墙施工隐患控制要点

（1）土钉支护按设计规定的分层开挖深度按作业顺序施工，在完成上层作业面的土钉与喷混凝土以前，不进行下一层深度的开挖。

（2）当用机械进行土方作业时，严禁边壁出现超挖或造成边壁土体松动。

(3) 基坑边壁采用小型机具或铲锹进行削坡，保证边坡平整并符合设计规定的坡度。

(4) 为防止基坑边坡的裸露土体发生坍陷，对于易塌的土体可采取措施：

1) 对修整后的边壁立即喷上一层薄的砂浆或混凝土，待凝结后再进行钻孔；

2) 在作业面上先构筑钢筋网喷射混凝土面层，而后进行钻孔并设置土钉；

3) 在水平方向上分小段间隔开挖；

4) 先将作业深度上的边壁做成斜坡，待钻孔并设置土钉后再清坡；

5) 在开挖前，沿开挖面垂直击入钢筋或钢管，或注浆加固土体。

(5) 土钉支护是在排除地下水的条件下进行施工，采取恰当的排水措施包括地表排水，支护内部排水，以及基坑排水，避免土体处于饱和状态并减轻作用于面层上的静水压力。

(6) 基坑四周支护范围内的地表进行修整，构筑排水沟和水泥砂浆或混凝土面层，防止地表降水向地下渗透。

(7) 土钉成孔前按设计要求定出孔位并做出标记和编号。

(8) 孔位的允许偏差不大于150mm，钻孔的倾角误差不大于3°，孔径允许偏差5～20mm，孔深允许偏差为－50～200mm。

(9) 成孔过程中做好成孔记录，按土钉编号逐一记录取出的土体特征、成孔质量、事故处理等，以便及时修改土钉的设计参数。

(10) 钻孔后进行清孔检查，对孔中出现的局部渗水塌孔或掉落松土立即处理，成孔后及时安设土钉钢筋并注浆。

(11) 土钉钢筋置入前，设置定位支架，保证钢筋处于钻孔的中心部位，支架沿钉长的间距为2m。

(12) 土钉钢筋置入后采用重力方法注浆填孔，重力注浆以满孔为止，在初凝前补浆1～2次。

(13) 向孔内注入浆体的充盈系数大于1.0。

(14) 注浆用水泥砂浆的水灰比不超过0.40～0.45，浆体搅拌均匀并立即使用。

(15) 砂浆强度用70mm×70mm×70mm立方试件经标准养护后测定，每批至少留3组（每组3块）试件：给出3天和28天强度。

(16) 土钉端部通过其他形式的焊接件与面层相连，事先对焊接强度做出检验。

(17) 在喷射混凝土前，面层内的钢筋网片牢固固定在边壁上并符合规定的保护层厚度要求。

(18) 钢筋网片绑扎而成，网格允许偏差－10～＋10mm，钢筋网铺设时每边的搭接长度应不小于一个网格边长。

(19) 喷射混凝土配合比通过试验确定，粗骨料最大粒径不大于12mm，水灰比不宜大于0.45。

(20) 喷射混凝土的喷射顺序为自下而上，喷头与受喷面距离宜控制在0.80～1.50m范围内，射流方向垂直指向喷射面，防止在钢筋背面出现空隙。

(21) 为保证施工时的喷射混凝土厚度达至规定值，可在边壁面上垂直打入短的钢筋段作为标志。在继续进行下步喷射混凝土作业时，仔细清除预留施工缝接合面上的浮浆层和松敞碎屑，并喷水使之潮湿。

（22）喷射混凝土强度采用边长 100mm 立方试块进行测定，每批至少留取 3 组（每组 3 块）试件。

9.4.2　矿山法隐患控制要点

1. 隧道开挖作业隐患控制要点

（1）根据隧道围岩等级和岩层结构，做好钻爆设计，重点控制好周边眼间距、抵抗线和装药集中度，并严格按钻爆设计尤其要掌握好施钻精度组织施工。

（2）钻孔作业严格控制每一道工序的质量：炮眼眼底位置的控制，保证掏槽眼布置的准确性；布置炮眼时先布置掏槽眼，然后根据地质情况及开挖断面的大小均匀布置辅助眼和周边眼；开挖断面较大时，按上稀下密，适当加眼，中部均匀分布的原则布置辅助眼和周边眼。

（3）初期支护的挖、支、喷三环节必须紧跟，当开挖面稳定时间满足不了初期支护施工时，应采取超前支护或注浆加固措施。

（4）隧道开挖循环进尺根据围岩级别按设计及规范施工。

（5）隧道台阶法施工，应在拱部初期支护结构基本稳定且喷射混凝土达到设计强度的 70%以上时，且满足台阶长度要求后，方可进行下部台阶开挖。

（6）通风口、出入口等横洞与正洞相连或变断面、交叉点等隧道开挖时，应采取加强措施。

（7）每一循环爆破后，采用激光断面仪对开挖轮廓线进行检测，并根据检测结果及时分析爆破效果，调整优化爆破参数，使周边眼炮眼痕迹保存率硬岩达到 80%以上，中硬岩达到 60%以上，爆破轮廓圆顺，尽量减少超过规范的超挖和欠挖情况。

2. 防止隧道塌方控制要点

（1）可通过超前地质预测预报手段，探明前方岩体的地质情况，针对前方岩体的情况，制定合理的施工方法和措施。

（2）当量测信息反应的围岩变形速度或数值超过规定值，加强工作面日常观察，发现隧道初期支护变形、岩层层理、节理缝或裂隙变大、掉块、坑道内渗水和滴水突然加剧等塌方前征兆时，采取增加临时支撑的方法加强支撑，并及时消除塌方隐患。

（3）在施工前和施工中均采取有力的防排水措施，反坡施工地段备足抽排水设备防止工作面积水。

（4）开挖和支护施工的时间尽可能缩短以减少围岩暴露时间。

（5）在爆破时要浅眼、密眼、严格控制装药量或用微差爆破。

（6）围岩破碎地带的支护应保证施工质量，衬砌工作紧跟开挖工作面，并尽快成环。

3. 喷射混凝土施工隐患控制要点

（1）喷射混凝土喷射前要对喷射面进行净空检查，检查要先复核中线及高程，在确保中线高程准确后，用激光断面检测仪检查开挖断面，认真做好记录，只有在确认断面不存在欠挖的情况下方能进行喷射作业。

（2）喷射面的事前处理：

1）为确保喷射作业的安全和喷混凝土与围岩成为一体，要事先把可能落下的浮石等仔细地清除。

2）对围岩表面凸凹显著的部位填平补齐，为防水板的张挂创造良好的条件。

3）设置的金属网、钢筋等必须用混凝土钉、锚栓、锚杆、钢支撑等充分固定好。

4）检查受喷面尺寸、几何形状是否符合设计要求，拆除待喷射面影响喷射作业的障碍物。

（3）喷射混凝土分段、分片自下而上顺序进行。

（4）当岩面有较大坑洼时，先喷凹处找平。

（5）喷嘴与受喷面尽量保持垂直，同时与受喷面保持一定的距离，其距离取0.6～1.0m为宜。

（6）从喷嘴中喷出的混凝土以适当冲击速度，与壁面成直角喷射时，压密性最好。

（7）喷射混凝土分初喷、复喷两次达到设计厚度，单次喷射厚度以材料不剥离、不流失为准；后一层喷射在前层混凝土终凝后进行，新喷射的混凝土按规定洒水养护。

（8）为保证拱架处的喷射混凝土质量，要求先喷拱架背后，然后再喷两拱架间混凝土。

（9）进行喷射混凝土作业，要有良好的通风及照明，确保喷射面的可见度性及作业面空气清新以便能及时观察作业面的质量及厚度。

（10）严格控制喷射混凝土施工配合比，配合比经试验确定，混凝土的各项指标必须满足设计及施工规范要求，混凝土拌合用料的计量精度必须符合规范要求，混凝土喷射层呈湿润光泽状，粘塑性好，无斑或流淌现象。

（11）如发现有脱落的石块或混凝土块被钢筋网架住时，及时清除。

（12）突然断水或断料时，喷头迅速移离受喷面，严禁用高压风或水冲击尚未终凝的混凝土。

4. 拱架加工及安装施工隐患控制要点

（1）拱架宜在工厂加工，拱架第一榀制作好后应试拼，经检验合格后方可进行批量生产。

（2）加工时要求做到尺寸准确、弧形圆顺，允许偏差为：拱架矢高及弧长＋20mm，架长±20mm，断面尺寸允许偏差为＋10mm，扭曲度为20mm。

（3）焊接（或搭接）长度要满足规范要求；焊接成型时，沿拱架两侧对称进行，接头处要求相邻两节轴线一致，连接孔位置要准，以保证连接准确。

（4）拱架加工后要试拼，无扭曲翘曲现象，接头连接要求每榀之间可以互换。

（5）拱架安设于曲线上，安设方向按该点的法线方向；直线地段安设方向与线路中线垂直，上下、左右偏差小于±5cm，倾斜度小于2°。

（6）拱架安装应符合下列规定：

1）基面应坚实并清理干净，必要时应进行预加固；

2）拱架应垂直线路中线，容许偏差为：横向±30mm，纵向±50mm，高程±30mm，垂直度0.5％；

3）钢筋网片与壁面应楔紧，每片钢筋网片节点及相邻格栅纵向必须分别连接牢固，且搭接至少1个网格。

（7）拱架安装：

1）首先中线要准确，掌子面有明显的中线标记，避免拱架安装造成严重的超欠挖现象；

2）安装拱架时与设计支距相比较，差值超过10mm应进行调整（多组总差值均为10mm）；

3）拱架应与隧道中线垂直，现场设交叉十字线控制；

4）隧道土体开挖了一个循环进尺时，应检查开挖断面净空，合格后立即安装拱架，拱架之间要做到上、下主筋、螺栓孔对齐，穿满螺栓并拧紧；

5）各片拱架拼装完并检查无误后，焊接纵向连接筋，纵向连接筋用材按设计要求选用，其环向间距一般为1～1.2m；

6）拱架必须与锚喷支护联合使用，应保证格拱架的保护层厚度；

7）为防止拱架承载下沉，拱架下端应设在稳固的地基上，或设在为扩大承压面的钢板、混凝土垫块上，拱架底脚埋入底板深度不应小于15mm，当有水沟时不应高于水沟底面；

8）开挖下台阶时，为防止拱架拱脚下沉、变形，根据需要在拱脚下可设纵向托梁，把几排拱架连为一整体。

5. 钢筋网片挂设控制要点

（1）钢筋在使用前要清污除锈，现场（或在加工厂）点焊成网片，在围岩表面喷射一层混凝土后挂设，随受喷面起伏铺设，钢筋网与锚杆联结牢固，喷射混凝土时不产生晃动。

（2）钢筋网所采用钢筋型号和网格尺寸必须符合设计要求。

（3）钢筋网铺设前必须进行除锈。

（4）钢筋网片应与锚杆、格栅钢架牢固焊接，网片搭接长度不得少于20cm。

（5）网片铺设时应紧贴支护面，并保持30～50mm的保护层。

（6）钢筋网钢筋间距允许偏差±10mm，钢筋网搭接允许偏差为±15mm。

（7）钢筋网铺设应符合下列规定

1）铺设应平整，并与拱架或锚杆连接牢固；

2）采用双层钢筋网时，应在第一层铺设好后再铺第二层；

3）每层钢筋网片之间应搭接牢固，且搭接长度不应小于200mm。

6. 中空锚杆施工控制要点

（1）开挖后在拱部按设计要求间距打设锚杆，然后压注水泥砂浆，在隧道的拱部形成整体支护结构。

（2）按设计间距在隧道拱部标出锚杆位置，先清理钻头、锚杆孔中异物，然后将钻头安装在锚杆一端，再将凿岩机以套管连接在另一端。

（3）将锚杆的钻头对准拱部标出的锚杆位置孔位，对凿岩机供风供水，开始钻进，钻进应以多回转、少冲击的原则进行，以免钻渣堵塞凿岩机的水孔；钻至设计深度后，用水或高压风清孔，确认畅通后卸下钻杆连接套，保持锚杆的外露长度为10～15cm。

（4）锚杆注浆采用专用锚杆注浆机。为了保证注浆不停顿地进行，注浆前认真检查注浆泵的状况是否良好，配件是否备齐，制浆的原材料是否备齐，质量是否合格等。

（5）每根锚杆必须一次性注浆到位；一根锚杆完成后，迅速卸下注浆软管和锚杆接头，清洗后移至下一根锚杆使用。

（6）若停泵时间较长，则在下根锚杆注浆前放掉注浆管内残留的灰浆；注浆过程中，每次移位前应及时清洗快速接头，以保证注浆连续进行。

（7）锚杆孔径符合设计要求，孔深大于锚杆长度的10cm，孔距允许偏差±15cm，锚杆插入长度不小于设计长度的95%。

7. 超前小导管施工控制要点

（1）注浆时由拱两边对称向拱顶进行，自下而上逐孔注浆，如有窜浆或跑浆时，采用间隔注浆，最后全部完成注浆。注浆结束后，拆除注浆接头，并迅速用水泥药卷封堵注浆管口，以防止未凝固浆液外流。

（2）水泥浆使用水泥净浆搅拌器造浆，用注浆泵注浆，孔口混合器全孔一次压注；注浆顺序：先注无水孔，后注有水孔；先注小水孔，后注大水孔。

（3）严格控制注浆配合比及凝胶时间，初选配合比后，用凝胶时间控制调整浆液配合比，并测定凝结体的强度，选定最佳浆液配合比。

（4）注浆过程中应根据地质、注浆目的等控制注浆压力。

（5）注浆结束后应检查其效果，不合格者应补浆；注浆浆液达到设计强度后方可进行开挖。

（6）注浆浆液宜采用水泥或水泥砂浆，其水泥浆的水灰比为0.5～1，水泥砂浆配合比为1∶0.5～1∶3。

（7）注浆浆液必须充满钢管及周围的空隙并密实，其注浆量和压力应根据实验确定。

（8）注浆施工期间应对地下水取样检查，如有污染应采取措施。

（9）注浆过程中浆液不得溢出地面及超出有效注浆范围。

（10）注浆过程中，专人记录注浆情况，并根据实际情况加以调整注浆压力与注浆速度，以确保注浆的效果。

（11）在隧道开挖后可检查注浆体固结厚度，如达不到设计要求时，调整注浆参数和改善注浆施工工艺。

8. 砂浆锚杆（锁脚锚杆）施工控制要点

（1）采用砂浆锚杆时，根据设计要求截取杆体并整直和除锈，在杆体外露端加工成螺纹，以便安装垫块及螺母，在杆体每隔1m设隔离件，以使杆体在孔内居中，保证有足够的保护层。

（2）锚杆注浆前先做好材料、机具、脚手平台和场地准备工作，注浆材料使用标号不小于32.5级水泥，粒径小于3mm的砂子，水灰比为0.4～0.45。

（3）注浆前检查排气管，当确认注浆管畅通时即可注浆，注浆时正常情况下有气体排出，当排气管不排气或溢出稀浆时即可停止注浆；水泥砂浆达到强度后安装垫板并拧紧螺帽。

（4）锚杆清孔后立即安装锚杆，用注浆机将水泥砂浆注入锚孔，对于向下的锚杆，将注浆管插入孔底，随后边注浆边向外拔注浆管，直到注满为止。

（5）边墙和底部砂浆锚杆作业程序是：先注浆，后放锚杆。

（6）对于向上和水平的锚杆，密封孔口后采用排气注浆法，将内径4～5mm、壁厚1～1.5mm的软塑料排气管沿锚杆全长固定于杆体上，并在孔外留1m左右的富余长度；将锚杆缓慢送入孔中至设计位置；将长250～300mm、外径25mm左右的薄壁钢管用早强或超早强水泥固定在孔口位置并将孔口堵密。

(7) 压注浆时，密切注视压力表，发现压力过高，立即停风，排除堵塞。

(8) 锚杆孔中需注满砂浆，发现不满时需拔出锚杆重新注浆。

(9) 注浆管不准对人放置，注浆管在未打开阀门前，不准搬动，关启密封盖，防止高压喷出物射击伤人。

(10) 用掺速凝剂砂浆时，一次拌制砂浆数量不应多于3个孔，以免时间过长，使砂浆在泵管中凝结。

9. 防排水施工控制要点

(1) 测量隧道坑道开挖断面，对欠挖部位加以凿除，对喷射混凝土表面凹凸显著部位应分层喷射找平，外露的锚头及钢筋网应齐根切除，并用水泥砂浆抹平。

(2) 在张挂防水板前，将凹凸不平的围岩表面通过喷混凝土“填平补齐”。防水施工后组装钢筋和灌注混凝土时，要注意不要损伤防水板：

1) 施工期应对喷混凝土面的极端的凹凸部分、锚杆的头部及集中涌水地点的导水等进行适当的处理；

2) 安装防水板时应确保与既有防水板的接合和与基底的密贴；

3) 防水板的作业台架和设备，应根据安全性、施工性等采用合适的机具；

4) 衬砌作业时要特别注意不使防水板发生破损；

5) 破损部分修复完整，在特殊部位（富水区、阴阳角）铺设双层防水板。

(3) 防水板应在初期支护基本稳定并经验收合格后进行铺设。防水板应从喷混凝土面的下方顺次张挂。张挂时，应确保有一定的富余长度。即防水板的长度应比围岩或喷混凝土的轮廓线长度大10%以上。

(4) 防水层铺设超前二次衬砌施工1～2个衬砌段长度，并设置临时挡板防止机械损伤和电火花灼伤防水板，同时与开挖掌子面保持一定的安全距离，预留甩头的卷材应保留隔离膜，并采取妥善的临时保护措施，在后续施工时，揭除隔离膜后进行卷材粘结。

(5) 防水板采用防水板铺挂作业台车施工，防水板铺挂作业台车采用型钢焊制而成，台车上配备不同高度的作业平台，能达到隧道周边任一部位。台车上配备辐射状的防水板支撑系统。台车上配备提升（成卷）防水板的卷扬机和铺放防水板的设施。

(6) 根据实际情况下料，进行精确放样后，弹出标准线进行试铺后确定防水板一环的尺寸，尽量减少接头。按基准线铺设防水板；用防水板材专用塑料垫和钢钉把缓冲层（土工布）固定在基面上，应用热熔垫圈固定塑料防水板，最终形成无钉孔铺设的防水层。

(7) 在清理好的基面上铺设固定土工布垫层。

(8) 在喷射混凝土隧道拱顶部标出隧道纵向的中心线，再使裁剪好土工布垫层中心线与喷射混凝土上的标志相重合，从拱顶部开始向两侧下垂铺设，用射钉固定垫片将土工布固定在喷射混凝土面上。水泥钉长度不得小于50mm，平均拱顶3～4个/m^2，边墙2～3个/m^2。

(9) 铺设固定防水板：先在隧道拱顶部的土工布上标出隧道纵向的中心线，再使防水卷材的横向中心线与这一标志相重合，将拱顶部的防水卷材与热融衬垫片焊接，再像土工布垫层一样从拱顶开始向两侧下垂铺设，边铺边与热融衬垫焊接。铺设时要注意与土工布密贴，并不得拉得太紧，一定要留出余量。

10. 变形缝和施工缝防水施工控制要点

（1）钢边橡胶止水带中间与施工缝重合，止水带固定在挡头模板上，先安装一端，浇筑混凝土时另一端用箱形模板保护，固定时只能在止水带的允许的部位上穿孔打洞，不得损坏止水带本体部分。

（2）固定止水带时，防止止水带偏移，以免单侧缩短，影响止水效果。

（3）止水带定位时，使其在界面部位保持平展，不得使其翻滚、扭结，有扭结现象及时进行调正。

（4）中埋式止水带、背贴止水带材料和尺寸应符合设计要求。

（5）在先浇端的主筋上焊接悬臂筋固定挡头板和外侧止水带，止水带置于挡头板中间，挡头板用方木和钢筋固定且位于垂直于轴线方向的同一平面上。在主筋上焊止水带钢筋夹，用铁丝和钢筋将止水带与钢筋夹固定。

（6）止水条安装注意安装的位置及外露尺寸。

（7）止水带安设采用安设钢筋卡工艺施工。

（8）止水带安装尽量避免接头，如确需接头，用粘结法连接。接头部位选在二次衬砌结构应力较小的部位，并避开容易形成壁后积水的部位，留设在起拱线上下。止水带粘接前做好接头表面的清刷与打毛，采用热硫化连接的方法，搭接长度不得小于10cm，焊缝宽度不小于50mm。

（9）嵌缝密封胶施工前将基面清理干净，要求基面干燥，将嵌缝密封胶装入密封胶专用管中，用施胶枪将胶直接挤入缝内压平，发现起泡应及时修补。

11. 二次衬砌混凝土施工隐患控制要点

（1）衬砌混凝土在运送过程中，采用混凝土运输车进行运输，以防止漏浆和发生离析。

（2）衬砌混凝土浇筑前清除模板内泥土、混凝土残渣等杂物，并对预埋件、预留洞和模板支设情况进行检查，符合要求后方可进行施工。

（3）混凝土宜采用输送泵输送，坍落度应为：墙体100～150mm，拱部160～210mm；振捣不得触及防水层、钢筋、预埋件和模板。

（4）衬砌混凝土浇筑时，自由倾落高度不得超过2m，超过2m时必须在模板上开设工作窗口，由工作窗口浇筑混凝土。

（5）衬砌混凝土应连续进行浇筑，因故必须间歇时，其允许间歇时间不应超过规范规定。

（6）边墙和仰拱的灌注缝，是隧道结构上的弱点，施工时要清扫喷混凝土面，清除回弹物。

（7）混凝土强度达到2.5MPa时方可拆模。

12. 二衬背后注浆施工控制要点

（1）注浆材料应符合下列要求：

1）具有较好的可注性；

2）具有固结收缩小，良好的粘结性、抗渗性、耐久性和化学稳定性；

3）无毒并对环境污染小；

4）注浆工艺简单，施工操作方便，安全可靠。

(2) 在砂卵石层中宜采用渗透注浆法；在砂层中宜采用劈裂注浆法；在黏土层中宜采用劈裂或电动硅化注浆法；在淤泥质软土中宜采用高压喷射注浆法。

(3) 二衬背后注浆宜采用水泥浆液、水泥砂浆或掺有石灰、黏土、粉煤灰等水泥浆液。

(4) 根据工程地质、注浆目的等控制注浆压力。

(5) 二衬背后注浆应在衬砌混凝土达到设计强度的70%后进行，衬砌后围岩注浆应在充填注浆固结体达到设计强度的70%后进行。

(6) 注浆不得溢出地面和超出有效注浆范围，地面注浆结束后注浆孔应封填密实。

(7) 注浆范围和建筑物的水平距离很近时，应加强对邻近建筑物和地下埋设物的现场监控。

(8) 注浆点距离饮用水源或公共水域较近时，注浆施工如有污染应及时采取相应措施。

9.4.3 盾构法隐患控制要点

1. 盾构机的组装与拆除隐患控制要点

(1) 盾构组装与拆卸必须由持相应资质的单位负责。

(2) 组装与拆卸人员应严格按照工序操作，高处作业应执行现行行业标准《建筑施工高处作业安全技术规范》JGJ 80 规定；现场吊装时，应执行现行国家标准《起重机械安全规程》GB 6067.1 和《起重吊运指挥信号》GB 5082，两次以上的接力指挥必须清楚准确。

(3) 盾构机的组装符合以下安全要求：

1) 起重吊装应编制专项安全施工方案，并严格按方案实施；

2) 现场重要部位焊接必须在5℃以上施焊。焊接人员要有相应资质，按焊接技术要求施焊。吊耳等重要焊接部位应由第三方出具检验合格证明；

3) 高强螺栓应按设计值预紧，以保证安装质量；

4) 液压系统高压耐压现场试验应采取逐级升压的方法，在升压过程中发现渗漏及时处理，高压试验过程中，与工作无关人员不得入场；

5) 现场组装过程中，须对入仓、检查孔等部位进行密封性检查，以防掘进中漏水；

6) 确保蓄能器、盾构设备连锁装置、安全装置工作正常，齐全有效；

7) 盾构现场组装完成后，必须试运行，并经专业技术人员与建设各方联合验收合格后方可使用。

2. 衬砌块临时贮存隐患控制要点

(1) 衬砌块临时贮存场地应满足其承载要求，如不能满足必须硬化处理。贮存场地应适当加高，且场地周边应有排水沟等防雨设施，避免场地内积水。

(2) 衬砌块临时贮存时，应放置在钢制基座或硬质道木上，堆放高度宜控制在三层以内；衬砌块的上下垫木必须在同一垂直线上。

(3) 衬砌块临时贮存的纵距、横距应留有不小于1m的安全通道，通道上不准堆放任何物品，保持通道的畅通。

(4) 胶水、橡胶止水条等易燃物必须单独存放，贮存区内禁止吸烟。

3. 通道隐患控制要点

（1）进人隧道应单独设置牢固、可靠上下通道，其坡度宜为1∶3、宽度不得小于1m；中途必须设置转角平。

（2）隧道内的人行通道要平稳坚固，与轨道应有一定间隔，严禁在人行通道上堆放物品及材料。

（3）人员在隧道内行走必须走人行通道，严禁跨越道轨或在行车道上行走。

（4）人行通道坡度宜在300以下，当坡度超过150，必须采取防滑措施，人行通道宽度不得小于0.5m；走道板不允许搭接，对接间隙应不大于0.03m；人行通道宜设置高度为1.05～1.2m的固定隔离护栏。

（5）井下通道与隧道相连，应设置安全门；不能与隧道相连，应在盾构推进前单独设计架空人行通道。

4. 轨道安装与检测隐患控制要点

（1）根据运输的承载力进行验算，合理选择道轨和轨枕，其搭设应符合现行国家标准《塔式起重机安全规程》GB 5144的规定。

（2）距轨道终端1m处必须设置缓冲止挡器，其高度不应小于行走轮的半径；在距轨道终端2m处必须设限位装置，必须经运行试验确认灵敏有效。

（3）轨道安装完成后，必须经班组负责人验收合格后，方可使用。

（4）轨道投入使用后，其两侧不得堆放任何材料及杂物轨道应设专人维护、检查。

5. 垂直运输隐患控制要点

（1）隧道内的垂直运输必须严格执行有关起重吊装机械的标准和安全操作规程。

（2）垂直运输应采用统一规定的指挥信号，司机不能清楚看清信号时，应增设二次传递人员，使指挥信号清楚明确。

（3）垂直运输过程中，工作井下方不得站人，指挥人员应站在吊运范围以外的安全位置。

6. 水平运输隐患控制要点

（1）水平运输机车必须配备能够探视行驶前方和侧方的探头设备，探头设备必须定期保养；车头上方必须设置黄色的闪光警示灯。

（2）水平运输机车必须设置车辆制动装置及运行所需的安全设备以及联结器、防脱离装置、飞车停止装置，并定期由专人进行检查。

（3）水平运输机车的速度不得超过10km/h；在进出盾构机车架、道岔、弯道、活动轨道等处时必须限速在3km/h以内；下坡时，要带制动；在靠近工作面时，应减速慢行。

（4）水平运输机车严禁客货混装。如果考虑运送人员，必须配备安全防护装置。

（5）水平运输机车的装载量应视机车本身的载荷而定，严禁超高、超宽；机车电瓶上严禁堆放物品。

（6）牵引机车与运输专用车之间必须设置专用连接钢板，连接钢板的外侧必须加装防护链，运行前要经检查确认。

（7）水平运输机车司机必须经过培训考试合格，方能上岗，驾驶过程中必须严格遵守操作规程。行驶过程中严禁将身体任何部位暴露在车外。

（8）长时间停车时，必须采取有效可靠的防溜车措施。司机离车时，在采取防溜车措施后还必须将机车动力系统关闭。

7. 盾构推进及衬砌、注浆隐患控制要点

（1）盾构的出洞与进洞工序，必须编制专项施工方案，经上级审批后实施。

（2）洞口封门拆除所使用的吊挂式脚手架需经设计计算，以满足承重负荷要求；架体上的作业人员不得超过2人，并配备防护用品。

（3）洞口封门拆除工作应设专人监护，气割钢筋应保持连续性，气割后禁止作业人员随意靠近不稳定的洞口封门土体。

（4）盾构机进洞临近洞口封门时，要随时调整推进压力，防止推力过大损坏封门，伤及拆除人员。

（5）推进过程中，盾构司机必须与拼装机操作人员密切配合，防止因误操作造成千斤顶对人员的伤害；非操作人员严禁进入盾构的机头、机尾。

（6）盾构机在运行期间必须由专人负责检修和设备调试，并做好记录。

（7）拼装过程中，严禁在指令不明的情况下擅自转动拼装机；严禁作业人员进入举重臂活动半径内；严禁将手、脚伸进管片之间及千斤顶顶部。

（8）注浆前，要由专人进行全面检查；注浆时，严禁在不停泵的情况下进行任何检修；二次注浆时，操作人员必须佩戴防护面罩。

（9）检修作业和拆除压力球阀时，操作人员必须戴防护眼镜。管路内有压力时，不得拆卸管路及松动接头；拆除压力球阀必须在卸压后进行。

（10）机载各部分系统检修保养期间，应确保所检修保养的设备处于动力切断状态，同时必须悬挂警示标志，设置专人监护。

（11）在隧道工程施工中，土层采用冻结法加固时，必须以适当的观测方法测定温度，掌握土层的冻结状态，必须对附近的建筑物或地下埋设物及盾构隧道本身采取防护措施。

8. 供水、排水和供风、通风隐患控制要点

（1）高压供风管、通风管及水管管径应经计算确定。

（2）供水、排水管线不得接近电缆，应独立设置在不影响施工和水平运输的位置，并配备防止给水、排水过程突然中断时，具有足够能力的备用运转动力系统或自备发电设备。消防用水应单独供给，确保水量、水压。

（3）供风所设置的空压机站宜在工作竖井地面附近，并采取防水、降温、保温和消音措施。隧道内应采用机械通风。当主风机不能满足需要时，应设置局部通风系统。

（4）通风管的安装应水平固定、联结处要严密，布设应避开人行通道；进入车架段应在施工组织设计确定敷设方法，安装后测定通风量及噪声分贝值。

（5）通风应根据隧道长度、作业环境、实际操作人数、使用设备等情况而确定，满足所需要的最大风量。隧道内工作面人均需空气量：普通指标不小于$3m^3/min$，风速为0.15～0.25m/s；采用内燃机械作业时，供风量不应小于$3m^3/(min \cdot kW)$。

（6）严格检测制度，对隧道内通风环境的各种指标应按相应规定进行测试，保证隧道内通风环境达到指标要求。如检测超标应立即采取措施；严重超标时，要及时疏散人员。

9. 联络通道施工隐患控制要点

（1）联络通道施工前，应根据施工图设计进行专项施工方案的编制，报上级审批通过后实施。

（2）施工所用机械应符合《建筑机械使用安全技术规程》JGJ 33、《施工现场机械设备检查技术规程》JGJ 160的要求。

（3）通道开挖前，必须对通道处土体加固效果进行检验，满足开挖条件后，方可开挖。

（4）开挖前，必须在联络通道位置两侧，于隧道内按设计要求设置预应力支撑，防止开挖期间隧道变形或破坏。

（5）开挖前，必须设置安全防护门，并根据工况对安全防护门的密封性能进行检验，确保涌水、涌砂情况出现时，可以及时关闭，防止水土流失。

（6）开挖施工时，必须按照要求进行临时支护，做到随挖随支护、一步一支，严禁一步多支。

（7）施工用电按照规范要求执行。

（8）如需设置物料提升装置时，必须进行技术试验，同时检验各安全装置的灵敏度，确认符合要求后，方可投入使用。物料提升机严禁载人。

（9）作业面应设置排风装置，确保焊接作业时，通风良好。

（10）采用液氮冻结施工的，应符合下列规定

1）液氮存储宜于隧道之外按封装要求进行存储，制冷器压力罐要定期检测；

2）供氮管路应满足液氮压力要求，供氮前必须对管路按要求进行严格的打压试验，验收后方可投入使用；

3）供氮期间，必须按采取强制通风措施，防止氮气泄露导致供氧不足；

4）冻结期间，作业人员进入隧道内，必须配备相关检测设备以随时检测隧道内含氧量，并配备供氧装置。同时对温度定期进行观测，并配备相应的防护用品以满足低温条件下作业；

5）排气管必须进行保温处理，并做好低温危险标识，不得触碰，避免冻伤。

10. 隧道防灾控制要点

（1）隧道施工必须考虑火灾、爆炸、缺氧和中毒等灾害，并详细制订防护措施和应急预案。

（2）在贮存、使用危险品、设置电器设备、使用烟火、进行焊接及切割作业等场所必须设置必要的消防设备，并根据设备性能定期进行检验和维修管理。

（3）施工中，必须指定专人对可燃性气体的浓度进行测定，每天至少一次对测试仪器和装置进行维修检查。

（4）隧道内必须保持良好的施工环境，含氧量不得低于允许值的20%，有害气体的浓度不得高于允许值，并做好测定，留有记录。

11. 隧道内安全警示标志设置要点

（1）隧道沿线应根据上部管线、建筑物的状况悬挂安全警示标志。

（2）隧道沿线两侧每100m处必须布置一组相关的安全警示标志。

（3）安全警示标志的布置应与施工进度同步，重点部位应单独设置安全警示标志。

12. 通信联络控制要点

（1）为了掌握隧道内进度，确保作业安全和各作业场所及设备间紧密联系，必须设置通信设备和发生紧急事故时可直接通知的警报装置等设备。

（2）隧道内与外部通信可采用小型内线电话机或有类似功能的通话装置。

9.4.4 高架施工隐患控制要点

1. 基础施工隐患控制要点

（1）挖孔桩施工隐患控制。

挖孔桩施工隐患控制要点参照 8.4.1 明挖法（盖挖）隐患控制要点的 8.4.1.2 挖孔桩（围护结构）施工隐患控制要点。

（2）陆地钻孔灌注桩施工隐患控制。

陆地钻孔灌注桩施工隐患控制要点参照 8.4.1 明挖法（盖挖）隐患控制要点的 8.4.1.1 钻孔桩（围护结构）施工隐患控制要点。

（3）栈桥及施工平台施工隐患控制。

1）施工平台及栈桥的结构设计必须经专业工程师检算，除强度、刚度满足施工要求外，必须进行抗倾覆、稳定性等验算，特别是在风、水流等冲击的情况下。且必须报上级部门批准后方可实施；

2）平台或栈桥的结构设计前，必须全面勘测水深、流速及地形、地质情况，设计须与地形、地质实际情况相结合，确保平台基础的强度及稳定；

3）桩基施工平台和栈桥底标高要高于施工图纸规定的施工水位或调查的最近五年来的最高水位 1.0m 以上（雨水丰富城市考虑 10 年或 50 年）；

4）围堰平台的定位锚碇系统必须精心验算。抛锚作业时应选用足够坚固、足够数量的锚链、缆绳，确保施工安全。且对流速和水流方向必须有准确的预测，确保锚碇系统的安全储备；

5）施工平台或栈桥施工过程中对关键部位、关键构件的焊缝必须全面检查，确保焊接质量。对已加工好的关键构件在安装前须进行全面的质量检查，确保平台满足安全施工的要求；

6）各施工点对已建或正建平台，晚间应按规定设置警戒灯或采用灯光照明，避免航行船舶碰撞水中建筑物或施工船只，在显示灯光照明时应注意避免强光直射水面，影响船舶驾驶人员的瞭望；

7）钢管桩施打后，要及时加焊钢管进行联结，联结包括钢管桩间的平联及剪刀撑。联结材料与钢管桩焊接时必须保证焊接质量，联结的焊接顺序与钢管桩的施工顺序一致；

8）栈桥钢管桩要打入河床岩层，并有足够的斜向支撑杆系，桥面要有 1.2m 高度以上的临时防护栏杆，确保便桥的横向稳固和路面行人、行车安全；

9）栈桥交通及警示设施主要包括栏杆及扶手上的警示反光漆，栈桥钢管桩水上部分的橘红色面漆，每隔 15m 设置安全警示灯；

10）配电设施必须安置在防水装置内，并可靠接地；

11）制定栈桥道路运输车辆管理轨道规定，以加强对施工车辆的管理，确保道路运行安全。如设置检查站，对所有车辆进行检查，严禁无关或违规车辆上桥，特别是超载车辆；成立交通秩序维护小组，配备无线通信器材，分组倒班巡查，如出现交通秩序混乱或堵塞，及时疏通；如出现交通事故，及时通知抢险；

12）对栈桥面坚持搞好日常的值班巡逻，做好值班记录，发现问题，采取的相关措施，确保桥面完好、平整。对栈桥主体利用动力小艇搞好日常的值班巡查，做好值班记录，一旦栈桥构件发现问题，立即采取的相关措施，确保栈桥完好。主要包括：栈桥主构件扭曲变形、焊缝开裂或脱落、螺丝松动，钢管桩倾斜、过分腐蚀、水上油漆脱落等的及时更换或修复；冬季海面大面积结冰下采取破冰措施；

13）对于栈桥电力设施坚持搞好日常的值班巡逻，做好值班记录，发现问题，应先仔细观察，判断事故缘由，及时向单位负责人或有关人员汇报，且由专业技术人员维修，并搞好安全防护工作；

14）对于由于意外交通事故、台风、季风、海潮等造成的桥梁、道路损坏、人身意外伤害等的抢险及救助等工作，项目部必须编制此类事故抢险、救助的应急预案，确保栈桥道路及时恢复通畅，减少人员伤亡、财产损失。必须配备汽车吊、浮吊、驳船、急救艇、救护车、医疗急救品、通信设备、桥梁或道路抢险器材等，事故一旦发生，做到人员及时到位、抢险器材设备到位，且根据应急预案及时展开抢险、救助；

15）对于海水或腐蚀性较强的深水区施工必须采取防腐措施。钢管桩外壁涂装防侵蚀、防生物扒附的防海腐沥青防污油漆，施工完毕后，抽水管内泥水，填充细河砂，以减少内壁锈蚀。贝雷片等型材，在使用前认真除锈、涂装严格，无死角，底漆选用环氧富锌车间底漆，外装油漆选用防海水腐蚀的防锈油漆。施工中要小心操作，减少和避免对构件涂装层的划碰，如有划碰可现场补涂；

16）大型的起重、吊装、打桩机械设备必须由行业的机械检测机构检测。合格后投入使用，决不允许带病作业。并且落实设备日常巡回检查制度，督促操作人员做好机械维修保养工作；

17）大型安装、起重、吊桩所用的钢丝绳、捆桩扣是船舶施工中必不可少的工索具，要求必须规定制度，做好经常性的自查，并做好检查人检查情况的记录；

18）对于履带吊、钻机等大型机械上栈桥或平台必须制定特定的方案，采取专业的措施，经上级部门批准后执行，防止出现损坏栈桥或平台或船舶倾覆的事故。

19）施工作业人员：

①水上施工人员必须戴好安全帽，穿戴救生衣，并配备高频电话，保持昼夜畅通，并配备救生设备；

②在高空作业面、交叉作业面、吊装区域、打桩区域，电气机械设备附近，以及在船上执行任务时，切莫顾此失彼，在检查别人的同时，要看清自己的位置，要加强自我保护的防范意识和技能；

③在水上作业检查时，施工人员要有较好的身体条件，不适应水上作业的人员不要安排在水上作业。严禁带病进行水上作业，及酒后进入施工现场；

④施工人员应熟悉水上的救生设备，掌握水上的救生知识，了解掌握高频对讲机的用途，遇有紧急情况，马上与有关部门联系；

⑤进入水上作业现场上下船只时，要特别注意船间空挡和涌浪的颠簸，严禁跨、跳。不得在跳板上跑、停、留、防止发生各种意外。

（4）水上机械作业施工隐患控制。

1）对施工水域的水深、流速进行全面勘测，并绘制地形图、流速图以确定施工船只的航线；

2）根据水上施工需要，向国家相关部门（当地航道或航务部门）申请水上、水下作业许可证，按要求发布航行通告，以确保通航及施工安全；

3）与气象局、海事局、航管局等部门建立联系，及时掌握天气、风浪的变化情况，以便采取相应措施，确保安全；

4）与施工无关的船舶严禁进入或穿过施工作业区；

5）近海或大江施工时，要采取有效措施确保施工人员、船只的安全，要选择临时避风港，以便突然遭受风、浪侵袭时以及不施工时船舶全部停泊在临时避风港中；

6）必须配备足够数量的拖轮，满足紧急撤离和救援的要求；

7）施工船舶根据预报风力、船舶抗风等级、风期长短，加固锚缆，绑扎易动物件，检查船机及救生设备，加强值班，显示相应信号，昼夜保持通信畅通；

8）避风船舶全体船员保持昼夜值班，随时检查本船安全情况；

9）临时码头要保证系泊设施、装卸设施等设备处于良好状态，防止船舶碰撞、设施倾覆、坠落和滑移等事故的发生；严禁超长、超宽、超等级的船舶靠泊；根据码头受风的影响情况，及时做好船舶疏散抗风工作；

10）施工时，水上设施锚碇就位或定位必须经过验算，抛锚作业时应选用足够坚固、足够数量的锚链、缆绳，确保施工船舶安全。且对流速和水流方向必须有准确的预测，确保锚碇系统的安全储备；

11）施工过程中加强船舶及其他水上设施的水上抗倾覆稳定性检算，确保水上施工安全；

12）涉及航道的必须按航运管理单位要求配备专用管理船，船上配备高频电话、手机等通信工具；

13）施工船舶应执行有效的船舶国籍证书或船舶登记证书；船舶和船上有关航行安全的重要设备必须具有船舶检验部门签发的有效技术证书；

14）施工船舶按规定配备足以保证船舶安全的合格船员；

15）水上施工机械操作人员和船舶管理及驾驶人员，严禁无证上岗和酒后上岗，严格遵守操作规程，并对其加强安全教育，创造一个重视安全、处处遵章、文明施工的环境；

16）认真贯彻“船长负责制”的原则。船长是船舶安全生产的第一负责人，应带领全船船员开展各项规定的安全活动和安全演习活动，努力抓好本船的安全管理，安全生产的工作，做到事事有人抓，件件有人管。施工单位应经常检查“船长负责制”实施的情况。真正将船舶安全管理扎扎实实地开展起来；

17）所有船舶人员应经常作好内部安全检查的同时，根据船舶施工的特点，在日常巡回检查中应突出的重点是：按规定正确穿戴劳动防护用品；船舶施工或锚泊时应显示的灯号、信号、标志；起重钢丝绳、吊桩扣等工索具断丝、磨损的情况；船舶开展法规所规定的各项演习活动的情况及应急预案；坚持每天收听气象的记录情况；现场遵守安全操作规程的情况；特种作业人员是否有无证操作的情况；船舶油污水处理、船舶垃圾处理的情况；明火作业审批手续及明火时安全措施落实执行的情况；船舶施工和停泊是否按“航行通告”规定；船舶航行或施工中出勤人员是否低于劳动定员人数；是否建立防台防汛预案，及预案训练；安全用电实施情况；各种机械设备传动部分是否缺损防护罩；护船值班制度执行情况；是否按规定排放回收生活垃圾、油污水等；

18）施工单位的船舶锚机、锚车、吊桩机械等设备以及滚筒（俗称牙口）、导向滑轮等必须做到勤加油润滑，列出加油润滑制度，责任到人；

19）船舶明火作业比陆上要求更严，船舶一旦需要动用明火至少为三级动火，因此必须遵循“三级动火许可证”的审批手续，决不允许未经航政部门审批而擅自进行动用明火。经有关部门审批批准后，明火作业时除了指派有证人员进行焊割的同时，船舶必须指派看火员携带灭火器材进行看火监护，如果为二级以上的明火作业，必须由船舶有证船员进行看火监护。所有船舶要按船舶“消防平面布置图”（或称防火控制图）所确定的位置、剂量，配置相应的消防器材，并落实到人负责定期检查和保养；

20）航行船舶采取雾航措施，船长上驾驶台，显示相应雾中信号并发布船位报告，使用雷达等手段加强瞭望，减速航行，以策安全。但视程小于 500m 的船只应择地抛锚防雾；

21）查阅当日潮汐资料，对照海图确定施工区实际最低水深以防船舶搁浅。并根据潮汐表高潮时及农历日期，推算当日每次转流时间，以利于施工船舶航行和作业布置；

22）设置安全作业区和临时航道。根据不同阶段的施工作业情况，划定施工作业区域以及临时通航的航道并设置必要的航标，制订航行和作业安全的管理规定，用以规范航行船舶和施工船舶水上交通，避免相互干扰；

23）桥梁工程高空作业要采取防高空落物措施，配置安全网和其他防护，对脚手架等辅助施工设施进行加固。同时对施工人员加强教育，提高职工的安全意识。以避免落物对航道船只安全行驶的影响；

24）在各施工作业点，晚间应按规定设置警戒灯或采用灯光照明，避免航行船舶碰撞水中建筑物或施工船只，在显示灯光照明时应注意避免强光直射水面，影响船舶驾驶人员的瞭望；

25）要落实海上应急医疗救护措施，施工单位必须要为各船舶配备常用的医疗药品，施工单位要保持与船舶 24 小时的随时联系，以防船员急病抢救。施工现场应配置多个医疗点，有条件的话，要配备救生快艇。

（5）水上钻孔作业施工隐患控制。

1）钻机上平台必须制定特定的施工方案，防止破坏平台或导致浮吊倾覆事故的发生。钻机在平台上必须按照平台设计规定的位置或范围移动，不得随意走动，以防止损坏平台或造成钻机倾斜；

2）钻机在施工过程中必须经常检查钻机下平台部分结构，包括主构件扭曲变形、焊缝开裂或脱落、螺丝松动等防止出现影响钻机稳定或严重损坏平台的事故；

3）打设护筒的过程中，必须注意避免护筒和平台或导向架结构出现卡死等现象而导致影响平台结构安全。打设到位后，根据实际情况用型钢将护筒与平台结构连接，既可增加平台稳定性，又可保证护筒不至于受水流冲击倾斜或偏位；

4）施工过程中特别注意防止塌孔现象的出现，避免影响平台基础；

5）吊装钢筋笼的过程中，特别是钢筋笼较长大时，必须注意吊装安全，要求计算好吊装重量和吊距，避免吊装设备或船体倾覆等事故的发生；

6）在灌注混凝土的过程中，如使用搅拌船或料船，一定要注意集中用料对船体的影响，避免出现船体倾覆事故；

7）配电设施必须安置在防水装置内，并可靠接地；

8）对于平台上电力设施坚持搞好日常的检查，做好记录，发现问题，应先仔细观察，判断事故缘由，及时向单位负责人或有关人员汇报，且由专业技术人员维修，并搞好安全防护工作；

9）大型的起重、吊装等机械设备必须由专业的机械检测机构检测。合格后投入使用，决不允许带病作业。且落实设备日常巡回检查制度，督促操作人员做好机械维修保养工作。

（6）围堰施工隐患控制。

1）草袋土石围堰施工控制：

①在水中筑岛施工钻孔桩、承台，适用于水深2m以内、水流速度不大的情况；

②对筑岛四周特别是迎水面，必须采取可靠的防洪水冲刷措施，如砂袋、石笼、钢管桩等；

③筑岛高度一般为洪水位＋0.5m。

2）钢板桩围堰施工控制：

①在水中沉打钢板桩施工钻孔桩、承台，适用水深2～6m的情况；

②钢板桩的入土深度，必须根据计算确定，保证足够深度；

③钢板桩的内支撑，必须根据计算确定，保证足够刚度；

④采取可靠措施，保证钢板桩施工机械的安全；

⑤水上施工人员必须戴安全帽、穿救生衣，并配备冲锋舟等快速救生设备；

⑥在施工中，定期检查水流对钢板桩入土的冲刷。

3）钢筋混凝土围堰施工控制：

①围堰施工前需要在其底范围内夯实、整平地基，并铺设枕木，以保证地基承载力的均匀性；

②围堰宜分节浇注；待第一节围堰浇注完成、混凝土强度大于70％后，方可对称开挖围堰内刃脚处地基；

③对河床以上围堰壁，需要埋设硬塑管，以爆破河床以上部分围堰；

④围堰下沉时，水面以上采用长臂挖机在刃脚下开挖，水面以下采用排水开挖，排水不能挖到标高时采用挖斗开挖；并必须保证开挖的均衡性。

4）钢套箱围堰施工控制：

修筑深水低桩承台必须采用防水围堰，目前在水深、流速大的江河中低桩承台的施工一般采用套箱围堰形式。近年来，钢套箱围堰由于在加工、运输、下沉方便等优越性，越来越广泛地应用于大型深水桥梁的基础施工中。

①围堰选型控制。

钢套箱围堰按形式分有矩形（圆端形）和圆形，其中每种围堰又分为单壁、双壁以及单、双壁组合式钢围堰，根据实际情况合理选用钢套箱围堰的形式。

②围堰的加工控制。

为运输方便，一般选择船运比较方便的工厂进行加工。为减少墩位处拼装工作量，一般根据现场起重能力分节在工厂加工。其加工顺序为先分单元在胎具上加工成型，然后在浮体上组拼。矩形围堰由于较轻，一般是分块加工，一次拼装成型。

③围堰的浮运控制。

围堰的浮运根据下沉的设备情况而定，如果采用大型浮吊下沉，可用平驳进行浮运；如果采用组拼的龙门浮吊下沉，可直接用浮吊进行浮运。

④围堰的下沉控制。

矩形围堰由于重量较轻，可一次拼装到位，因此，精确定位后，可一次放置于河床上进行下沉。而双壁或单、双壁组合式围堰由于体积大，需在水中边下沉边接高。

⑤封底混凝土的施工控制。

钢围堰沉至设计标高，灌注封底混凝土之前，要求潜水员用高压水枪进行清理，整平河床面，同时，为了保证封底混凝土与桩身、箱壁的良好结合，达到止水效果，潜水员应用高压水枪将桩身和箱壁上附着的泥浆冲洗干净。

封底混凝土的施工采用垂直导管法。水下混凝土靠自身流动性向四周摊开。导管一般采用 ϕ300mm 无缝管，顶部设漏斗，导管数量根据钢围堰内净空面积确定。对于矩形钢围堰由于封底混凝土数量巨大，可分成几个仓，分次灌注封底混凝土。混凝土一般由岸上拌和站或大型拌和船供应，泵送至浇注位置。

⑥施工隐患控制。

Ⅰ电焊、潜水等特殊作业人员必须持证上岗；

Ⅱ施工平台应安装栏杆，脚手板固定牢固，不得有探头板，空当处挂设安全网，平台上设置救生和消防设施；水上备有救生船只和人员；

Ⅲ施工平台、起吊设施应经常例行检查、维修和保养，消除安全隐患；

Ⅳ施工过程应避开双重作业，当无法避免时，上下层作业点必须错开；

Ⅴ施工作业人员必须穿救生衣。

5）钢吊箱围堰施工控制：

①围堰选型控制。

采用钢吊箱进行承台基础的施工，根据水的深浅，承台的大小，考虑钢吊箱的刚度、强度、稳定性、密水性等因素，并进行检算，决定钢吊箱采用的结构形状，并有一定的保险系数，确保施工的安全。

②吊箱围堰焊接控制。

Ⅰ钢吊箱底模、侧模由分块模板组成，安装就位后，需对拼接缝处焊接，连成整体。故对模板的下料，边缘加工、安装对接、矫正、焊接、检查验收等各工序都要制订相应的工艺规则，及有效的控制和保证措施；

Ⅱ焊缝等级应满足设计图纸要求，施焊人员要有相应资格等级并持证上岗，并经焊接工艺评定试验合格后方可现场实际操作；

Ⅲ各部位焊缝应在焊接 24h 后进行无损检验，采用超声波探伤和射线探伤方法进行。进行局部探伤的焊缝，探伤过程中如发现裂缝或较多其他缺陷时，应继续延长探伤。必要时直至焊缝全长。焊缝按工序检查不符合要求的，应按有关规定及时处理并记录。

③吊箱围堰整体稳定性控制。

为防止钢吊箱下沉时侧模因为水压力和水的冲击力而变形扭曲，保证钢吊箱的安全，在钢吊箱内部安装贝雷梁桁架或其他型钢支架作为内撑，防止钢吊箱在后续施工过程中产生变形扭曲。安装内撑梁时，先安装主桁梁，同时与侧模加劲固焊。

④吊箱围堰下沉控制。

Ⅰ吊箱的下沉必须由统一指挥人员进行指挥，保证吊箱的协调缓慢均匀下沉入水中。在钢吊箱沉入水中的过程中，严格控制其倾斜、扭转、偏移。技术人员使用全站仪和水准仪进行监控，严格控制钢吊箱的垂直度；

Ⅱ每一阶段到规定标高时，使用全站仪和水准仪进行测量，检查钢吊箱的中线和标高，使钢吊箱的中线和标高满足设计和规范要求。用类似的方法，直至钢吊箱底模下沉至规定标高；

Ⅲ经精密检测钢吊箱的中线和标高，满足要求后，进行力系的转换。在抗浮抗拉杆和钢护筒之间焊接槽钢，焊缝的长度、质量必须满足钢吊箱的自身重量，加上承台钢筋混凝土重量的要求。

⑤吊箱围堰封底控制。

Ⅰ在浇注水下封底混凝土前，对底模与桩基钢护筒之间约 10cm 的间隙，用预先准备好的钢圈焊接，加焊角钢加固，做密封处理；

Ⅱ封底混凝土对整个承台非常重要，封底过程中吊箱内、外设连通孔，保持内、外水头基本一致，减少因吊箱内壁水头升高对底板增加的荷重和对侧模增加内压力。保证吊箱悬浮水中的整体安全和施工安全。

（7）明挖基坑施工隐患控制。

明挖基坑开挖施工隐患控制要点参照 8.4.1 明挖法（盖挖）隐患控制要点的基坑开挖施工隐患控制要点。

（8）承台（扩大基础）施工隐患控制。

1）技术、安全交底制度。

承台（扩大基础）施工严格按照安全技术交底的规定进行作业，由施工单位安全员监督检查。每天工作前做技术交底的同时做好施工安全交底。并由各工班长和安全员传达并监督落实。

2）钢筋工程控制。

①钢筋使用前要除锈，操作工要着工作服，将袖口扎紧，戴好口罩、手套和防护眼镜，防止锈粉侵入呼吸道、眼睛，酸洗除锈时要防止酸液溅到衣服和皮肤上造成烧伤；

②钢筋加工时，操作前必须认真检查机具（调直机、弯曲机、切断机、镦头机、电焊机等）是否良好，卷扬机拉直钢筋时应选好场地并设置标志禁止非操作人员进入，地锚、夹具、平衡设备是否安全可靠；

③电焊机使用时应检查电器设备、冷却系统、气路系统及机体外壳有无漏电现象；多台弧焊机集中使用时应分别接在三相电源三相负载平衡，分别接地，不得串联；不得在负载时调节电流及极性开关；

④电焊操作人员操作电焊设备时，严禁穿戴化纤和丝绸服装，要穿戴电焊工作服、手套、脚罩和防护面罩；严禁非电焊工作人员进入作业区，防止伤害眼睛；

⑤气焊时要求使用合格的氧气、乙炔设备，严禁自制氧气、乙炔设备；氧气瓶和乙炔瓶要分开存放，并要立放；氧气瓶要绝对禁油，严禁氧气瓶在油类品附近存放，并防猛烈撞击；露天作业时，氧气瓶不要放在阳光下暴晒，防止爆炸；气焊作业区严禁存入易燃物品；气焊工焊接操作要佩戴防护眼罩；

⑥钢筋骨架绑扎时，要确保临时支撑牢固，防止失稳。

3）模板安装控制。

①模板安装前要审查设计审批手续是否齐全，组织相关人员验收和试拼装；

②模板及其支架必须采取有效的防倾覆临时固定措施；

③安装作业高度超过两米时必须搭设脚手架平台，不得站在下层模板上安装上层模板，中途停歇应将已就位的模板固定牢固；

④模板安装时严禁抛掷，且不得将支架搭在模板上，也不得将模板与支架或操作平台连成一体；

⑤模板拆除：混凝土达到规定强度后方能拆除模板；拆除模板按先支的后拆，后支的先拆，先拆非承重模板，后拆承重模板及支架的顺序进行；拆除的模板必须随拆随清理，以免钉子扎脚、阻碍通行发生事故；拆除时下方不能有人，防止砸伤；模板拆除不能硬撬，导致大片散落。

4）混凝土施工控制。

①机械拌和混凝土时，搅拌机要稳固安放，支架用旧枕木支牢，把轮轴端部包扎好，在确保安全的前提下施工；露天作业时要搭设防雨棚，雨棚立柱要离开搅拌机 1.0m 以上，集中拌和使用的拌和站或拌和楼在使用前要有关负责人员进行验收，合格后方可使用；

②混凝土机具使用前的机械状态要进行检查（离合器、制动器、防护罩、轨道滑轮、水泵出水情况、料斗起落钢丝绳、卡头）；混凝土输送泵要尽量靠近工作面，停放在坚实平整处，加设铁靴或三角垫木，防止滑动，泵送管道要固定牢靠，不得加压或悬挂重物，管道堵塞时不得用泵的压力打通，宜在管壁外用木棍轻轻敲击；振捣器使用前必须进行检查，外壳、胶皮电源线是否破损，有否接地装置，手持式振捣器有否触电保安器，操作振捣器时应戴绝缘手套；使用插入式振捣器应由两人操作，一人控制振捣棒，一人配合控制电动机开关，雨天施工振捣器电动机要有防雨装置；

③安全用电：执行安全用电制度，加强用电管理，配电箱必须完好，线路绝缘可靠，临时线上安装漏电保护装置，下班时要切断电源，确保用电安全；施工所用电器线路和用电设施，应设漏电保护装置。

2. 墩台施工隐患控制要点

（1）一般墩台施工隐患控制。

1）结构安全控制。

①模板及其支架设计应具有足够的承载能力、刚度和稳定性，能可靠地承受新浇混凝土的自重、侧压力和施工过程中所产生的荷载及风荷载；

②模板及其支架设计应尽量构造简单，装拆方便，便于钢筋的绑扎、安装和混凝土的浇筑、养护等要求；

③按模板承受荷载的最不利组合对模板进行检算；

④制定模板安装及拆除的程序和方法。

2）墩台身施工控制。

①模板安装前要审查设计审批手续是否齐全，结构设计与施工说明中的荷载、计算方法、节点构造是否符合实际，是否有安装拆除方案；

②特殊、复杂的模板安装应按设计和施工说明循序拼装，模板及其支架必须采取有效的防倾覆临时固定措施；

③安装作业高度超过两米时必须搭设脚手架平台，不得站在下层模板上安装上层模板，中途停歇应将已就位的模板固定牢固；

④模板安装时上下应有人接应，严禁抛掷，且不得将支架搭在模板上，也不得将模板与支架或操作平台连成一体；

⑤已安装好的模板上的实际荷载不得超过设计值，已承受荷载的支架和附件，不得随意拆除或移动；

⑥垂直吊运模板时应设专人指挥，统一信号，密切配合，吊运散装模板时必须码放整齐，待捆绑牢固后方可起吊。五级风以上应停止吊运作业；

⑦模板拆除：混凝土达到规定强度后方能拆除模板；拆除模板应依据设计规定的顺序和方法进行，无规定时可按先支的后拆，后支的先拆，先拆非承重模板，后拆承重模板及支架的顺序进行；拆除的模板必须随拆随清理，以免钉子扎脚、阻碍通行发生事故；拆除时下方不能有人，防止砸伤；模板拆除不能硬撬，导致大片散落；用吊车拆模时应待模板松动并拴牢方可移除，不得硬拉硬拽。

（2）高墩施工隐患控制。

1）爬模施工控制。

①爬架的操作控制。

Ⅰ清理爬架操作架上的杂物，将重物吊离爬架；

Ⅱ检查提升设备、悬挂点及保险绳；

Ⅲ将提升葫芦挂在墩身已浇节段模板的吊点上，同时将其与爬架吊点系好，挂好保险绳和保险葫芦；

Ⅳ将爬架分开，专人负责拆除附墙螺栓，顶紧顶升脚轮，使附墙脱离墩身砼面，拉动提升葫芦使爬架均匀爬升；

Ⅴ爬架就位后，收回顶升脚轮，使爬架附墙，穿上附墙螺栓并拧紧；

Ⅵ先爬升顺桥向爬架、后爬升侧桥向爬架，爬架分别爬升就位固定后，将其相互限位连成整体；

Ⅶ爬架提升完后，把爬架转角进行封闭，并按要求安装跳板且固定。

②爬模操作要点。

Ⅰ工作前应先坚持使用的工具是否牢固，扳手等工具必须用绳链挂在身上，以免掉落伤人；

Ⅱ安装与拆卸 5m 以上的模板，应搭设脚手架，并设防护栏杆，防止上下在同一垂直面操作；

Ⅲ高空复杂结构模板的安装与拆除，事先应有安全措施；

Ⅳ遇六级以上的大风时，应暂停室外高空作业；雪霜雨后应先清扫施工现场，再进行工作；

Ⅴ二人运模板时，要互相配合、协同工作。传递模板、工具。应运用运输工具或绳子系牢后升降，不得乱扔。组合钢模板装拆时，上下应有人接应，钢模板及配件随装拆随运送，严禁从高处掷下。高空拆模时，应有专人指挥，并在下面标出工作区，用绳子和红白旗加以围栏，暂停人员过往；

Ⅵ不得在脚手架上堆放大批模板等材料；

Ⅶ支模中，如遇中途停歇，应将支撑、搭头板等钉牢。拆模间歇应将已活动的模板、支撑等运走或妥善堆放。防止因扶空、踏空而坠落；

Ⅷ模板上的预留洞，应在安装后将洞口盖好；混凝土板上的预留洞，应在模板拆除后随即将洞口盖好；

Ⅸ拆除模板一般使用长撬棍。人不许站在正在拆除的模板上。在拆除楼板模板时，要防止整模板掉下，尤其是用定型模板做平台模板时，更要注意。拆模人员站在门窗洞外拉支撑时，要防止模板突然全部掉落伤人；

Ⅹ在组合钢模板上架设电线和使用电动工具时，应用36V低电源或采取其他有效的安全措施。

2）滑模施工控制。

①高桥墩（台）、塔墩、索塔等高层结构，采用滑升模板施工时，应按照高处作业的安全规定，加设安全防护设施，穿戴好个人防护用品，并须根据工程特点，编制单项施工方案及其安全技术措施，并向参加滑模施工人员进行安全技术交底。

②采用滑模施工，滑模及提升结构应按设计制作和施工，并严格按照施工设计安装。作业前，要对滑升模板进行验算和试验，并应有足够的安全系数。顶杆和提升设备，应符合墩身的形状和要求。

③当塔墩等高层建筑采用爬模施工方法时，应进行特殊设计，在工厂制作。爬升架体系、操作平台、脚手架等，要保证具有足够的刚度和安全度。架体提升时，要另设保险装置。模板爬升，作业人员不得站在爬升的模板或爬架上。

④液压系统组装完毕后，必须进行全面检查。施工过程中，液压设备应由专人操作，并经常维护，发现问题及时处理。

⑤模板提升到2m高以后，应安装好内外吊架、脚手架，铺好脚手板，挂设安全网。模板内设置升降设施及安全梯。

⑥操作平台上的施工荷载，应均匀对称，不得超负荷。平台周围应安设防护栏杆，并备有消防及通信设备。

⑦浇筑混凝土，不得用大罐漏斗直接灌入，防止冲击模板。振捣时，不得震动顶杆、钢筋及模板。在提升模板时，不得进行振捣。

⑧模板每次提升前，应进行检查，排除故障，观察偏斜数值。提升时，千斤顶应同步作业。

⑨顶杆和平台应稳固，如顶杆有失稳或混凝土又被顶出的可能时，应及时加固。

⑩用手动或电动千斤顶做提升工具，千斤顶丝扣的旋转方向，应以左右方向对称安装，使其力矩相互抵消，防止平台被扭动而失稳。

⑪操作平台的水平度、倾斜度应经常检查，发现问题应及时采取措施。

⑫主要机具、电器、运输设备等，应定机定人，严格执行交接班制度。接班时，必须对机具检查一遍，并做好记录。

⑬平台上应规定人群荷载和堆放材料的限量标准。材料要均匀摆放，不得多人聚集一处。

⑭墩上养生人员必须系好安全带。输水管路及其他设备应栓绑牢固。

⑮运送人员、材料的罐笼或外用电梯，应有安全卡、限位开关等安全装置。

⑯夜间施工应有足够的照明。在人员上下及运输过道上，均应设置固定的照明设施。照明设备应使用 36V 以下的安全电压。

⑰为防止模板发生倾斜、扭转，滑模施工宜采用油压千斤顶，并保持同步提升。提升速度控制在 10～30cm/h。

⑱支座安装，应按设计施工。采用盆式橡胶支座，可在场地装配后，整体或部分吊装就位。擦洗支座等表面污迹，应用酒精或丙酮，严禁用汽油、煤油等代替。

⑲拆除滑模设备时，应做好安全防护措施。拆除时可视吊装设备能力，分组拆除或吊至地面上解体，以减少高处作业量和杆件变形。拆除现场应划定警戒区。警戒线到建筑物边缘的安全距离不得小于 10m。

3） 翻模施工控制。

①危险源辨识。

Ⅰ塔吊基础不牢固；塔吊未与桥墩进行可靠连接；

Ⅱ施工电梯超载运行；

Ⅲ墩（台）身钢筋安装无可靠的固定措施；

Ⅳ混凝土施工时模板支撑不牢固；

Ⅴ脚手架、工作平台搭设不牢固；

Ⅵ高处作业时上下重叠施工，未按规定设置防护棚等安全防护设施；

Ⅶ模板及脚手架拆除顺序及措施不当；

Ⅷ起重吊装违规操作；

Ⅸ作业人员不按规定佩戴劳动防护用品；

Ⅹ高墩模板爬升体系未设置保险装置。

②施工脚手架。

Ⅰ脚手架搭设前应进行受力检算。脚手架的地基应坚实，满足承载力的要求，四周排水应通畅；

Ⅱ当脚手架搭设较高或风力较大时，应增设缆风绳并锚固牢靠，必要时与桥墩拉结；

Ⅲ搭拆脚手架时，施工区域应设警戒标志。严禁将模板支架、缆风绳、混凝土输送泵管等固定在脚手架上或悬挂在塔吊设备上；

Ⅳ在脚手架使用期间，严禁松动或拆除任何受力杆件。作业平台上不得超载，四周设安全网，脚手板搁置必须牢固平整，不得有空头板。

③施工电梯。

Ⅰ施工电梯的安装、拆除和检验应符合《电梯制造与安装安全规范》GB 7588、《电梯安装验收规范》GB 10060 等有关规定；

Ⅱ施工电梯应与墩身或基础连接牢固。每安装一个标准节，必须按照要求安装限位器；

Ⅲ电梯运行时，人员及物品不得露出安全栏外；施工电梯严禁超载。

④施工塔吊。

Ⅰ塔吊的安装、拆除和检验应符合《塔式起重机安全规程》GB 5144 等有关规定；

Ⅱ塔吊基础应满足塔吊抗倾翻稳定性的要求，四周应排水通畅；

Ⅲ塔吊与桥墩之间的固定连接应牢固可靠；

Ⅳ风力在4级及以上时，不得进行塔身升降作业。在作业中风力突然增大达到4级时，必须立即停止作业，并紧固上、下塔身各连接螺栓；

Ⅴ当同一施工地点有两台以上塔吊时，应保持两机间任何接近部位（包括吊重物）距离不小于2m；

Ⅵ提升重物时严禁自由下降；

Ⅶ作业中，当停电或电压下降时，应立即将控制器扳到零位，并切断电源。操作人员临时离开操纵室时，必须切断电源；

Ⅷ停机时，应断开电源总开关，并打开高空指示灯。

⑤机械作业控制。

Ⅰ严格执行国家颁布的现行行业标准《建筑机械使用安全技术规程》JGJ 33，严禁违章指挥、违章操作。各种专用机械必须有可靠的安全防护装置，由使用者专门负责；

Ⅱ各种机械操作人员和车辆驾驶员，必须经过培训并考试取得操作合格证，对机械操作人员建立档案，专人管理；

Ⅲ机械作业前须进行详细检查和能力鉴定，严禁机械设备带病作业，超荷载作业；

Ⅳ定期组织机电设备、车辆安全大检查，对检查中查出的安全问题，按照“四不放过”的原则进行调查处理，制定防范措施，防止机械事故的发生。

⑥用电作业控制。

Ⅰ安装、维修或拆除临时用电工程，必须由专职电工完成，电工必须持证上岗，实行定期检查制度，并做好检查记录；

Ⅱ检修电气设备时应停电作业，电源箱或开关握柄应挂“有人操作，严禁合闸”的警示牌或设专人看管。必须带电作业时应经有关部门批准；

Ⅲ照明电线绝缘良好，导线不随地拖拉或绑在脚手架上。照明灯具的金属外壳必须有效接地。室外照明灯具距地面不低于3m，室内距地面不低于2.4m。开关箱与用电设备实行一机一闸保险，箱内开关电器必须完整无损，接线正确，并设置漏电保护器；

Ⅳ架空线设在专用电杆（水泥杆、木杆）上，严禁架设在脚手架上，架空线装设横担和绝缘子。架空线离地4m以上，离机动车道为6m以上。

⑦高空作业控制。

Ⅰ高空作业必须设置防护措施，并符合《建筑施工高处作业安全技术规范》JBJ 80要求；

Ⅱ从事高空作业的人员要定期体检，严禁高血压、心脑血管病人登高作业；严禁酒后登高作业；

Ⅲ高空作业人员必须戴安全帽、系安全带、穿防滑鞋，施工人员所持工具必须用绳挂在工具栏内，防止坠落伤人；

Ⅳ高处作业与地面联系，应配有通信设备。运送人员和物件的各种升降电梯、吊笼，应有可靠的安全装置；

Ⅴ夜间进行高空作业时，必须有足够的照明设备。六级以上大风，应停止高空作业。

⑧ 消防安全措施。

Ⅰ现场的生产、生活区均设足够的消防水源和消防设施网点，按照规定配备消防器材，消防器材专人管理，定期检查。组成 15～20 人的义务消防队，所有施工人员熟悉并掌握消防设备的性能和使用方法；

Ⅱ做到施工现场的生活、生产设施布置符合消防要求。各类房屋、库棚、料场等的消防安全距离符合国家或公安部门的规定，室内不堆放易燃品；严禁在木工加工场、料库、油库等处吸烟；现场的易燃杂物，随时清除，严禁在有火种的场所或其近旁堆放等，使消防措施落到实处；

Ⅲ施工现场用电，严格执行有关规定，加强电源管理，防止发生电器火灾。焊、割作业点与氧气瓶、乙炔气瓶等危险物品的距离不得少于 10m，与易燃易爆物品的距离不得少于 30m。

⑨高墩翻模施工。

Ⅰ工作平台应和模板连为一体，提升时，吊机应分节分块提升并安装牢固；

Ⅱ翻模分节分块的重量，应小于吊机的额定起重量；

Ⅲ模板吊装时应缓慢提升移动，严禁作业人员攀附在模板上或者模板侧的工作平台上；

Ⅳ墩台施工作业应填表进行检查，并认真填写检查记录。

4）升降机操作控制。

①升降机操作人员必须经过培训，熟悉各个零部件及仪表的性能和操作技术，并必须考试合格者才能独立操作。

②遇到下列情况之一时，不得开动升降机：

Ⅰ天气恶劣，如雷雨、大风、大雾、下雪、电缆及导轨架结冰，风速超过 13m/s 时；

Ⅱ升降机出现机械、电气故障时；

Ⅲ对重钢丝绳断丝、断股超过规定时；

Ⅳ夜间施工照明不足时。

③经常观察吊笼运行通道有无障碍物。

④载荷用尽量均匀分布，并确保吊笼装载未超过其额定的载重量，严禁超载运行。

⑤升降机吊笼内严禁超载，严禁货物载出吊笼运行。

⑥吊笼上下运行时，笼顶上的安装吊杆不准带载运行。

⑦吊笼运行中发现异常应立即停车，并向有关人员汇报，严禁带病运行。

⑧升降机必须始终保持所有的零部件齐全，完整。

⑨升降机的基础不允许存有积水。

⑩升降机在下班后应停靠在地面站台，并将极限开关锁住，切断电源。

⑪按要求定期进行检查，保养及做坠落实验。

⑫作好交班记录，并将机器存在的问题或事故隐患汇报给有关人员。

⑬接通配电箱和吊笼顶电控柜内开关，检查操作台面板上的电源指示灯是否工作。

⑭关闭所有笼门（包括底笼门、吊笼单开门、双开门、天窗盖和底笼小门）。

⑮按操作台面板上启动按钮，如一切正常，工作指示灯、电压表指示电源电压值正常。

⑯依照操作面板上指示的运行方向操纵即可实现所要求的运行。

⑰在运行中如发生异常，应立即按下“急停”按钮，在未排除故障前，不允许复位。

⑱当升降机在运行中由于断电或其他原因而异常停车时，可进行手动下降，使吊笼下滑至下一级停靠点。手动下降时，将电机尾端制动磁铁手动释放拉手缓缓向外拉出，使吊笼缓慢地向下滑行。

3. 预制梁施工隐患控制要点

（1）预制场地的选择，场地的平面布置，应符合关于公路工程施工现场的安全规定。场内的道路、运输和水电设施，应符合关于公路工程场内交通及水电设施的安全规定。

（2）主要机械作业控制。

1）搅拌站。

①搅拌站应按设计要求，安装在具有足够承载力、坚固、稳定的基座上。操作点应设平稳的作业平台及防护栏杆，上下应设扶梯；

②搅拌站的电器设备和线路应绝缘良好。搅拌站内，所有机械设备的转动部分，必须设有防护装置。高大的搅拌站应设置避雷装置；

③搅拌站的机械设备安装完毕，要重点检查：设备安装稳定牢固情况，电机连接与绝缘情况，制动器、离合器、升降器是否灵活可靠，轨道滑轮是否良好，钢丝绳有无断裂或损坏等。确认良好后，进行空载运转，经试运转，全部机械达到正常后，方可作业。

2）发电机组。

①配备发电机组，发电机组应设置在安全可靠的机房内，其基础应平整坚实，必要时应设置在混凝土基座上，机房内配备消防设备；

②发电机应设接地保护，接地电阻不得大于4Ω。发电机连接配电盘，及通向所有配电设备的导线，必须绝缘良好，接线牢固；

③施工用的发电机电源应与外电线路电源联锁，严禁并列运行；

④发电机附近及发电机房内不得放置易燃、易爆物品。

3）皮带运输机。

①移动式皮带运输机运转作业前，应将行走轮用三角木对称楔紧。固定式皮带运输机，应安装在牢固的基础上；

②空载启动后，应检查各部位的运转和皮带的松弛度，如无异常，在达到额定转速后，方可均匀装料；

③严禁运转中进行修理和调整。作业人员不得从皮带输机下面穿过或跨越输送带；

④输送大块物料时，输送带两侧应加设挡板或栅栏等防护装置；运料中，应及时清除输送带上的粘连物；停机后要切断电源。

（3）混凝土拌和及灌注。

1）人工手推车上料时，手推车不得松手撒把。运输斜道上，应设有防滑设施；

2）机械上料时，在铲斗（或拉铲）移动范围内不得站人。铲斗下方严禁有人停留和通过；

3）向搅拌机内倾倒水泥，应采用封闭式加料斗。为减少进出料口的粉尘飞扬应加设防护板；

4）作业结束时，应将料斗放下，落入斗坑或平台上。在清理斗坑或平台时，应用销子将料斗固定住，严防滑落下来伤人；

5）灌注预制梁混凝土时，应搭设作业平台和斜道，不得在模板上作业；

6）搅拌机运转中，严禁用工具伸入料仓内拨弄，需要在料仓内检修时，应停机。修理时，必须先切断电源，电源边设专人看护，并挂牌注明“仓内有人操作，切勿合闸”。搅拌机运转时，严禁从搅拌壳（筒或槽）的上盖或机壳的边槽帮上面行走，以免滑入搅拌机内被搅；

7）电动振捣器应按照下列规定使用。

①操作人员要佩戴安全防护用品。配电盘（箱）应加设漏电保护器，接线应使用电缆线；

②在大体积混凝土中作业，电源总开关应放置在干燥处，多台振捣器同时作业，应设集中开关箱，并由专人负责看管；

③风动振捣器的连接软管不得有破损或漏气，使用时要逐渐开大通气阀门。

（4）泵送混凝土控制。

1）混凝土泵（泵车）应设置在作业棚内，安装应稳定、牢固。泵车安设未稳前，不得移动布料杆。作业前，应检查输送泵、电气设备是否正常、灵敏、可靠；

2）泵送前，应检查管路、管节，及密封圈的完好程度，不得使用有破损、裂缝、变形和密封不合格的管件，应做到：

①管路布设要平顺。在高处、转角处应架设牢固，防止串动、移位；

②管路应设专人经常检查，遇有变形、破裂时，应及时更换，防止崩裂；

③混凝土泵在运转时发现故障，应立即停机、断电检查，不得带病作业；

④混凝土输送泵车操作人员，应熟悉和遵守泵车的操作规程和安全技术规定；

⑤拆卸管路接头前，应把管内剩余压力排除干净，防止管内存有压力而引起事故；

⑥在五级以上大风时，泵车不得使用布料杆作业；

⑦作业机结束，采用空气清洗管道时，操作人员不得靠近管道端部。

4. 架桥机施工隐患控制要点

（1）架桥机应按现行国家标准《起重机械安全规程》GB6067.1 规定及说明书要求安装并编制安装、拆卸专项方案。

（2）架桥机安装完毕后，必须经过验收，确认合格后，方可进行作业。

（3）预制梁的安装应严格按施工方案进行，起吊后经确认符合安全要求，方可继续作业。

（4）架桥机在行走时，前支腿必须压在前盖梁的横道轨上。

（5）架桥机作业面下方应设置警戒区域，严禁车辆、人员通行，河道上施工禁止船只通行。

（6）架桥机作业场地无杂物，满足纵向、横向运行要求。

（7）采用轨道式平板车运喂梁的，轨道顺直、轨道下垫有铁板，两轨拉结连接，拉结点距离不大于 6m，两轨平行误差不大于 6mm，平板车应有有效的制动装置，牵引绳保持完好。

（8）采用拖车运喂梁的，必须设专人指挥，禁止挂撞架桥机支腿。

（9）喂梁车的速度不应大于 5km/h。

（10）预制梁上梁前应清除梁上任何物品。

（11）架桥机装、拆、上梁作业必须设专人指挥，其他作业人员按分工就位，听从指挥，协调一致。距离较远的应配备有效的通讯联络设备，并保持畅通。

（12）架桥机过孔时，横向轨道底梁前支腿连接可靠，所带垫木、工具等必须绑扎牢固。机身纵、水平调整应遵照操作规程进行。

（13）预制梁安装就位后，确定索具下方无作业人员后，方可摘除吊索。

（14）在盖梁上作业的起重操作人员必须精神集中、防止高处坠落，高于2m的盖梁上施工应设平网，并有专人监护，水上作业应穿救生衣。

（15）除每孔（跨）第一片梁外，其他梁的过孔运行均在已安装后的梁上通过。

（16）安装和上梁施工一般在白天进行，特殊情况在夜间施工必须保证有足够的照明。

（17）架桥机在作业过程中发现有异常情况应立即停止作业，进行详细检查、维修，确认符合要求后，方可继续施工。

5. 支架法现浇梁施工隐患控制要点

（1）满堂支架现浇梁施工控制。

1）支架搭设前必须进行方案编制及结构检算。

2）支架稳定是结构安全控制的首要因素，应从以下几方面控制：

①支架搭设处地基要满足承载力要求，要有防排水措施。

②每根立杆底部应设置刚性底座或垫板。

③当采用多层支架时，支柱应垂直，上下层支柱应在同一竖向中心线上。严禁将外径不同的钢管混合使用。

④立杆接长接头必须采用对接扣件连接。对接应符合下列规定：

Ⅰ立杆上的对接扣件应交错布置；

Ⅱ两根相邻立杆的接头不应设在同步内，同步内隔一根立杆的两个相隔接头在高度方向错开的距离不宜小于500mm；

Ⅲ各接头中心至主节点的距离不宜大于步距的1/3。

⑤立杆必须设置纵、横向扫地杆，扫地杆距立杆底不大于200mm，最顶层水平杆距立杆顶不大于200mm。

⑥设在立杆顶的可调顶托伸出立杆顶不得大于250mm。

⑦水平杆接长采用搭接接头，搭接长度不应小于1m，应采用不少于2个旋转扣件固定，端部扣件边缘至杆端距离不应小于100mm。

⑧满堂模板支架纵向及横向每隔三排要设置一道剪刀撑，每道剪刀撑宽度不应小于4跨，一道剪刀撑并应由底至顶边连续设置，剪刀撑与地面的倾角宜为45°。

⑨四边与中间每隔4排立杆从顶层开始向下每隔3步设置一道水平剪刀撑。

⑩剪刀撑斜杆的接长宜用搭接，搭接长度不应小于1m，应采用2个旋转扣件固定，钢管端部露出扣件的长度不应小于100mm，是剪刀撑斜杆应用旋转扣件固定在与之相交的横向水平杆的伸出端或立杆上，旋转扣件中心线至主节点的距离不宜大于150mm。

3）凡参加搭、拆支架的操作人员，必须戴安全帽、工具袋，悬空、临空危险作业必须佩戴安全带，严禁穿拖鞋、赤脚或硬底鞋上架操作，严禁酒后作业。

4）高度2m以上的支架必须铺设脚底板，以方便人员在支架上移动，严禁隔空踩架管行走。

5）人行斜道上必须满铺脚手板，不得留有空隙和探头板，所有铺板应用铁丝绑扎牢固，上料斜道坡度不得大于 1∶3，宽度不得小于 1.5m，必须设防滑条，间距以 30cm 为宜。

6）人行斜道架必须与主体支架连接牢固，混凝土输送泵管支架不得于支架主体相连。

7）支架顶层侧面要设防护栏栅并挂防抛网。在人员车辆频繁活动的部位必须设置防护隔离栅及防抛网。

8）雷雨季节搭设支架，高度超过 15m 时要设防雷措施。

9）拆除时应按自上而下的顺序，做到一步一清，不得上下垂直交叉作业。对整片的架子不能采取推倒或倾拉方法拆除。拆除脚手架的大横杆和剪力时撑时，应先拆中间扣，再拆两头扣，由中间人员往下顺杆子拆。

10）拆架时，拆除下来的螺栓及小件要放入工具袋内，拆下来钢管要由专人传递，且人员位置要错开，不允许在同一线上操作，严禁从高空抛掷料具落地。

11）拆架时，要设警戒线，对各种通行道路或路口要封闭，并挂设危险标志或派专职人员执勤值班。参加拆架人员精神要集中，戴好安全带，互相监督、互相配合、要听从工长或执勤人员的指挥。

（2）梁式支架现浇梁施工控制。

1）起吊支架梁时，应确认所起吊支架的实际重量，如不明确时，应经操作者或技术人员计算确定。

2）拴挂吊具时，应按支架梁的重心，确定拴挂吊具的位置；用两支点或交叉起吊时，吊钩处千斤绳、卡环、起重钢丝绳等，均应符合起重作业安全规定。

3）吊具拴挂应牢靠，吊钩应封钩，以防在起吊过程中钢丝绳滑脱；捆扎有棱角或利口的物件时，钢丝绳与物件的接触处，应垫以麻袋、橡胶等物；起吊象支架梁一样长、大物件时，应拴溜绳。

4）起吊支架梁的吊点位置，应经计算确定，凡沿长度方向重量均等的细长物件吊点拴挂位置可参照以下规定办理：

①单支点起吊时，吊点距被吊杆件一端全杆长的 0.3 倍处；

②双支点起吊时，吊点距被吊杆件端部的距离为 0.21 乘杆件全长；

③如选用单、双支点起吊，超过物件强度和刚度的允许值或不能保证起吊安全时，应由技术人员计算确定其起吊支点数和吊点位置。

5）支架梁吊装前，需要占用原有道路，与交警部门联系，请交警派人来协助执勤。

6）支架梁起吊时，先将物件提升离地面 10～20cm，经检查确认无异常现象时，方可继续提升。

7）放置支架梁时，应缓慢下降，确认支架梁放置平稳牢靠，方可松钩，以免支架梁倾斜翻倒伤人。

8）起吊支架梁时，作业人员不得在已受力索具附近停留，特别不能停留在受力索具的内侧。

9）起重作业时，应由技术熟练、懂得起重机械性能的人担任指挥信号，指挥时应站在能够照顾到全面工作的地点，所发信号应实现统一，并做到准确、宏亮和清楚。

10）起重作业时，司机应听从信号员的指挥，禁止其他人员与司机谈话或随意指挥，如发现起吊不良时，必须通过信号指挥员处理，有紧急情况除外。

11）起吊支架梁时，起重臂回转所涉及区域内和重物的下方，严禁站人，不准靠近被吊支架梁或将头部伸进支架梁下方观察情况，也禁止站在起吊支架梁上。

12）起吊支架梁时，应保持垂直起吊，严禁用吊钩在倾斜的方向拖拉或斜吊支架梁。

13）起吊支架梁旋转时，应将工作物提升到距离所能遇到的障碍物0.5m以上为宜。

14）起吊支架梁时应使用交互捻制交绕的钢丝绳，钢丝绳如有扭结、变形、断丝、锈蚀等异常现象，应及时降低使用标准或报废。卡环应使其长度方向受力，抽销卡环应预防销子滑脱，有缺陷的卡环严禁使用。

15）当使用设有大小钩的起重机时，大小钩不得同时各自起吊物件。

16）当用两台以上起重机同吊一支架梁时，事前应制定详细的技术措施，并交底，必须在施工负责人的统一指挥下进行，起重量分配应明确，不得超过单机允许重量的80%，起重时应密切配合，动作协调。

17）当用两台及以上起重机吊装时，并需要在原桥面上进行作业时，为防止起重设备对老桥面产生集中力，每次吊装时在吊车每个支腿下垫1cm厚，$2\times2m^2$的钢板。

18）起重机在高压线附近进行作业，其臂杆、钢丝绳、起吊物等与架空线路的最小距离不应小于规定距离，如不能保持这个距离，则必须停电或设置好隔离设施后，方可工作。如在雨天工作时，距离还应当加大。

19）吊装及拆除支架梁时，受道路交通的影响，可利用晚上进行，临时将道路全部封闭，除施工车辆外，禁止所有通行车辆进入施工现场。

20）在吊装多片支架梁时，安装第一片支架梁因处于不稳定状态，暂时将第一片梁用导链与墩柱相连，并同时用钢筋将墩柱外露钢筋与支架梁焊接，以暂时形成一个稳定结构。

21）第二片支架梁安装就位后，用横向连接将第一、二片梁连接，连接牢固后松开吊车，进行下道工序。所有支架梁完成架设后，现用通长横向横连将支架梁连接成一个整体。横连可采用槽钢，通过螺栓连接。

22）为防止高空坠物落入下层道路，在分配梁安装后上铺彩钢瓦作为防护或在支架梁下方将钢筋与支架梁焊接，钢管上铺彩钢瓦。

23）为减少交通阻塞，落梁一般在白天，移梁在晚上。落梁时将横连松开，落梁完后再将横连连接。为方便落梁，在每片支架梁下设置砂筒。砂筒采用为无缝钢管，用砂为试验用石英砂，要防潮，砂筒外可用钢筋缠绕。当砂筒调节高度受到限制时，可以砂筒下方垫钢板或工字钢，为防止产生偏心受压，工字钢可用钢板或钢筋支撑焊接。

24）军用墩纵向连接，采用专用$\phi22$高强螺栓，螺母应全部套入螺栓，严禁螺母有空丝没有套入。军用墩纵向连接完成后，确保轴线无偏移、无侧弯曲。当军用墩有侧弯曲时，侧弯曲挠度不大于$L/400$。

25）采用横向连接件连接军用墩时，满足定型尺寸时采用专用横边。当无专用横连时，采用自制横连。自制横连的螺栓孔禁止用气焊吹眼，用小型钻机钻眼，误差精度控制在±2mm，以确保军用墩受力横向分配均匀。横连连接为分内外两层，以增加军用墩刚度。

26）当军用墩上垫梁相对于军用墩悬空较大时，可以用 16 号槽钢对扣焊接作为斜撑，以增加上垫梁悬空强度。

27）当下垫梁与军用墩螺栓孔不能相对时，采用自制钢夹钢将下垫梁与军用墩相连成整体。

28）完善道路交通安全标志的设置，施工现场安排专职保通员值守指挥，全线实行 24 小时安全值班制度。吊装及拆除施工时，在施工点前后各 500m 设一名交警，并配设一名专职保通员，管理疏导交通，保证车辆运行通畅。

29）加强施工期间的交通管制，在施工点前后 500m 处设置限高架，对超高车辆进行检查，要求超高车辆绕道行驶。施工所用机具、模板不得占用有效行车路面，必须占用的，设好交通引导标志。

30）施工点两端外侧安放渐进组合安全标志，以正确引导车辆通行。同时配有备用的交通标志、交通标识，在特殊情况下使用。

31）夜间施工必须在施工车辆上安放照明灯、警示灯，施工期间施工车辆由保通员双向值守指挥交通。

32）吊装作业时不得阻碍交通，特殊情况下间断性地中断交通，必须做好保通组织计划。吊装施工原则上安排在 20：00 至次日 8：00 车流量小时进行。

33）进行上部作业时，在作业区与保通区之间设置安全网，在施工点和前后一定距离的必要位置，设醒目的限高、限速等安全保通标识。

34）必须备有必需的清障设备，如装载机、吊车等，保障快速抢险。

6. 箱梁移动模架法施工隐患控制要点

（1）移动模架结构设计控制。

1）移动模架设计时，应明确：

①适应的最小平曲线半径；

②适应的最大纵向坡度；

③适应的海拔高度；

④适应的环境温度；

⑤设计抗风能力；

⑥纵横向稳定系数。

2）应对移动模架各作业工况进行受力分析，并提出其对永久性结构物所施加的作用力。

3）应明确墩旁托架在桥墩两侧的锚固位置和锚固方式以及在承台上的支撑位置和支撑方式，移动模架支腿在墩顶上或在已成箱梁顶板上的支撑位置和支撑方式，须取得设计、业主的同意后，并经必要的应力检算后方可实施。

4）在箱梁自重和模板系统自重作用下，主梁跨中竖向变形挠度不宜大于 $L/700$（L 为主梁的支承跨度）。

5）移动模架走行方式宜采用液压驱动，并有可靠的纵向防溜措施和机构。

6）移动模架构件的外轮廓尺寸要满足运输条件的有关规定。单件最大重量不宜大于 20t，最大长度不宜大于 12m。

7）移动模架宜配置防雨棚。

8）在纵坡上制梁时，箱梁混凝土及模板系统产生的纵向水平分力应能有效地传于桥墩。

9）液压系统的设计应符合现行国家标准《液压系统通用技术条件》GB/T 3766 的规定，并应保证移动模架作业安全、可靠、维修方便。

10）移动模架应有可靠的纵向过孔限位装置。

11）移动模架应有梯子、栏杆、人行通道等设施，以方便高空作业。

12）移动模架应有风速仪、避雷针等装置，以及防台风措施。

13）为保证安全操作，移动模架各个部位必须设有工作平台。

（2）移动模架工厂制造控制。

1）移动模架使用方应委派熟悉钢结构业务的专业人员进驻工厂监造。

2）焊接前，工厂宜进行焊接质量评定试验，试验合格后，方可正式施焊。

3）移动模架的主梁、支腿及墩旁托架等主要承重结构的重要焊缝应进行 100％的探伤。

4）移动模架的主梁、导梁、支腿、墩旁托架等主要结构件的制造应符合现行行业标准《铁路钢桥制造规范》TB 10212 的有关规定。

5）液压元件的性能参数及型号应满足系统原理图的规定，并有产品质量合格证。

6）液压系统的压力试验及模拟功能试验应满足规范的要求。

7）电气配套产品应有生产许可证及产品合格证。新产品应有技术条件、型式试验报告和完整的鉴定文件。

8）电气设备防护等级可为 IP00，但应有适当的防护措施，如防护栏杆、防护网等。

9）移动模架上所有电气设备均应可靠接地，电控设备中各电路之间以及各相对地的绝缘电阻，一般环境中应不低于 0.8Ω，潮湿环境中应不低于 0.4Ω。

10）严禁用金属结构做照明线路的回路，可携式照明的电压不应超过 36V，交流供电时，应使用隔离变压器。

11）每台移动模架必须进行厂内试拼装，并保留详细的拼装记录。

12）出现下列情况时，每台移动模架应在厂内完成静载试验，制造厂如不具备试验条件，可借助现场预压进行：

①新设计制造的移动模架；

②移动模架停产一段时间又重新制造，有必要重新确认其性能时；

③批量生产的移动模架经重大技术改造后，其性能有较大改变时；

④转厂后生产的移动模架；

⑤批量生产移动模架一定数量后，有必要重新确认其性能时；

⑥国家质量监督机构提出进行静载试验要求时。

13）厂内静载试验载荷取值为箱梁重 1.1 倍和内模重之和，布载方式应尽量模拟正常施工时移动模架的受力状态。

（3）移动模架现场拼装控制。

1）移动模架现场拼装前，使用方应与移动模架制造商共同制定拼装方案及详细的现场拼装操作细则，并报监理审批。

2）拼装前，工地技术负责人必须对各种工况进行分析，并对作业人员进行安全技术交底。

3）拼地面装移动模架时，地基应压实，不积水，不得出现不均匀沉降。

4）在支架上拼装移动模架时，支架必须经过专门设计检算，并应选择正确的支架卸载的方式方法，以保证结构和操作人员的安全。

5）同一侧的墩旁托架必须在同一标高上，误差不得大于2cm。

6）牛腿安装时必须将牛腿上部连接精轧螺纹钢筋拧紧，下部与墩身预留孔的上下两个面顶紧。精轧螺纹钢筋严禁过电、摔打、弯折。

7）机械电气系统的安装调试必须遵照有关的技术标准执行。

8）拼装完成后必须对液压电气系统及模板系统试运行，次数不少于3次。

（4）移动模架现场预压控制。

1）移动模架现场拼装完成后，第一片箱梁施工之前必须进行堆载预压。堆载应尽量模拟箱梁施工时的受力状态，以测量移动模架主梁、横梁、墩旁托架等不同部位的变形，同时检验模架的安全性能。

2）预压荷载取值为箱梁重1.1倍和内模重之和。预压时，必须分级加载、逐级卸载，必须待结构变形稳定后测量各工况下的结构变形，以便据此进行预拱度设置。

3）雨天必须对砂袋等吸水性较强的堆载物进行遮雨，以防移动模架过载破坏。

4）对未进行厂内模拟载荷试验的移动模架尚应检测主承载结构的应力变化，以便评估次级加载的安全性。

（5）移动模架现浇简支箱梁控制。

1）移动模架首孔梁施工前必须编写工艺细则和安全操作细则，必须对作业人员进行安全技术交底，并在以后的施工中逐步完善。

2）每孔箱梁混凝土浇筑前，应逐项进行检查：

①平台、楼梯、安全网设置情况等；

②液压系统检查、阀等泄漏测试；

③主千斤顶的机械锁是否拧紧；

④主梁节间高强螺栓是否拧紧；

⑤横梁与主梁、横梁之间连接螺栓是否拧紧；

⑥螺栓预紧力是否符合设计要求；

⑦纵移、横移油缸是否缩回，并用销轴锁定顶推机构；

⑧电器检查，线路与接头有无裸露、松动和浸水现象；

⑨模板标高及预拱度调整情况；

⑩牛腿支腿、牛腿梁与墩柱固定是否牢固。

3）高强螺栓在第一次浇筑混凝土前后都必须检查，以后每10跨必须检查一次。

4）梁体混凝土强度达到设计强度的60%时，进行预张拉；梁体混凝土强度达到设计强度的80%时，进行初张拉；梁体混凝土强度和弹性模量达到设计值的100%，混凝土龄期满足10d时，进行终张拉。张拉力值应由设计单位提供。

5）高压油管使用前应作耐压试验，合格后方可使用。

6）油压泵上的安全阀应调至最大工作油压下能自动打开的状态。

7）油压表安装必须紧密满扣，油泵与千斤顶之间采用的高压油管连同油路的各部接头均须完整紧密，油路畅通，在最大工作油压下保持5min以上均不得漏油。若有损坏者应及时修理更换。

8）张拉时，千斤顶后面不准站人，也不得踩踏高压油管。

9）张拉时发现张拉设备运转声音异常，应立即停机检查维修。

10）初张拉过程中底模对箱梁会产生不均匀反弹力，张拉时应考虑是否需要配合张拉分级调低底模高程，以避免由于拉应力过大可能造成上翼缘板的开裂。

（6）移动模架过孔控制。

1）移动模架过孔作业必须由专业队伍操作。

2）上行式和后支撑滑移的复合式移动模架必须在箱梁终张拉完成以后过孔，下行式和后支撑固定的复合式移动模架可在箱梁初张拉完成后过孔。

3）在移动模架过孔时，上行式移动模架的前支腿或辅助导梁，下行式和复合式移动模架的墩旁托架，后支撑固定的复合式移动模架的后支撑架，必须纵向与墩和箱梁锚固牢靠，以抵抗过孔时产生的纵向反力。

4）横向移动前必须检查并确保模板、前支撑横梁以及中间托架的连接均已解除。

5）必须缓慢启动液压系统，缓慢将移动模架向前顶推。出现异常声响时，必须立即停止过孔。待查明原因消除后，再顶推移动模架过孔。

6）对于过孔时两个主梁必须分离的移动模架，其主梁的横移、纵移宜同步进行。

7）模架纵向推进过程中，两侧主梁必须要对称前移，纵向推进油缸每次行程宜小于1000mm。

8）主千斤顶顶升工作时，千斤顶锁环必须每隔适当距离上紧一次，以防万一发生的液压系统损坏；千斤顶降落时，安全锁环每次松开不得超过设计规定的安全距离，防止意外发生的安全事故。

9）滑板在每次安装使用及滑动时均必须涂抹油脂，并确保滑板表面干净平整，内、外侧滑板标高一致。

10）移动模架过孔应连续作业。过孔过程中，若因故发生长时间停留或过孔后外侧模不能立即合拢等情况，必须增加临时横向稳定措施。

11）移动模架每次过孔前，必须逐项检查：

①平台、楼梯、安全网、螺栓情况；

②油阀、油泵、油管、压力表情况；

③推进油缸的螺栓鞍座情况；

④主千斤顶的位置与机械锁定情况；

⑤鼻梁平台施工机具移出，所有机具必须移走；

⑥支撑托架与主梁连接楼梯下部拆除情况；

⑦反作用力支撑板螺栓紧固情况；

⑧电线长度满足情况；

⑨支撑托架标高测量；

⑩纵、横向推进滑板油脂涂抹情况；抗震、防风设施安装情况。

（7）移动模架拆除控制：

1）移动模架拆除前，使用方应与移动模架制造商共同制定拆除方案及详细的现场拆除操作细则，并报监理审批。

2）模架拆除必须确保起重设施有足够的安全系数，防止起吊物坠落，发生安全事故或损坏结构物。

7. 连续梁及连续刚构悬臂施工隐患控制要点

(1) 墩顶梁段施工控制。

墩顶梁段结构复杂，预埋件、钢筋、各向预应力束及其管道、锚具密集交错，施工难度较大，需精心组织施工。施工时须按其结构形式、高度及施工条件进行分层浇筑。

1）托架施工。

0＃段托架可根据墩身高度、承台尺寸、地形情况，分别支承在承台、墩身或地面上。落地支架可采用军用墩、万能杆件、贝雷桁架、钢管等拼装，墩身托架可采用万能杆件拼装或型钢组焊。托架设计应保证强度和刚度满足要求，托架拼装要重点保证各杆件连结节点的焊接或拴接质量。

托架应试压，以消除其非弹性变形，测弹性变形，并检验安全性。可采用在承台上预埋锚绳，用千斤顶加压的方法。

2）临时支座设置。

临时支座的作用是在施工阶段临时固结墩梁，承受施工时两侧不平衡重传来的弯矩，应按最后一个悬浇梁段重量产生的不平衡弯矩进行检算。临时支座一般砂箱、采用C40混凝土，锚固钢筋预埋在墩帽中穿入梁底。

刚构桥不需实施墩梁临时固结。

3）梁体结构控制。

0＃段构造复杂，圬工量大，防止梁体开裂是保证结构安全的重点，施工时须注意以下几点：

①每次混凝土浇筑必须在混凝土终凝前完成；

②混凝土分次浇筑的间隔时间应一致，并控制在7天之内，以防止混凝土收缩徐变差异引起的裂缝；

③底模、内模支架必须牢固，决不能因支架不均匀变形而造成梁体开裂；

④合理布置混凝土入模点，在模板上适当位置开窗，加强混凝土的振捣。混凝土灌注过程中要有技术人员负责记录、监督；

⑤0＃段按大体积混凝土进行施工，采取优化配合比、控制入模温度、体内温控、蓄水养护等防裂措施。

(2) 悬臂浇筑循环段施工控制。

挂篮是悬浇梁段的专用设备，既是施工梁段的承重结构，又是施工梁段的作业现场。挂篮可在已经张拉锚固并与墩身连成整体的梁段上移动，绑扎钢筋、立模、浇筑混凝土、预施应力都在挂篮上进行。完成本段后，挂篮对称前移一节段，进行下一梁段施工，如此循环前进，直至悬臂梁段浇筑完成。

1）挂篮结构。

挂篮的形式较多，有用万能杆件、贝雷桁架、六四军用梁桁架组拼的桁架式挂篮和用型钢加工的菱形式、三角式、弓弦式、斜拉式等专用挂篮。挂篮主要由承重系统、行走系统、锚固或平衡重系统、悬吊系统、模板系统等几部分组成。

①承重系统。

承重系统是指挂篮的主要受力结构，它前部承受悬吊系统传来的荷载，后部承受锚固系统或压重传来的荷载。应确保其强度和刚度满足使用要求。

②行走系统。

分滚动和滑动，或滚滑结合。滚动为轮轨系统；滑动由滑块、滑槽组成，一般使用四氟滑扳。行走动力可采用千斤顶、导链等。

③锚固或平衡系统。

位于挂篮后端，锚固可用精扎螺纹钢筋或粗钢筋等。平衡则是在挂篮尾部加上平衡重，用以平衡挂篮前移过程中产生的倾覆力矩，确保施工安全可靠。

④悬吊系统。

悬吊系统由前吊杆和后吊杆组成。吊杆上端作用在挂篮承重结构上，下端连接挂篮底模平台。吊杆多采用精轧螺纹钢筋或钢吊带。

⑤模板系统。

模板系统悬挂于吊杆之上，可通过吊杆调整其立模标高，以适应梁变截面的要求，为主要受力构件，要满足强度和刚度要求。

2）挂篮预压试验。

挂篮安装完成后，必须进行压载试验，以检验挂篮各构件的受力情况、挂篮的抗倾覆性及挂篮的刚度，消除挂篮的非弹性变形和测定弹性变形量，为梁体的线形控制提供基础数据。挂篮实验应根据现场条件选用锚力筋千斤顶加压法、水箱加压法、砂石袋堆载法或混凝土预制块堆码加压法。

3）挂篮安全防护。

①挂篮底模、顶面、前上横梁处增设施工作业平台及作业人员上下走行梯；

②挂篮施工平台前端、外侧模和已施工梁段侧端均设置栏杆与安全网；

③为了防止悬吊系统使用的倒链在长期反复使用过程中突然损坏引起安全事故，在每一倒链吊点处均设保险钢丝绳；

④挂篮每施工一节段，均仔细检查挂篮各部位的连接情况，保证各部位均匀受力；

⑤混凝土浇筑前，用千斤顶均匀打紧后锚系统和前后吊带，使其均匀受力；

⑥设置挂篮走行限位装置，限制挂篮速度在 4cm/min 之内。防止走行速度过快引起挂篮倾覆。

4）对称加载。

①梁段悬臂灌筑时，T 构两端施工荷载要尽可能保持平衡，并注意左右偏载，两端浇筑混凝土进度之差不得大于设计要求；

②挂篮走行时，保证两端走行速度一致；

③施工材料和机具的堆施工保证对称。

（3）悬灌梁段安全控制。

1）挂篮设计时充分考虑挂篮刚度和稳定性保证挂篮刚度和稳定性，避免在灌筑过程中因挂篮变形挤压未达到承重强度的混凝土，致使梁体衔接处挤裂；

2）混凝土实行强度和弹性模量指标双控。混凝土除满足强度、早期强度、初凝时间、坍落度、和易性等指标要求外，还须满足混凝土的弹性模量指标要求。混凝土的弹性模量是影响梁体混凝土收缩、徐变及受力变形的关键因素；

3）梁段悬灌时，与前一梁段混凝土结合面应予凿毛；

4）混凝土施工灌筑平台支撑在已灌注梁段混凝土及端模上；

5）灌注梁段混凝土宜一次整体灌注成型，当混凝土自流高度大于 2m 时，必须采用溜槽或导管输送，以保证混凝土的灌注质量。应在混凝土初凝之前完成底板及腹板灌注，初灌混凝土终凝之前完成顶板部位施工；

6）保证预应力制孔质量。在灌注混凝土过程中，波纹管容易上浮移位、变形、局部挤裂漏浆而堵塞管道。采取加密波纹管支点（间隔 0.5m）；波纹管伸出端临时加圆木塞，则能防止被挤变形；在灌注混凝土过程中，在波纹管内插入带活塞的通孔器进行通孔；

7）掌握好预力筋的张拉顺序，防止梁体局部受拉开裂。纵向预力筋张拉，按先腹板、后顶板，从上向下，左右对称张拉；

8）纵向孔道压浆，为了消除挂篮走行时，梁体产生挠度对压浆质量的影响，宜在挂篮走行到位后压浆；

9）各梁段施工加强梁体测量、观测，注意挠度变化，加强线形控制。

（4）边跨直线段施工。

1）边跨直线梁段根据梁段长度和现场条件选用落地膺架法、墩身托架法。边跨直线梁段施工与支架现浇梁施工一致；

2）直线梁段混凝土宜一次灌筑成型，为保证混凝土养生期间及边跨预力束张拉时梁体混凝土不致因受挤压而开裂，在底模与支架纵梁间设置滑动设施，使其能纵向移动。支座在边跨合拢前临时固定，待边跨合拢完成后解除临时固定。

（5）合拢段施工。

合拢是连续梁施工和体系转换的重要环节，合拢施工必须满足受力状态的设计要求和保持梁体线形，控制合拢段的施工误差，合拢顺序按设计次序进行。

1）施工吊篮。

合拢段应利用挂篮内外模滑行梁和底模前后横梁作吊架，通过梁段上的预留孔将挂篮的内外模和底模吊在梁段上作为合拢段模板施工，以保证吊篮的强度和刚度。

2）合拢段结构控制。

为保证桥梁结构安全，从合拢段混凝土开始灌注至达到设计强度并张拉部分预应力钢筋之前，既保持新浇混凝土不承受任何外力，又要使合拢段所连接的梁体在各种因素影响下变形协调，为此，应采取以下措施：

①合拢段的混凝土应选用早强、高强（宜高于梁体混凝土强度）、微膨胀混凝土，以使混凝土尽早达到设计强度，及早施加预应力，完成合拢段的施工；

②合理选择合拢顺序，使合拢段施工中及合拢后体系转换时产生的内力较小，且又满足工期的需要。连续梁一般按先合拢边跨后合拢中跨的次序施工；

③应将合拢段两端的 T 构进行锁定，限制它产生相对位移，从而保证合拢质量。采取的措施是，增设传递内力的劲性支撑和临时钢丝束，即增设撑杆和拉筋，把合拢段两端的 T 构联结起来，以保证合拢前、后结构变形协调；

④采取低温合拢。为避免新浇混凝土早期受到较大拉力作用，合拢段混凝土浇筑时间，应选在当天气温最低时刻，使气温最高时，混凝土本身承受部分应力；

⑤浇筑时要及时观测箱内外温度，做好记录，为了避免在凝固中发生收缩裂缝，在顶板上全跨范围内，用草袋覆盖洒水降温；

⑥加强混凝土养护，使新浇箱梁混凝土在达到设计强度前牌潮湿状态，以减少箱梁顶面因日照不均所造成的温差；

⑦为防止合拢段两边悬臂端因降温而产生上翘，在合拢段施工时应在两悬臂端增加压重；

⑧在合拢段混凝土强度达到设计、规范要求时，应及时张拉预应力连续束，解除临时支座，实现体系转换，以策安全。

（6）跨越行车道、航道的施工安全措施。

当悬浇施工跨越铁路、公路或有通航要求的河流时，必须采取有效措施保证通车或通航的安全：

1）行车道或航道上方悬灌施工时，设封闭式防护装置，确保桥下行船的安全；

2）设专人防护，当桥下有过往车辆或船只时，停止电焊、吊装等作业，严防坠物；

3）工程实施前，主动与管理部门联系，请予支持和指导，设置示警标志；

4）跨越铁路或公路时，应搭设安全通道保证行车安全。

第 10 章　装饰装修、铺轨及设备安装阶段工作

10.1　隐患排查治理的基本方法

10.1.1　准备工作

（1）隐患排查方案。

隐患排查方案主要内容：隐患排查目的、范围；隐患排查时间要求；隐患排查工作介绍及任务；隐患排查工作流程；隐患排查的质量要求等。

（2）资料收集。

资料的主要内容：工区平面布置图；重要工艺流程图；危险工序作业、特种及大型设备和材料清单；组织机构与规章制度的建立清单以及施工方案、专项方案等。

（3）隐患排查区段划分。

轨道交通工程的隐患排查区段应充分考虑以下项目：

1）具有重大或影响较大的工程；

2）行业中发生过事故的单位、分部、分项工程；

3）新技术、新工艺、新材料、新设备的工程；

4）无明确规范要求的工程；

5）相关方强烈关注的工程。

（4）排查人员。

排查人员要求：既要考虑个人的业务能力，更要考虑整体的工作能力；既要考虑排查的全面性，更要考虑层级排查的层次性；保证排查工作能够从点到面辐射范围，通过层级的检查、评价、考核制度将隐患控制在萌芽阶段，消灭事故的发生。

10.1.2　隐患排查单元划分

根据城市轨道交通工程的特点隐患排查可按作业区划分如：单位工程、分部工程、分项工程及主要工序作业进行层次分解，直至各施工作业的关键作业活动，主要按排查项目划分作业单元。以铺轨施工为例，其作业活动划分如表 10-1。

10.1.3　隐患排查方法

（1）隐患排查依据。

1）国家、地方法律、法规及规范标准；

2）工程的安全生产方针、安全生产目标；

3）施工方案、专项方案等技术文件要求；

4）合同要求等。

表 10-1 铺轨施工质量安全隐患排查表

序号	分项工程	排查项目	排 查 内 容
1	铺轨施工	道床	①隧道凿毛、清理不符合规范要求
			②整体道床厚度不符合设计要求，轨下部位混凝土厚度小于设计要求厚度
			③道床面与轨枕承轨面高差符合要求
			④碎石道床级配、道砟厚度、肩宽符合设计要求
			⑤浮置板道床施工不符合设计要求
			⑥整体道床坡度（排水沟坡度）不符合设计要求
			⑦整体道床浇筑前未及时进行隐蔽验收
2		钢轨铺设	①轨距不符合设计要求。轨道超高、坡度不符合规范要求
			②钢轨与人防门距离小于 50mm
			③无缝线路焊接施焊不符合工艺规程
			④安装误差超允许值
			⑤扣件安装不符合规范要求
			⑥道岔敷设不符合设计要求
			⑦半径小于 400m 曲线地段，未采用全长淬火或耐磨钢轨
			⑧正线钢轨低于 60kg/m，车场线钢轨低于 50kg/m
			⑨超声波探伤和外观不符合规范要求
3		接触轨	①无砟道床接触轨混凝土底座类型、规格质量不符合设计要求
			②轨条、绝缘子、铸铁件等设备器材产品合格证和质量证明文件不齐全，外观检查不符合规范要求
			③接触轨的防爬器、挡板、导向板安装不符合设计要求
			④接触轨接头，端部弯头、侧面弯头的安装位置不符合设计要求
			⑤膨胀接头处电连接线的截面不符合规范要求
			⑥防护罩支架及防护罩类型、规格、数量和材料强度不符合设计要求
4		轨道附属	①线路、信号、警冲标志数量、位置、高度不符合设计要求
			②线路标志及信号标志的材质、制造规格、涂料、图案字样不符合设计规定
			③防脱护轨安装及支架绝缘缓冲垫片安装位置不符合设计要求
5		杂散电流	①铜排焊接施工不符合设计和规范要求
			②绝缘测试结果不符合要求

（2）隐患排查方法。

隐患排查方法可采用安全隐患检查表法。

安全隐患检查表法是为了系统找出施工中的安全隐患，把施工过程中的人、物、管理的三个方面查出各层次的不安全因素。根据不同检查项目，形成单位工程、分部工程、分项工程隐患排查表。此表能够显示单次、多次及一定时间内的突出隐患因素和检查项目的隐患数量，现以铺轨施工为例如表 10-2。

表10-2 铺轨施工质量安全隐患排查表

序号	排查项目	排查内容	危险有害因素		
			人	物	管理
1	道床	①隧道凿毛、清理不符合规范要求			
		②整体道床厚度不符合设计要求，轨下部位混凝土厚度小于设计要求厚度			
		③道床面与轨枕承轨面高差小于30mm			
		④碎石道床级配、道砟厚度、肩宽符合设计要求			
		⑤浮置板道床施工不符合设计要求			
		⑥整体道床坡度（排水沟坡度）不符合设计要求			
		⑦整体道床浇筑前未及时进行隐蔽验收			
2	钢轨铺设	①轨距不符合设计要求。轨道超高、坡度不符合规范要求			
		②钢轨与人防门距离小于50mm			
		③无缝线路焊接施焊不符合工艺规程			
		④安装误差超允许值			
		⑤扣件安装不符合规范要求			
		⑥道岔敷设不符合设计要求			
		⑦半径小于400m曲线地段，未采用全长淬火或耐磨钢轨			
		⑧正线钢轨低于60kg/m，车场线钢轨低于50kg/m			
		⑨超声波探伤和外观不符合规范要求			
3	接触轨	①无砟道床接触轨混凝土底座类型、规格质量不符合设计要求			
		②轨条、绝缘子、铸铁件等设备器材产品合格证和质量证明文件不齐全，外观检查不符合规范要求			
		③接触轨的防爬器、挡板、导向板安装不符合设计要求			
		④接触轨接头，端部弯头、侧面弯头的安装位置不符合设计要求			
		⑤膨胀接头处电连接线的截面不符合规范要求			
		⑥防护罩支架及防护罩类型、规格、数量和材料强度不符合设计要求			
4	轨道附属	①线路、信号、警冲标志数量、位置、高度不符合设计要求			
		②线路标志及信号标志的材质、制造规格、涂料、图案字样不符合设计规定			
		③防脱护轨安装及支架绝缘缓冲垫片安装位置不符合设计要求			
5	杂散电流	①铜排焊接施工不符合设计和规范要求			
		②绝缘测试结果不符合要求			

10.2 隐患排查治理的基本内容和要点

10.2.1 轨道工程

（1）安全隐患排查内容。

1）道床及铺轨施工。

①轨道道床的铺轨基标设置；②钢轨吊装作业；③铺轨门吊走行轨安全性设置及使用规范性；④钢轨支撑架、拉杆及扣件等连接及稳定性情况；⑤线路、信号、警示标志设置；⑥钢筋工程；⑦模板工程；⑧混凝土工程；⑨各类标示标牌设置。

2）钢轨焊接施工。

①气温、雨水及风力等作业环境；②焊接长钢轨时临近扣件拆除情况；③焊轨作业消防措施；④拖挂焊轨车安全操作情况；⑤施工锁定轨温控制、钢轨伸缩及位移情况。

3）轨行区施工安全。

①施工人员安全防护及站台临边防护情况；②隧道内照明及安全警示灯设置；③工程车辆安全使用情况；④轨行区内不文明、不安全现象；⑤施工机具、材料入侵行车界限；⑥地盘管理落实情况；⑦轨行区内易燃、易爆及有毒物品使用情况；⑧成品、半成品保护情况。

4）行车安全。

①工程车辆制动机防溜车等安全性设置；②工程车辆偏载、超载及超限界情况；③工程车辆安全保障及行驶管理；④轨道端头车挡设置；⑤轨行区预留洞口安全防护；⑥车站结构防洪及应急设施情况；⑦行车人员规范作业情况；⑧工程车辆进场验收及保养检修情况。

5）计划调度施工清点。

①相关单位调度员设置及值班情况；②轨行区作业计划、施工安全申报及审批情况；③进入轨行区是否严格按照请点时间；④作业完毕销点及现场清理情况。

6）安全、安全协议。

①施工方案编制、专家评审及审批情况；②各参建单位安全管理协议签订情况；③轨行区作业安全方案编制、审批情况；④全员安全教育及交底情况。

（2）质量隐患排查内容。

1）道床。

①隧道凿毛、清理情况；②道床及轨下混凝土厚度情况；③道床面与轨枕城轨面高差；④碎石道床级配、厚度及肩宽情况；⑤浮置板道床施工情况；⑥道床坡度情况；⑦施工验收程序。

2）钢轨铺设。

①轨距、轨高、坡度等；②钢轨与人防门距离；③无缝线路焊接情况；④钢轨、扣件、道岔等安装敷设情况；⑤特殊路段专用特殊钢轨；⑥超声波探伤和外观检查情况。

3）接触轨。

①接触轨混凝土底座类型、规格质量情况；②轨条、绝缘子等设备器材进场验收材

料；③接触轨的防爬器、挡板、导向板安装情况；④接头、弯头的安装情况；⑤膨胀接头处电连接线的截面尺寸；⑥防护罩支架及防护罩情况。

4）轨道附属。

①线路、信号、警冲标志数量、位置等情况；②线路标志级信号标志情况；③防脱护轨安装及支架绝缘缓冲垫片安装位置。

5）杂散电流。

①铜排焊接施工情况；②绝缘测试结果。

10.2.2　设备安装工程

（1）安全隐患排查内容。

1）安全管理。

①体系、制度建立及落实情况；②安全教育培训及交底情况；③重大危险源辨识和安全评价；④方案、应急预案等编审情况；⑤特殊工种、特种机械检验，人员持证上岗；⑥现场照明及临电设置；⑦现场分区及安全防护；⑧现场消防设施及措施落实；⑨现场安全、交通等警示标志；⑩作业人员安全防护。

2）装卸及起重作业安全。

①作业人员安全防护；②设备搬运专人指挥作业；③吊装运输作业防滑落措施；④吊起的设备下作业安全防护。

3）高处平台作业安全。

①防护栏、安全网等防护措施；②脚手板设置；③工具及零星材料处理。

4）电气安装及调试。

①隔离栏、标识牌等安全警示标志；②电缆人力、车辆运输操作；③电缆架设专用支架；④电缆过管处安全操作；⑤竖直敷设电缆的预防失控下溜措施；⑥电气操作前断电，并设置绝缘隔板；⑦开关柜安全距离；⑧安装高压油开关等特殊设备时，开关是否处于断开位置；⑨作业现场消防措施；⑩试运转前安全条件验收；⑪电气调试安全操作；⑫电气设备或材料非冲击性试验安全操作；⑬绝缘电阻测定安全操作；⑭电流、电压互感器安全操作。

（2）质量隐患排查内容。

1）设备进场。

①锚栓等紧固件及零部件情况；②质量保证资料完整；③设备试验报告和质量评定记录资料；④设备进场安装前验收情况；⑤设备规格、型号满足要求。

2）设备安装。

①主体结构验收情况；②设备安装位置，支吊架安装位置、间距；③开关、阀门等启闭情况；④防腐、保温、防杂散电流措施；⑤电气连接、配线、标识情况；⑥设备成品保护；⑦设备调试方案编审及设备测试及试运行情况；⑧设备安全保护、仪器仪表；⑨信号系统安全认证情况；⑩穿越防火分区的防火隔堵措施。

3）其他。

①节能测试情况；②样板示范工程。

10.2.3 电气安装工程

（1）安全隐患排查内容。

1）安全管理。

①安全帽、安全带等作业人员安全防护；②三级安全教育、培训及交底；③安全设施及作业环境安全；④机械设备检修、安全状态；⑤作业人员规范作业；⑥特殊工种持证上岗情况；⑦危险作业审批落实情况；⑧现场安全装置及设置维护情况。

2）电焊作业。

①电焊机防漏电触电措施；②受限空间内作业防中毒、爆炸措施；③焊渣伤人预防措施；④现场消防措施；⑤气焊、气割作业防伤害措施。

3）电气作业。

①防触电措施；②杆塔组立及架空线路安装作业；③大型变压器运输、安装、吊罩、抽芯、检查、干燥、实验；④蓄电池安装作业；⑤电气、热控设备安装作业；⑥高压试验作业；⑦电缆敷设、作头，轴架倾倒伤人，沟道内、转弯处、支架上易碰伤手脚，做热缩头时使用喷灯等易造成烧烫伤。

4）水暖作业。

①机械伤害；②沟道内施工塌方；③人工搬运散热器砸伤人或设备；④喷砂除锈伤人；⑤处理废旧容器时爆炸；⑥不正确使用梯子，倾倒、坠落。

5）保温作业。

①保温针伤人；②火灾；③中毒；④机械伤害；⑤触电伤害、火灾及烫伤。

（2）质量隐患排查内容。

1）电气设备/材料的安装。

①电力变压器器身检查；②有关材料检查；③二次回路安装；④旋转电机材料验收及安装；⑤电缆材料验收及安装；⑥母线材料验收及安装。

2）受电。

①建设单位备齐试验合格的所用各类器具；②）安装全部完毕，检查全部合格。试验项目全部合格，并有试验报告单；③按供电协议，需经供电部门检查合格，将电送上，并需经过验电、校相，且无误；④安装单位合进线开关，检查PT柜上的电压表三相是否电压正常，合变压器柜开关；⑤合低压柜进线开关，看电压是否正常；⑥在低压联络柜内，在开关的上下侧进行同相校核；⑦空载运行24h无异常现象应办理验收手续，交建设单位使用；⑧提交变更、洽商记录、产品合格证、说明书、试验报告单等技术资料。

3）电机空载测试。

①空载时间不小于2h；②试验所测三相线电压和三相线电流与以前所测数值相比较，其前后比较数值相差数额不应超过±5%。

4）照明试验。

①灯具、配电箱（盘）均安装完毕，而且合格验收；②灯具试亮（在各回路绝缘电阻测试合格后方可进行，绝缘电阻一般不小于0.5MΩ）；③通电后应仔细检查和巡视，检查灯具的控制是否灵活、准确；④查看开关与灯具控制是否相对应，吊扇的转向及调速开关是否正常；⑤在试运期间如果发现问题应先断电，然后方可查找原因进行修复；⑥试通电

时间一般在12h以上。

5）电气程序试验。

①进行机械部分检查及电气特性实验；②二次回路绝缘电阻测量；③二次通电试验；④二次保护装置的整组动作检验等。

6）电气设备的功能试验。

①安装前应检查电动绕组间和绕组对地的绝缘电阻（符合规定值）；②检验铭牌电压、频率、安法是否与电路一致，接法是否正确；③检查电动机内部有无杂物；④检验是否有油；⑤检验电动机的转轴是否能自由旋转；⑥检验电动机接地是否可靠；⑦电刷表面是否全部贴紧滑环。提升机是否灵活，压力是否正常等；⑧需检验运转方向是否与该电动机运转指示箭头方向相同；⑨运转后的电动机空载运行2h，注意轴承升温、噪声、振动、局部发热等现象。

7）隐蔽工程检查。

①按规定详细检查埋设在主体结构内管路是否符合要求；②详细检查利用结构钢筋焊接新做的避雷引线位置，焊接质量是否符合要求；③详细检查接地板、接地带连接处焊接质量及敷设位置是否符合设计要求；④详细检查不能进入吊顶内的管路敷设，接线盒、灯头盒等是否符合国家安装标准。

8）阴极保护试验。

①检查直埋电缆品种、规格、位置标高、弯曲度、接头、垮接地线、焊接质量、防腐、管口固定、管口处理以及与其管线的位置关系；②最大允许电位不得超规定值（U_0）；③需将最小保护电位U_{min}；④控制在规定范围以内，并应定期检查；⑤需经常测定、确定最小阴极保护电流密度J_0；⑥需经常确定阴极保护衰减系数α_0；⑦经常对阴极保护装置进行检查、试验。

9）火烟警系统试验。

①线路测试；②火灾报警与自动灭火设备的单体功能试验；③系统的接地测试和整个系统的开通调试。

10）综合外观检查。

①高压开关的外观检查；②电动机及其附属设备外观检查；③10kV油纸绝缘电缆户内终端头制作外观检查；④电力变压器外观检查。

10.2.4 装饰装修工程

（1）安全隐患排查内容。

1）安全管理。

①装饰施工方案；②安全教育及培训；③特种作业持证上岗；④安全技术交底；⑤安全检查落实；⑥上下通道设置；⑦材料堆放高度超过码放规定；⑧作业环境安全；⑨楼梯口防护；⑩电梯口及电梯井筒防护；⑪预留洞口及坑井防护；⑫通道口防护；⑬楼板、屋面等临边防护；⑭三宝、四口管理；⑮安全警示标志；⑯安全事故处理。

2）脚手架工程。

①脚手架施工方案；②脚手架立杆基础；③架体与建筑结构拉结；④杆件间距与剪刀撑；⑤脚手板与架体防护；⑥交底与验收；⑦综合检查。

3）临电工程。

①外电防护；②接地与接零保护系统；③配电箱与开关箱；④现场照明；⑤配电线路；⑥电器、变配电装置；⑦用电档案。

（2）质量隐患排查内容。

1）砌体工程。

①组砌质量，墙面平整度、垂直度及水平灰缝的平直度，接缝处理；②砂浆强度，稳定性；③砌体开裂；④砌体墙体渗水。

2）抹灰工程。

①墙面抹灰层空鼓裂缝和烂根；②雨水污染外墙面；③抹灰面层起泡、有抹纹、爆灰、开花；④抹灰面不平、阴阳角不垂直、不方正；⑤管道背后抹灰不平、不光。

3）防水工程。

①结构渗漏；②卫生间渗漏。

4）面砖饰面工程。

①瓷砖墙面空鼓、脱落；②瓷砖墙面接缝不平直、缝子不均匀，墙裙厚度不一致；③外墙面砖空鼓、脱落；④外墙面砖分格缝不均匀，墙面不平整。

5）楼地面工程。

①楼地面起砂；②水泥踢脚板空鼓、裂缝；③地面倒泛水；④楼地面空鼓；⑤楼梯台阶的踏级宽度和高度不一；⑥楼梯台阶的踏级阳角处裂缝、脱落。

6）门窗工程。

①门窗框变形；②门窗扇翘曲；③门窗框（扇）割角拼缝不严；④钢门窗翘曲变形。

第 11 章 试运行阶段工作

城市轨道交通设备系统试运行是集车辆、供电系统、通信系统、信号系统、综合监控系统、环境监控系统（BAS）、火灾报警系统（FAS）、门禁系统等系统之间的接口综合联调、行车及其运营演练、测试系统的综合性能指标和可靠性指标。

试运行是建设阶段机电设备调试工作的最后一个检验环节。须由建设单位、运营分公司、咨询单位（根据当地政策及建设单位要求确定是否配置咨询单位，本文按配置咨询单位编写）等各相关方的共同参与。城市轨道交通试运行的目的归纳起来主要有以下方面：

（1）实现城市轨道交通整体系统的最佳匹配；

（2）验证各子系统的可靠性，判断其是否达到设计功能；

（3）检验城市轨道交通运营体系的完备性；

（4）检验城市轨道交通运行、维护、抢修体制（包括规章制度、应急预案等）是否切实可行、满足城市轨道交通运营需要；

（5）检验系统的运输能力、服务品质是否达到设计要求；

（6）验证工程施工质量是否符合验收标准，验证系统功能是否满足设计要求，以及完善运营需求。

11.1 组织机构及参与各方职责

试运行阶段实行“全员、全过程”的安全质量隐患排查治理。隐患排查治理工作结构体系与建设期类似，具体说明详见“第 7 章 概述”。

11.1.1 试运行阶段安全质量隐患排查治理组织机构（见图 11-1）

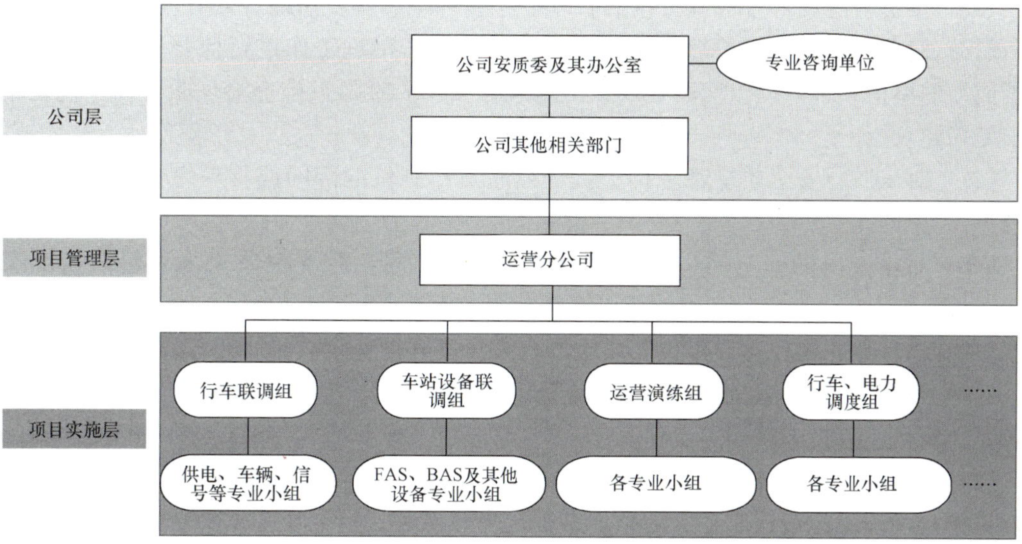

图 11-1 试运行阶段安全质量隐患排查治理组织机构图

11.1.2 试运行阶段安全质量隐患排查治理参与各方职责

1. 公司层职责

（1）全面统筹安全质量隐患排查治理工作。

（2）贯彻执行城市轨道交通管理部门及有关管理单位关于试运行及运行试验的相关规定。

（3）指导开展试运行各项工作，负责指挥、管理、协调及工作的推进。

（4）控制各系统工程进度与质量，确保各相关系统设施设备的试运行满足前提条件。

（5）负责组织相关单位参加试运行项目和承担相关技术责任。

（6）根据试运行进度和要求，检查试运行前提条件的准备情况、单系统和接口调试的结果。

（7）批准试运行完成的总体报告，确认各相关系统运行情况、可靠性测试指标满足试运营条件。

（8）参与试运行工作全过程安全质量隐患排查治理工作管理，督促各相关部门或管理组建立健全安全质量隐患排查治理工作体系并正常运行。

（9）负责安全质量隐患排查治理相关的管理办法、隐患分级、隐患排查要点及系统使用说明等相关文件的制定、修订、宣贯、培训。

（10）组织建立安全质量隐患排查治理工作管理系统，并进行维护管理。

（11）定期向公司主管领导报告安全质量隐患排查治理情况。

（12）组织对建筑限界确认工作进行检查。

（13）组织安全质量隐患排查治理工作会议，审阅安全质量隐患排查治理报告。

（14）对运营分公司安全质量隐患排查治理工作进行监督、指导和考核，并组织开展安全质量隐患季度大检查。

（15）负责对隐患排查咨询单位的管理、考核和隐患排查治理日常管理。

（16）对公司内部各相关部门的安全质量隐患排查治理工作进行监督、考核，对取得显著成绩的单位及个人提出奖励建议，对未履行安全质量隐患排查治理职责的单位及个人提出处罚建议。

（17）对未履行安全质量隐患排查责任或履责不到位的部门或管理组提出违约责任追究意见。

（18）对排查出的安全质量隐患进行响应。必要时，对安全质量隐患整改情况进行督察。

（19）咨询单位协助建设单位安质委及其办公室开展安全质量隐患排查工作。

（20）咨询单位协助建设单位安质委及其办公室开展安全质量隐患排查治理相关规定的制定、修订、宣贯和培训等工作。

（21）咨询单位协助协助建设单位安质委及其办公室对各相关部门或管理组的安全质量隐患排查治理工作进行监督、考核，并提出考核意见。

（22）咨询单位提供技术支持、信息输入和系统维护等服务。

（23）咨询单位督促各管理组履行各自职责，督促各管理组严格按时完成缺陷整改。

2. 项目管理层职责

（1）在公司层的指导下开展具体工作，负责编写试运行总体方案及各联调实施方案，组织协调各专业管理组工作。

（2）根据项目进度、各系统具备的联调条件等情况，组织编制试运行实施计划和实施流程。

（3）负责确认各系统设备单体调试实际完成情况、试运行各项目的测试结果、评估试运行结果和可靠性测试符合规定要求，并组织完成试运行总结报告、形成试运行评估结果。

（4）项目管理层应监督各专业管理组贯彻落实公司层关于隐患排查治理的各项规定和要求，并全面开展隐患排查治理工作。

（5）负责全线的安全质量隐患排查治理工作，全面掌握安全质量隐患排查治理情况，对各专业管理组隐患排查治理工作进行督察、指导和考核。

（6）参加公司层安全质量隐患排查治理工作会议，定期编制隐患排查治理工作报告，并向公司报告安全质量隐患排查治理情况。

（7）负责组织建筑限界核查。

（8）负责组织运行试验列车开行安全条件确认工作。

（9）负责全线试运行应急预案和应急管理工作。

（10）负责试运行期间的检查工作，督促缺陷整治和问题的整改。

（11）对未履行安全质量隐患排查责任或履责不到位的实施层管理组进行违约责任追究，并于每月末将违约责任追究汇总情况向公司层报告。

（12）组织安全质量隐患排查治理工作会议，通报所辖线路的隐患排查治理情况。

（13）组织开展安全质量隐患排查治理工作。

（14）对实施层隐患排查治理工作进行监督。

（15）对现场排查发现的安全质量隐患进行响应与消除。

3. 项目实施层职责

（1）各专业管理组职责。

1）负责对各项联调内容和结果的记录、完成联调报告，负责对设备或系统存在的问题或缺陷的整改，使满足运营需要；

2）负责试运行期间的检查工作，督促缺陷整治和问题的整改；

3）专业管理组是现场安全质量隐患排查治理工作主责单位，全面负责安全质量隐患自查自纠工作；

4）对所负责的专业小组工作开展隐患排查治理工作，并保障所需要的人员、设备及相关费用；

5）对所负责的专业小组工作安全质量隐患排查治理工作进行监督管理与考核，并将考核情况纳入对专业小组的考核评价中；

6）对排查出的隐患进行响应与消除；

7）参加项目管理管理层主持召开的安全质量隐患排查治理工作会议，汇报隐患排查治理情况，定期编制隐患排查治理工作报告；

8）提供小组隐患排查治理相应岗位人员信息，核实施工单位隐患排查治理相应岗位信息。

（2）各专业小组职责。

1）负责相应设备联调的体操作，负责提供联调所需的工器具等条件、联调作业规程及操作手册；

2）负责对各自人员的管理，确保试运行等各项作业规范、安全及作业人员的人身安全；

3）贯彻执行上级单位有关试运行及运行试验的相关规定；

4）负责本专业范围内运行试验列车开行安全条件确认工作；

5）负责组织定期不定期巡查，发现问题，按相关规定和程序及时上报、处理；

6）每日对专业范围内试运行工作至少进行一次安全质量隐患排查工作；

7）保障安全质量隐患排查治理工作所需要的人员、设备及相关费用；

8）专业小组长对专业范围内安全质量隐患自查自纠工作负总责；

9）对排查出的隐患进行响应与消除；

10）参加项目管理层及专业管理组召开的安全质量隐患排查治理工作会议，汇报专业范围内安全质量隐患排查治理的工作情况，定期编制安全质量隐患排查治理工作报告；

11）提供本小组隐患排查治理相应岗位人员信息。

11.2 试运行阶段安全质量隐患排查治理工作的实施要点

11.2.1 安全教育及培训交底

全体参试单位和人员应把安全工作放在首位，强化安全隐患意识，加强源头管理和过程控制，全力落实安全隐患排查治理工作，确保试运行安全。

（1）在试运行前，参与试运行的管理人员、安全防护员（驻站联络员）和其他相关人员必须参加相关管理单位的培训，经考试合格后方可上岗。

（2）在试运行作开始前，完成现场所有管理人员、作业人员的教育培训及交底工作。

（3）教育培训与交底必须包括以下内容：

1）轨道交通管理部门、建设单位、运营分公司及专业管理组对试运行安全的有关规定；

2）各级成立的试运行工作组织机构及相应人员的联系方式；

3）试运行工作管理制度及方案；

4）试运行工作总体计划；

5）信息的沟通、处理流程；

6）试运行工作安全注意事项和防护重点。

（4）开好班前碰头会，明确作业内容、地点、时间及具体安全措施。

（5）现场施工作业人员必须穿戴经检测合格的劳动安全防护用品，并依据安全作业规程设置规定数量的作业监护人。

11.2.2　信息处理

（1）运营分公司要明确试运行期间信息处理流程，每个流程处理必须落实到具体责任人。

（2）试运行期间信息的沟通主要采用综合布置会、日交班会等会议方式进行，通过会议的形式综合快速解决过程中存在的问题，保障各项工作顺利进行。

（3）综合布置会由运营分公司组织，各专业管理组参加，主要解决综合性和各专业管理组间需协调的问题，安排部署后续工作。

（4）日交班会由各专业管理组组织召开，专业管理组组长主持。运营分公司相应的包保责任人、专业管理组组员、专业小组全体成员、责任单元负责人、岗点责任人参加。

日交班会内容必须包括：当日工作整体情况的梳理，各级试运行工作相关要求的传达，次日工作布置及要求，试运行时刻表的预报，其他问题的协调解决。

11.2.3　建筑限界检查确认

（1）为确保试运行工作安全、有效开展，在主体工程完工后、静态验收之前，由运营分公司组织，总工程师、分管安全生产的副经理（安全总监）和各专业管理组组长等相关人员参加，开展轨道建筑限界专项检查工作，检查必须包括以下内容：

1）检查设计图纸限界（包括限界加宽、加高）是否满足要求，并按照设计原则对设计图纸的限界要求进行检算；

2）检查车站的站台墙、雨棚、天桥、CPⅢ立柱、接触网及立柱等站内建筑是否满足相关规定及要求；

3）检查跨线桥、隧道、CPⅢ立柱、接触网、立柱及风、声屏障等区间建筑是否满足相关规定及要求；

4）静态验收完成后，若公司为轨道工程施工方，要在轨道调整后，对建筑限界重新进行检查确认；否则，要及时掌握轨道调整的相关信息，在轨道调整后，对建筑限界重新进行检查确认。

（2）所有参与建筑限界检查的人员对检查结果必须签字确认，运营分公司对结果负总责，总工程师对技术问题负全责，分管安全生产的领导对现场问题整改负全责，各专业管理组人员对各自管段内的相关工作负责。

11.2.4　安全条件确认

（1）综合检测列车上线实车试验前，由运营分公司组织，各专业管理组参加，根据项目承担的实际施工任务，对以下十八项条件进行逐项确认：

1）各专业影响联调联试行车安全的工程全部完成；

2）轨道表面无可动物体，有砟轨道道床状态参数、道床断面满足标准要求；

3）正线轨道精调完成，利用轨道检查车进行最高时速 160km 动态检测，按时速 200～250km 客运专线轨道动态管理标准评判，无Ⅲ级及以上偏差；

4）各车站到发线达速，具备接发试验列车条件；

5）钢轨厚则上完成预打磨；

6）道岔工电联调完成，正常运转；

7）线路标识按规定全部安装完毕；

8）区间和车站站台、雨棚等设备设施满足建筑限界标准要求；

9）车站和区间线路两侧防护栅栏，桥梁防护栏杆、疏散通道，声（风）屏障，屏蔽门/安全门，以及其他安全设施按设计安装完毕；

10）站场内和区间线路光、电缆沟槽全部贯通，光、电缆入槽、盖板覆盖；

11）车站和区间路料、垃圾已彻底清理，站场及隧道除尘完成；

12）牵引供电系统满足联调联试负荷需求。接触网按设计要求安装调整到位，完成冷热滑试验。利用接触网检测车进行最高时速160km动态检测，安全性指标拉出值不大于450mm、接触线高度满足绝缘及受电弓工作高度要求，平顺性指标硬点小于490m/s^2；

13）通信系统开通，具备信号安全数据网通信条件。GSM-R电磁环境干扰清频、网优工作基本完成，满足列控系统调试条件。现场指挥部临时调度台（或调度所临时调度台及现场指挥部调度复示联络台）、各车站调度电话已开通使用；

14）信号安全数据同工作正常、稳定。应答器安装位置正确。列控中心及轨道电路载频、码序正确，工作稳定。车站联锁试验完成，联锁关系正确，道岔具备不如锁条件。CTC系统具备列车进路办理和运行显示等功能。信号集中监测系统功能正常。信号系统集成试验完成后，CTCS-2或CTCS-3级列控系统功能、性能符合设计要求；

15）现场指挥部及临时调度台（或调度所临时调度台及现场指挥部调度复示联络台）组建完成，办公设备到位，具备工作条件；

16）各车站行车室，通信、信号、电力等设备用房按设计完成施工，室内工作环境、防雷及接地等符合设计及相差标准要求，具备使用条件；

17）新建动车运用所投入使用，具备综合检测列车和其他试验动车组停放整备和二级及以下检修能力。未新建动车运用所的线路，可利用既有动车运用所完成相关作业；

18）枢纽内衔接既有线各联络线及动车组出A库线路轨道、接触网、通信、信号等具备条件，试验列车和动车组原则上按设计速度运行。

（2）安全条件实行逐级管理、逐级汇报、逐级负责的确认方式，运营分公司要建立《试验列车开行安全条件确认组织体系表》（附件1），明确每个岗点、责任单元、责任区、安全总体及驻现场指挥联络的责任人，各级负责人员及其联系方式必须保持相对固定，如有更换必须经运营分公司经理同意，并及时更换相应组织体系表。

（3）安全条件分级确认程序及方式：岗点安全确认人员→责任单元→责任区，进行签字确认；安全总体责任人→责任区段负责人，进行电话确认。

（4）试运行期间，线路实行全封闭管理。所有未锁闭通道必须安排专人看守，通道管理及缺陷整治等施工作业必须按照营业线施工管理。

（5）通道看守人员及线路巡查人员在试运行开始两小时前（建设单位另有规定的按其

规定执行）至试运行结束期间，严禁进入线路防护栅栏内方，发现异常情况要立即上报并按规定处理。

（6）试运行开始前两小时（建设单位另有规定的按其规定执行）及试运行期间必须停止一切施工，各专业管理组承担各自管段内的人员清场、线路环境清理和安全巡查工作，巡查应填写《试运行及运行试验日巡查记录》（附件 2）。所有作业人员、机具、材料全部撤离至防护栅栏外，严禁闲杂人员进入站场、区间。

（7）确认工作要求。

1）各专业管理组根据运行试验日计划，在试验列车开行前一小时（建设单位另有规定的按其规定执行），按照分工，完成对行车设备、栅栏封闭、机具路料和人员清理等列车运行放行条件的检查确认，及时通知驻站联络人员；同时按要求填写《试验列车开行安全条件确认写实表》（见附件 3）和《试验列车开行安全条件确认表》（见附件 4），并逐级上报；

2）各专业小组要明确专人在施工完毕后对机具、料具的清理和人员的集中点名撤离，严格按施工计划指定的通道撤出。对于临时抢修、应急处置的施工，应急处置单位人员必须确认本单位人员完全撤离后在车站办理销记手续；

3）各专业小组必须明确一名管理人员现场监督机具、料具、人员的出入，并对撤离工作负责。

11.2.5　安全管理

（1）全体参加试运行工作的人员要将安全工作放在首位，强化安全风险意识，加强源头管理和过程控制，确保试运行及运行试验安全。

（2）试运行期间，必须严格坚持“行车不施工、施工不行车”的原则，各项施工必须落实安全管理。

1）在申报施工计划时，明确施工人员进出通道处所及编号，并经通道管理单位审核同意，提前联系车站或工务等相关部门做好配合工作；

2）各专业管理小组及专业小组要建立出入登记制度，对进出通道的人员、机具和材料进行登记。进出车站须凭施工计划（调度命令）和进出栅栏的有效凭证从车站指定通道进出。进出区间通道进行施工，专业小组必须派驻站联络员到轨道交通管理部门明确的登记站配合，在得到允许施工的调度命令、驻站联络员下达通知后，施工人员方可凭进出栅栏通道的有效凭证登记进出。

（3）运营分公司会同各专业管理组、各专业小组，进一步加强试验期间区间和车站站台、雨棚等设备设施的限界检查，确保满足建筑限界标准和移动设备运行安全要求。

（4）试验列车（包括确认列车）开行期间严禁任何人员、车辆等进入防护栅栏。

（5）试验线路防护栅栏必须在试运行开始前全部安装到位，实现全封闭。对封闭不全、高度不达标，栅栏底部空隙过大，声屏障与栅栏连接处封闭不严，栅栏遇坡落差角口可进入人员的地段，必须在试运行开始前处理到位；同时专业小组要组织人员加强巡守和维修管理，及时修复破损的处所，确保防护设施完好，对暂时无法修复的，必须派人看守。

（6）对于施工通道预留缺口、防护栅栏存在缺陷处，运营分公司要列出清单，各专业管理组和专业小组要明确专人值守，部门负责人及项目领导分工负责进行重点监控。

（7）做好施工路料、机具的管理和垃圾清理工作。运行试验期间，所有施工路料、机具一律不得在封闭栅栏和桥梁栏杆内放置，试验线路上不得遗留任何垃圾。

（8）危树、危石清除完毕（含隧道拱顶混凝土不存在掉快）；隧道、路基冲洗完成，防撞墙、防撞墩、防护桩、防抛（落）网和限高架的地段防护到位。

（9）试运行期间专业小组要对配合及施工的全体人员进行安全交底。

（10）在试运行开始前按规定建设警务区、执勤岗亭，要全部完成建设，并确保能够正常投入使用。

（11）列车试运行期间各岗点责任人员不得擅离职守，运行计划结束后，驻站联络员通知责任区负责人，方可下达撤离命令。

（12）天桥、跨线桥靠近或跨越牵引供电设备的地方，须设置防护栅网，并安设白底黑字“高压危险”标志。

（13）凡涉及检测测试单位上道进行地面测点布置和测试设备日常维护，以及各专业小组问题整改和故障处理的施工，必须严格按轨道交通管理部门及建设单位批准的方案、作业内容、明确的时间内组织施工，并在停止行车的条件下进行；如施工涉及停电作业的电化局必须到场配合。

（14）施工中要服从命令，听从指挥，进入防护栅栏内作业人员，必须按规定着装；落实现场负责人，施工防护人员到位。

（15）试验线路车站到发线原则上不得停放与试验无关的车辆和列车，困施工确需停留的，专业小组应根据轨道交通管理部门要求将其停放在指定位置并做好防溜，并指派专人对车辆和列车停放位置、防溜措施进行检查确认和看守。

（16）各专业小组要建立应急预案，成立相应应急处置小分队，准备必要的工具、备品和人员，要求具备快速反应、先期抵达、现场处置的基本能力，负责对试运行期间可能发生或已经发生的紧急情况进行先期处置。

（17）安全措施

1）涉及接触网带电区段按运营线路进行管理，禁止一切无施工计划的作业；

2）施工期间，应与设备管理单位（临管单位）保持经常联系。机械、机具、材料、废料、人员动、静态距离临近接触网带电设备 2m 内施工必须采取停电措施，临近接触网带电设备 4 米内施工应提前联系设备管理单位（临管单位）并在配合人员监护下方可作业；

3）所有需接触网停电的施工，必须向电调请求停电作业命令，作业按停电作业办理。所有在带电接触网范围内的作业，必须依据调度命令限定的时间、地点执行，严禁违令操作；

4）任何施工作业应与供电设备、接触网等带电部分保持足够的安全距离，并不得进入高压设备的防护区内；

5）凡在影响供电设备安全的施工，必须与设备管理单位（临管单位）签订安全协议，并执行施工计划申报程序。作业时，必须在设备管理单位安全监督（配合）人员在场的情况下，才能进行作业；

6）所有施工均由设备管理单位（临管单位）派员进行配合作业，其中倒闸作业、验电及装设或拆除临时接地线的操作，都须由 2 人配合进行，1 人操作，1 人监护；

7）施工前，必须在得到设备管理单位（临管单位）人员通知确认接触网已停电、两端地线已做好接地后方可施工；施工完毕，配合人员在确认供电设备完好，具备送电开通条件后，方可撤除地线，消除停电命令；

8）凡是电化支柱周围 5m 以内、补偿坠砣和接触网的下方、电缆径路及其两侧 0.75m 内，严禁开挖、取土等作业，严禁堆放材料、机具和废弃物等；

9）施工中使用的各种机具等金属构筑物，在距离接触网 5m 范围内必须可靠接地，接地电阻小于 30Ω；

10）严禁通过任何物体，如绳索、棒条、导线、水流等与接触网线索及相连部件相接触。发现接触网断落时，人员、物体要远离该线 10m 以外。

11.2.6 问题整改

（1）运营分公司应及时组织对试运行期间发现的问题进行分析处理，确定整治方案，明确整改时限、责任人和整改具体要求，并严格督促落实。各专业管理小组及专业小组要做好相应的整改落实工作，并按照整改时限完成整改。运营分公司要及时对整改结果进行检查确认后，组织相关单位进行验收和销号处理。

（2）运营分公司及各专业管理小组、专业小组均应建立试运行问题库，指定专人进行管理，对新发现的问题要及时补充入库。

11.2.7 应急处置

（1）现场检查、安全确认、巡查等人员在试验列车开行前，发现牲畜、闲杂人员进入线路封闭区域或异物侵入行车限界等影响试验列车运行安全的异常情况，要立即上报责任区负责人和驻站联络员，在未得到调度命令允许进入线路防护栅栏处置前，严禁进入线路封闭区域内。当接到驻站联络员通知后按相关要求到现场进行处理。

（2）试验列车开行期间，发现物料侵限等异常情况，特别是危及行车安全的重大情况应立即报告驻站联络员及负责人，并立即按照相关规定和程序组织进行应急处理。

（3）试验列车开行期间，试验列车登乘人员在检查过程中，发现防护栅栏缺口无人看守等情况，应立即报告安全总体负责人安排现场处理。

附件 1

试验列车开行安全条件确认组织体系表

序号	责任区段（具体到公里标）	岗点责任人	联系电话	责任单元负责人及联系电话	责任区负责人及联系电话	安全总体负责人及联系电话	驻现场指挥联络员及联系电话	备注
1	×××km+×××m～×××km+×××m	×××	×××					
2	×××km+×××m～×××km+×××m	×××	×××					
…	…………	…………	…………					

附件 2

联调联试及运行试验日巡查记录

里程：　　　　　　　　　　　巡查人：　　　　　　　　　　时间：

存在问题及隐患			
整改措施			
整改负责人		整改期限	
复查结果			
复查人		复查时间	
巡查具体工作及要求： 1. 巡查人员必须在发车前两小时（建设单位另有要求时按其要求执行）对各自管段内进行巡查，杜绝一切人员及牲畜进入防护栅栏内，确认管段内安全并上报。 2. 巡查人员在列车开始运行后必须在各自管段内不停地来回巡查。 3. 栅栏内有人、栅栏外人员不听劝阻强行进入栅栏及遇危及行车安全重大情况等情况，必须立即向上级报告，报告程序为：驻站联络员、铁路派出所、责任区负责人。			

相关单位及人员电话：

驻站联络员电话：

铁路派出所电话：

责任区负责人电话：

附件 3

试验列车开行安全条件确认写实表

里程：　　　　　　　　　　　　　　　时间：

运行计划	××××联调联试（运行试验）运输组织日计划
确认条件	1. 责任区（单元）内本单位（专业）已停止一切施工，所有作业人员、机具、材料、料具全部撤离。停留车辆严格按照规定采取防溜措施，并落实专人检查、确认。 2. 站场和线路已实行全封闭管理。所有通道按照规定落实责任人员和安全责任，严禁闲杂人员进入站场；尚未完成封闭的地段，已安排专人落实看守，杜绝防护栅栏内有闲杂人员。 3. 已采取有力措施禁止一切人员上道作业；因设备故障或发生异常情况，已按照相关规定和程序组织进行了应急处理。
存在问题	
防范措施	
确认结果	自　年　月　日　时　分始，本单位责任区段具备试验列车开行条件。 岗点责任人： 责任单元负责人： 责任区负责人： 年　　月　　日

注：本表由各单位现场岗点责任人员填写，责任单元负责人按照确认条件和现场核查后上报至责任区负责人，责任区负责人按照确认条件和现场核查后，并签认完毕，报公司经理部（指挥部）。

附件 4

试验列车开行安全条件确认表

单位：　　　　　　　　　　　　　　管段里程：　　　　　　　　时间：

序号	检查及巡查内容	岗点责任人员		责任单元负责人		责任区负责人		备注
		是	否	是	否	是	否	
1	是否进行巡查							
2	责任区内是否停止施工							
3	人、机、料、具是否全部撤离至栅栏外							
4	停留的车辆是否严格采取防溜措施							
5	是否有闲杂人员进入现场							
6	防护人员和缺口值守人员是否到位							
7	道口是否落实责任人和责任							
8	前一天问题整改是否完成							
9	影响行车安全的路容路貌是否完成							
10	施工情况							
11	存在问题							
12	防范措施							
13	确认结果：自　年　月　日　时　分开始，本单位具备列车开行条件。	岗点人员：　　时间： 责任单元负责人：　　时间： 责任区负责人：　　时间：						

注：1 本表由岗点责任人员填写确认，由责任单元负责人、责任区负责人进行确认签字。

2 本表依次传递，以管段（里程）和试验列车运行时间控制。

信息化技术应用篇

第12章 安全技术风险管理及安全隐患排查治理信息化系统

12.1 概 述

安全技术风险管理及安全隐患排查治理信息化系统作为城市轨道交通工程各参建单位共同参与城市轨道交通工程建设的协同工作平台，是在城市轨道交通工程安全风险管理体系和技术标准体系基础上，通过计算机信息、网络通信、3D-GIS、BIM等现代技术达到快速上报工程信息和文档资料、实现信息共享、加强施工风险的过程控制、提高安全风险管理水平、降低施工过程安全风险的目的，同时为城市轨道交通建设积累各参建方施工过程中产生的宝贵的资料及数据，最终形成具有大量工程信息的核心数据库、资料库与专家库。

安全技术风险管理及安全隐患排查治理信息化系统集成多种监控方式（人工监测、自动化监测、现场巡视、视频监控），适用于不同施工工法（明挖、矿山、盾构），涵盖监测、巡视、预警发布与处置、安全隐患排查治理等管理要素，具有如下主要特点：

（1）风险管理体系支撑的信息化系统。

系统基于城市轨道交通工程安全风险管理体系与技术标准，体现了安全风险管理以及安全隐患排查治理的思想与工作要求，对各软、硬件子系统进行了系统性集成，成为工程参建各方齐抓共管、各负其责和信息共享、快速反应的管控工具与手段。

（2）集成多个子系统。

系统全面集成安全风险管理系统、安全隐患排查治理管理系统、门禁管理系统、盾构管理系统、实名制管理系统、远程视频监控管理系统、自动化监测系统，形成了综合性安全风险管控及隐患排查治理信息平台。

12.2 作用和意义

（1）为地铁公司领导和管理人员提供一个风险监控平台。

通过系统，随时掌控全线每个工点的安全状况，为安全生产决策提供及时、准确的依据。

（2）为风险咨询专家提供一个辅助决策工具。

风险咨询专家通过系统，随时掌握各类数据的实时变化，同时能够随时查阅以往相关资料，为风险判读提供迅捷、可靠的技术支持。

（3）为风险管理人员提供基础工作平台和监督平台。

基层工作人员可以通过平台，按照体系要求的标准报表格式，及时报送各类数据和资料，同时可以把风险处理的情况及时上报。同时监督相关参建单位的风险管控工作是否按时开展。

（4）建立区域安全风险数据库。

安全风险管理是一个日常事务繁复、管理关系复杂的工作，必须借助系统以及数据库来管理各类基础资料和数据。同时，经过日积月累，可以形成区域性城市轨道交通安全风险数据库，为后续运营、保护区施工和科研提供数据支撑。

（5）与 BIM 技术集成，实现三维展示与应用的研究。

借鉴国内城市轨道交通建设信息技术研究成果，实现包含 BIM 模型数据、环境影响数据等施工现场数据的综合采集、管理和展现；并实现 BIM 模型与工程监测信息、安全风险评估信息、视频监控信息及资料信息结合，以更直观准确地展示信息、辅助决策。

12.3　需求分析

1. 安全技术风险管理流程

系统数据流程清晰、业务流程分析与设计的简洁是一个软件系统能够成功设计与应用的关键。根据总体管理目标，整体系统业务流程如图 12-1 所示。

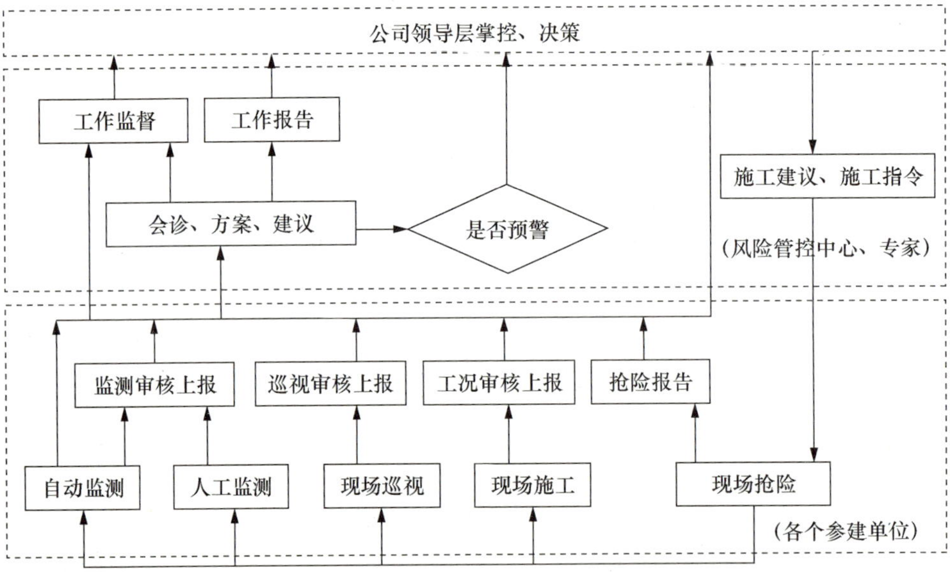

图 12-1　综合监控系统平台业务流程图

系统具体的业务流程功能如下：

（1）现场信息上报。

1）施工（监理）单位按监测频率上报施工监测数据，每次监测后 12 小时内，经核查无误通过系统上报。上报现场巡视情况及相应施工进度，巡视情况应包括当前的工况（施工进度）、施工现场情况描述、巡视意见与建议以及现场拍摄照片，上报各类监测成果报告；

2）第三方监测单位按监测频率上报施工监测数据，每次监测后 12 小时内，经核查无误通过系统上报；上报现场巡视情况及相应施工进度，巡视情况应包括当前的工况

（施工进度）、施工现场情况描述、巡视意见与建议以及现场拍摄照片，上报各类监测成果报告；

3）（勘察、设计等）单位查看各参建方现场巡视报告，查看参建各方，如专家、监理、现场巡视人员、风险管理项目部定期上报的现场巡视报告。

（2）安全风险评估。

风险管理机构部门（含专家咨询组）查看参建各方，如专家、监理、现场巡视人员、各个施工单位定期上报的现场巡视报告；查看监测数据以及相关基础资料，包括第三方/施工监测数据、勘察、设计、施组、监测报告、安全风险管理项目部周、月、快报及专题报告。提供全面、迅捷的支持。

1）定期安全风险评估，每周对重点工点本周内周内风险情况及安全状态进行评估，评估内容应包括监测数据分析，现场情况分析，风险情况及措施意见，评估完毕及时发布；

2）出现预警情况时，发布安全预警事件及停工令，根据监测数据，现场巡视，并经综合分析，判断工点存在较大风险时，发布安全预警事件，并通过短信平台及时通知业主与相关责任人；

3）发布安全风险预告，在每个月的月末，对工点下个月的施工风险进行预告，预告内容主要包括：地质风险、环境风险、车站/隧道风险，并提出预防控制措施；

4）发布专家建议，常驻专家或社会专家通过平台发布专家建议。同时进行各类报告制作、报送。

（3）监督、决策。

公司领导层通过现场上报信息、预警信息和安全风险评估信息进行安全处置、监督和决策。

1）查看管辖线路（工点）预警事件，对管辖的线路（工点）是否存在预警事件进行查看；

2）对已发生的预警事件的处理情况进行跟踪，查看各参建方定期安全风险评估报告，查看施工方、监理方、风险管理项目部等单位每周发布的工点安全风险综合评估报告；

3）查看施工单位与风险管理项目部发布的风险预告，可在当月查看下个月工程施工的主要地质、环境、结构等风险及相应的控制措施建议与预案，查看专家针对各工点风险事件发布的风险处置建议；

4）根据现场情况下发施工建议和施工指令。

（4）现场处置、抢险。

各参建单位根据公司领导层下发的施工建议和施工指令，采取有效措施进行现场抢险。

2. 安全隐患排查治理流程

隐患排查治理系统提供对检查问题提报、整改与复查的闭环管理，主要工作流程如图12-2：

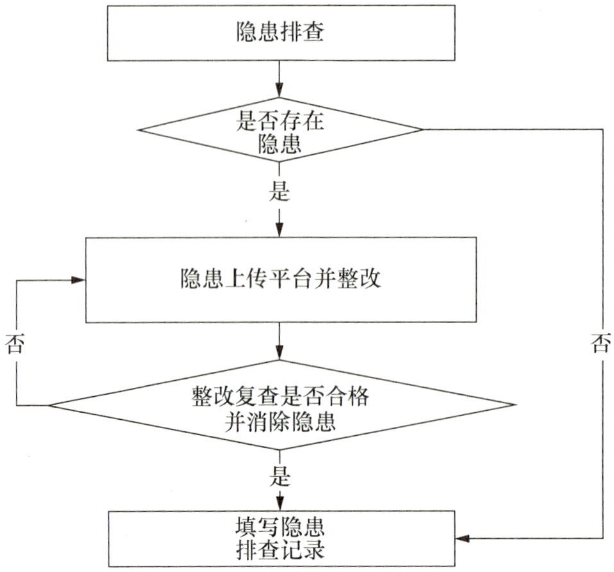

图 12-2 安全隐患排查治理流程

3. 系统功能需求

安全技术风险管理及安全隐患排查治信息化理系统是一个多层次架构的分布式企业级应用软件系统，从软件系统的组成上应包括业务软件系统与集成软件两部分组成。

业务软件系统指施工安全风险管理和安全隐患管理，由安全风险管理系统和安全隐患排查治理系统组成，分为桌面客户端、移动客户端和大屏客户端三部分。

集成软件外部系统包括：盾构信息管理系统、远程视频监控系统、门禁管理系统、自动化监测系统、实名制管理系统。

业务软件系统与集成软件主要内容及相互关系如图 12-3 所示。

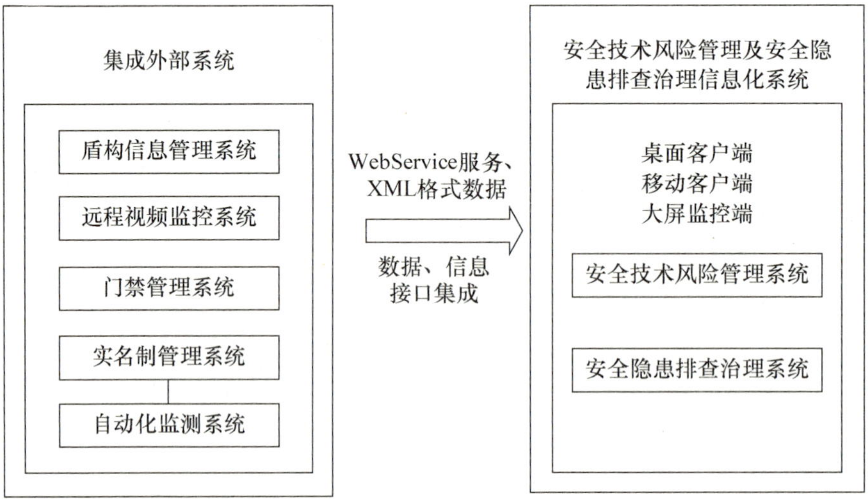

图 12-3 系统功能规划图

（1）桌面客户端

桌面客户端实现通过浏览器在网络通畅的情况下，用户能够上传监测数据和信息，了解现场情况并掌控总体安全；利用 BIM 成果形象地展示现场的进度、监测预警和安全风险态势；进行预警处理等相关流程批复及管理工作。安全技术风险管理系统具体功能应包括：安全风险管理、预警管理、监测管理、考核管理、信息上报、资料管理、质量检测管理、应急管理、综合管理、基础数据管理、系统管理 11 个模块。安全隐患排查治理系统具体功能应包括：综合信息、隐患编码、隐患地图、隐患上报、手机报送、隐患响应、综合分析 7 个模块。

（2）移动客户端

为了方便随时随地快速获取最新的安全信息，系统应提供移动客户端，用户可以通过智能手机、PDA、PPC 等设备随时随地了解最新的信息，实现监测数据预警、安全预警等信息的手机短信报送。

移动端利用目前日益成熟的 Android 系统技术，以轨道交通工程建设管理的关键信息为数据源，实现通过手机系统掌握工程建设安全状态以及获得应急决策支持。模块主要包括工点信息、风险源查询、施工工况、日常的安全巡检、预警预测等信息。具体包括：

1）手机地图预警分布图；

2）查看工点的概况；

3）工程任务进度；

4）风险源显示；

5）巡视查看、上报；

6）工况查看、上报；

7）隐患上报、处置、闭合及查看；

8）盾构系统实现安卓系统和苹果系统的移动客户端访问功能。

（3）大屏显示端

通过监控中心大屏幕，直接展现各个工程的具体情况，包括现场视频监控，工程现场施工人员数量，项目经理等负责人的到岗情况，各个工程的最新监测数据、监测成果、巡视报告、监测曲线等；显示首页新闻、监测数据、安全隐患排查治理情况、门禁系统数据、实名制系统数据等。

地铁公司领导以及专家可以通过系统采用视频监控，绘制监测曲线、预测变化趋势、查阅工程报告等各种方法，实时全面地掌控各个工程施工情况，为安全生产决策提供及时、准确的依据。

12.4 系统框架

12.4.1 总体架构设计

安全技术风险管理及安全隐患排查治理信息化系统采用 B/S 架构，结合城市轨道交通工程建设规模、风险特点，满足各参建单位对安全风险管理及安全隐患排查治理需要。系统总体功能架构如图 12-4 所示：

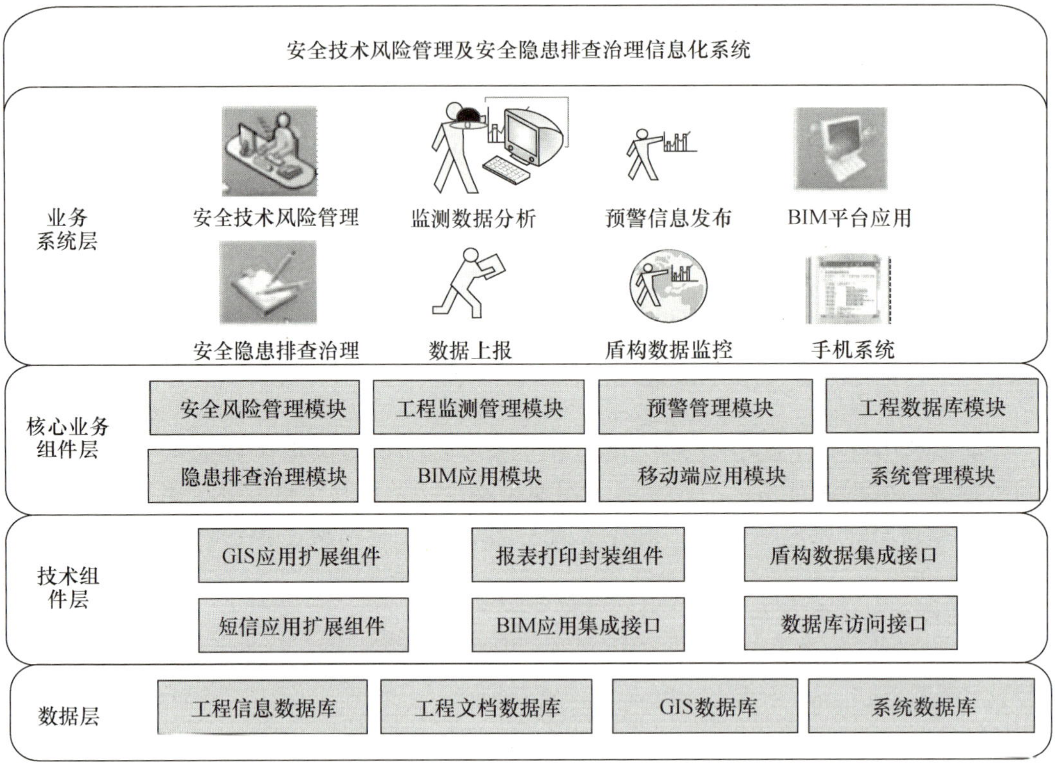

图 12-4 安全风险信息化管理平台架构设计

安全技术风险管理及安全隐患排查治理信息化系统采用四个结构层设计，自底层至顶层分别是数据层、技术组件层、核心业务组件层以及业务系统层。采用四层的系统结构设计有利于系统的功能拓展与可移植性，能够便捷实现信息系统与其他工程建设系统的数据整合，实现系统功能的可移植性。

（1）数据层：实现对信息系统所有信息与数据的集中、有序管理。包括工程文档数据库、工程信息数据库、GIS 数据库、系统数据库、监测数据、视频录像以及管理过程产生的信息等。

（2）技术组件层：主要为信息系统研发引用的第三方组件的集合，平台根据功能需要，第三方组件包括 GIS 地理信息系统组件、报表打印组件、资源管理组件、手机短信平台组件以及视频监控相关的流媒体组件等。

（3）核心业务组件层：核心业务组件是安全技术风险管理及安全隐患排查治理信息化系统相关的业务为核心开发的功能模块，包括项目管理子系统、工程检测管理子系统、预警管理子系统、资源管理子系统、系统管理模块等，这些模块既相对独立又相互有数据交换，因此，是本项目系统的核心层。

（4）业务系统层：业务系统层主要是面向用户的界面层，包括全线数据管控、安全风险管理、监测数据分析、预警信息发布、工程信息管理、数据上报、报表打印及手机系统等组成。

12.4.2 数据管理及流程设计

数据及数据流的管理是安全技术风险管理及安全隐患排查治理信息化系统研发与应用

实施过程中的重要环节，根据现行国家标准《计算机软件文档编制规范》GB/T 8567—2006 关于数据说明书编制的要求，结合安全技术风险管理及安全隐患排查治理信息化系统全过程涉及的数据信息，对信息系统数据管理需求分析如下：

（1）数据管理内容。

1）静态数据。

安全技术风险管理及安全隐患排查治理信息化系统的静态数据主要为工程文档的管理，主要包括：

①勘察与环境调查资料；

②施工图设计资料；

③施工组织设计资料；

④施工专项方案；

⑤施工应急预案；

⑥线位、站位及周边环境；

⑦国家相关安全法律法规。

2）动态输入数据。

信息系统的动态输入数据主要为安全技术风险管理及安全隐患排查治理信息化系统业主及相关参建各方在工程建设过程中提供或产生的数据信息，也是工程建设安全风险管理中的最关键的信息，其数据组成包括：

①建设管理方（业主）重大技术方案审定意见、重大安全险情处置决策意见、风险排查与现场巡查记录等；

②安全风险管理咨询方专项评估报告、风险源清单、风险排查报告、监测数据分析报告、动态风险评估报告、预警预报、专家建议等；

③设计方提供的设计变更以及预警监控指标的变更；

④施工方施工监测数据、现场巡查报告以及现场安全预警信息；

⑤监理方监理报告、现场安全预警信息；

⑥第三方监测方第三方监测数据、第三方现场巡查报告。

3）动态输出数据。

信息系统的动态输出数据是指经过信息系统过滤，以及工程相关参建各方经过数据分析、处理产生的报表、报告等信息，其具体包括：

①重大技术方案、重大技术协商会议纪要；

②现场安全风险排查、评估与预测报告；

③现场巡查记录；

④施工监测报告与第三方监测报告。

（2）数据的采集。

为了保障安全技术风险管理及安全隐患排查治理信息化系统数据的统一性、标准化、可维护以及便于归档，信息系统涉及的工程数据信息采集应按照相关的要求与规定对工程文档、监测数据编号及数据报表等数据格式进行统一。

（3）数据管理流程设计。

安全技术风险管理及安全隐患排查治理信息化系统主要包括三个部分，分别是日常安全风险监控、安全预警事件处置、应急事件处置三个不同安全管理层次，具体的业务流程设计如图 12-5 所示。

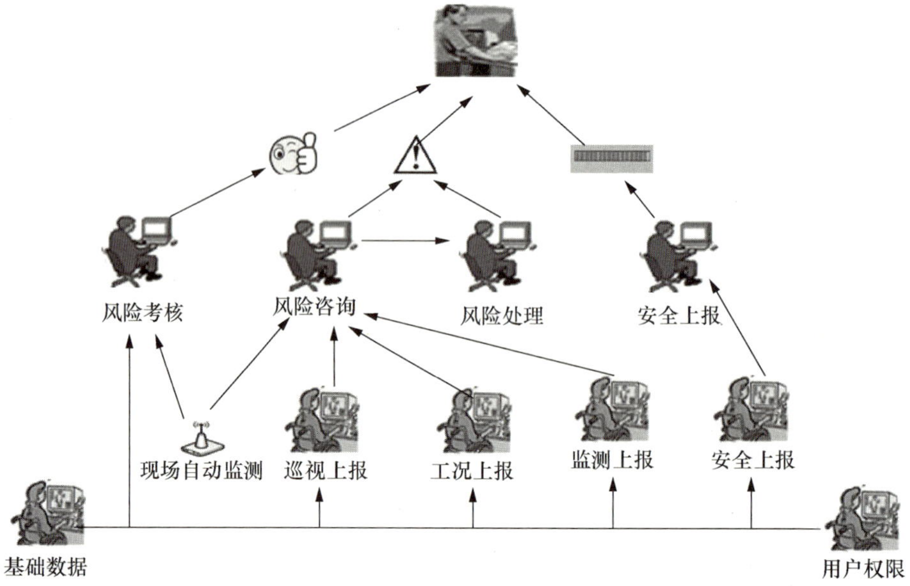

图 12-5 安全技术风险管理及安全隐患排查治理信息化系统数据流程

日常安全风险监控期间，地铁公司、安全风险咨询方、设计方、施工方、监理方、监测方是安全风险管理的主题，开展日常的安全风险监控、安全风险评估与咨询管理。地铁施工阶段，设计方、施工方、监理方、监测方等现场实施层进行数据上报，包括巡视信息、工况上报、监测上报、安全上报；中间管理层根据现场实施层上报的数据进行风险考核、咨询、处置，有特殊情况进行上报；决策管理层能查看各层上报的数据和信息，进行决策。参建各方可以通过信息系统获取预警事件相关的工程资料与历史监控数据信息，参与现场技术协商会议或视频会商会议。信息系统将对预警事件处置过程参建各方的处置全过程进行跟踪记录，直到最终消警。

（4）数据安全。

信息系统应该能够充分保障系统的安全性，一方面要保障城市轨道交通工程施工期间，信息系统能够稳定地运行，避免系统遭受攻击；另一方面要保障信息系统的工程数据信息在数据提交、传递、存储与共享各个环节的数据安全。

系统数据流程得体清晰、业务流程分析与设计的简洁是一个软件系统能够成功设计与应用的关键。

12.4.3 拓扑结构设计

在城市轨道交通工程建设期间，由于线路各工点分布分散，因此，主要参建各方，包括设计、施工、监理、监测、咨询等各方分布相对分散，且不在管理公司的内网，因此需要建立信息系统的网络拓扑结构。

设立监控中心，服务器放置在公司信息中心统一管理，同时，公司领导与各部门与监控中心连通，从而实现信息的快速传递与数据同步。

设计、施工、监理、监测以及咨询等其他单位则通过公网连接到地铁公司的监控中心内网，为保证系统安全，指挥部内网与连接到监控中心的相关参建方之间应设立硬件防火墙与软件防火墙，以保证系统的正常运行与数据安全。网络拓扑结构如图 12-6 所示。

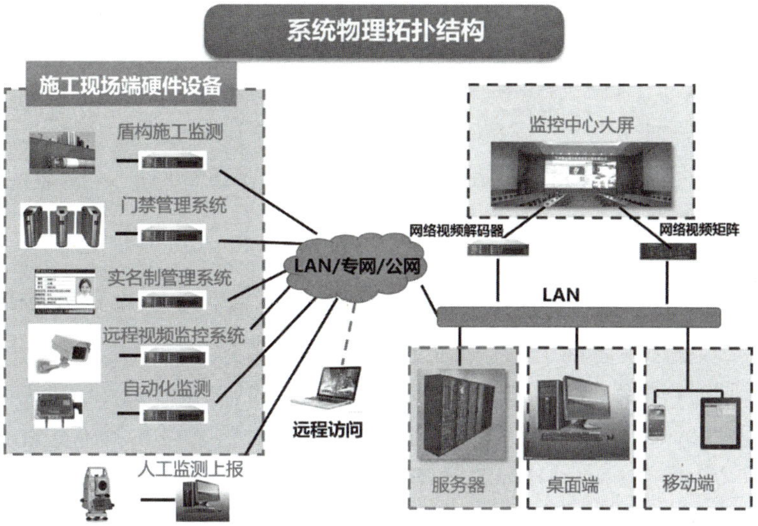

图 12-6　安全技术风险管理及安全隐患排查治理信息化系统网络拓扑设计

12.5　软件组成模块及功能

12.5.1　安全技术风险管理系统

安全风险管理系统功能构成包括：安全风险管理、预警管理、监测管理、考核管理、信息上报、资料管理、质量检测管理、应急管理、综合管理、基础数据管理、系统管理共 11 个模块。

1. 安全风险管理

（1）安全风险管理体系。

上传、查看和维护安全风险管理体系图和负责人联系方式，包含全线安全风险管理体系图和施工，并能依据施工、监理单位责任人的工作职位实现动态生成相应的安全风险管理体系图。

（2）风险清单管理。

上报、查询、更新风险源信息，在地图上显示风险源，对风险源的进度、安全状态进行显示。风险清单提供两种展示方式：三维模型中展示和表格展示，在表格中点击某风险源，可切换到三维模型中定位。分全线、各标段、各工点显示风险源，可统计各级别风险源数目。

三维模型中展示。在三维模型中高亮展示风险源，点击风险源可以查看其详细信息。

1）风险源动态展示：随着施工过程的变化，风险源的状态不断变化，包括：①未开始、施工中、已完成三种进度状态；②风险源安全状态。状态随施工进展动态录入，并在三维模型中进行展示；

2）表格展示：以列表的形式展示所有的风险源清单，并能够查看其详细信息，并可以在列表中切换定位到三维场景中。

(3) 各标段安全风险管理情况。

施工单位、监理单位、第三方监测、安全风险管理单位从组织机构、方案、措施落实等方面进行自评或评价，在系统平台进行上报形成记录，可查询自评和评价的记录列表和相关附件。

(4) 关键验收管理。

与 BIM 云平台进行集成获得风险源信息，关键工序条件验收，危险性较大分部分项工程评审、专项方案评审审批流程管理。

1) 全线统计，形成清单；

2) 验收流程，分标段、工点、工序。施工单位申请，上传资质性文件；监理通过；再转到建设单位（或风险咨询单位），再进行线下验收，形成闭合。

(5) 重大风险源消除（见图 12-7）。

1) 上报制定的工后风险隐患消除标准和相关管理办法，可在系统查看；

2) 施工单位对管控时间结束且监测数据连续收敛等达到消除条件的工后风险隐患提出消除申请；

3) 安全风险管理单位进行工后消隐审批；

4) 施工单位对审批通过的工后安全隐患，在系统上报、记录隐患申报、消除、审批信息及所做具体相关工作，比如空洞探测等。

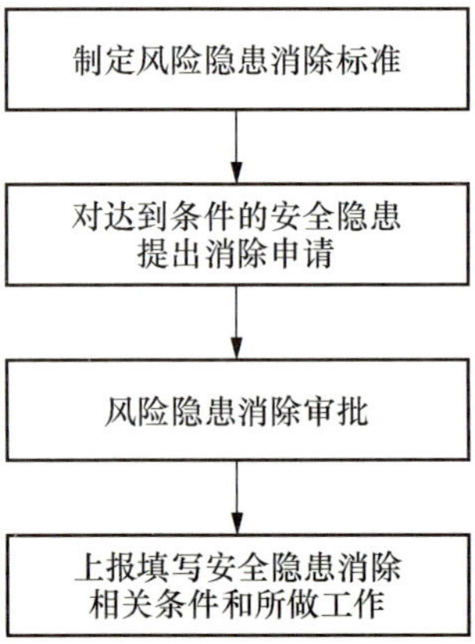

图 12-7 重大风险消除流程图

2. 预警管理

(1) 预警显示（BIM）。

包括监测预警、巡视预警和综合预警。

1) 三维展示。

①监测预警功能：在三维模型中高亮展示出预警的测点，点击测点可以查看其详细信息以及当前实时值，并可通过链接进一步查看监测曲线、施工工况、巡视信息、监测日报、周报和月报等相关信息页面；

②巡视预警功能：在三维模型中对应部位进行标注，点击标注可以查看发布预警后续处置相关闭环信息；

③综合预警功能：在三维模型中对应部位进行标注，点击标注可以查看发布综合预警

后续处置相关闭环信息；

④可以分别显示当前预警和历史预警。

2）表格展示。

以列表的形式展示所有的预警清单（包括当前预警和历史预警），并能够查看其详细信息，并可以在列表中切换定位到三维场景中。

（2）预警、消警程序管理。

实现独立对监测预警、巡视预警（含视频监测预警）进行单因素预警，或通过综合分析进行多因素综合预警。综合预警能记录预警原因分析、各单位处置措施、消警会议、会议纪要及消警过程，以表单形式记录全线各工点预警事件的描述与处置情况。

系统的预警事件类型为监测预警、巡视预警、综合预警。

1）监测预警：监测数据按变形量与变形速率双控指标进行预警报警，可阶段性调整控制指标；

2）巡视预警：根据现场巡视，一旦出现异常，经核实或会议讨论确定为预警事件；

3）综合预警：综合监测数据、巡视、视频监控图像以及其他信息，判定工点的预警状态。

综合预警流程如图 12-8 所示：

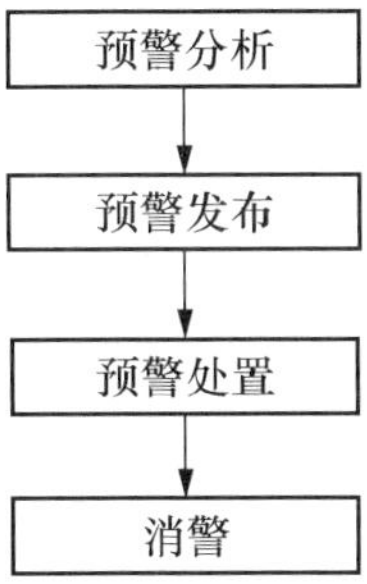

图 12-8　综合预警流程图

①预警分析：当监测、巡视或综合分析发现工程施工存在安全风险或重大安全隐患时，由相关参建方负责人及时通过系统发布与通报人工预警事件，系统同时将汇集预警事件处置需要的技术文档、历史监测资料、巡查报告、安全评估报告、应急预案、现场视频信号、工点相关部位精细化模型（工点 BIM）等辅助处置信息，供预警分析所用。上报预警分析会议纪要、专家意见以及参建各方的处置措施意见。

②预警发布：监控中心根据各个参建单位报送的数据和信息、现场巡视情况、监测数据等，同时根据中心自己掌握的第一手资料，及时对风险源和相关工程部位进行分析，发现出现风险事件，就及时发出综合预警，并以短信息方式推送相关人员手机。

③预警处置：根据预警级别，推送不同部门和领导。同时在公司的领导下，组织专家论证，为各个参建单位处理风险事件提供咨询意见，监督各个参建单位的预警处理情况，在系统上报各处置情况概要，并上传相关附件。

④预警消警：预警处理完毕，根据施工单位的申请，进行消警处理，形成预警事件的闭环。

（3）台账管理。

系统能够形成预警统计台账，可照线路、标段、工点、单位、时间、预警原因等方式进行分类统计历史和当前预警统计台账，生成综合预警台账图表，可将台账以 Excel 表格方式导出。

3. 监测管理

（1）监测指标管理。

1）控制指标：控制值和控制速率正负向双控指标，能设定红、黄、橙三级预警的控制指标，能实现测点监测数据依据控制指标进行测点预警。指标可以修改。（会商、设计认可等流程；

2）初始值：施工方和第三方监测单位监测点布置完成后，在施工前进行初始值采集，通过设置初始值，进行监测数据的变化值和变化速率计算。

（2）监测意见。

详细记录施工单位、监理、第三方监测等各个参建单位工况信息、监理巡视、第三方监测巡视等监测意见；管理各方上报工点的监测文档，如包括：日报、周报、月报等文档资料，定期报送给业主和相关领导和专家，能够及时查阅、下载工点上报信息。

（3）监测数据对比分析。

实现对施工监测数据、第三方监测数据进行对比分析的功能，对同一监测点位的数据进行对比分析，以检验施工监测数据与第三方监测数据的真实与可靠。通过设定施工和第三方监测数据差值，形成两者数据比对，便于查询和预警。数据差别超限，推送给监理。

（4）监测数据关联分析。

为了能够反映不同监测项目间的相互影响关系，对相互影响的监测项目进行关联分析，如对基坑的测斜项目与监控建筑物的沉降进行关联分析，能够反映基坑的变形引起建筑物的沉降关系，从而从整体上来分析判断基坑或建筑的安全状态及变化趋势。

（5）重点部位监测数据分析。

通过重点部位监测数据分析，对监测数据的累计变化值、本次变化值、变化速率进行计算，并通过监测数据时程曲线、断面分布曲线分析监测数据的变化趋势与当前安全状态。由于监测数据的变化与工程的进度以及工况具有很强的相关性，监测数据的统计分析、曲线分析应能够方便查阅相应时间的工程进度与工况。

1）时程曲线。

①系统能够自动汇总各方报送的数据，根据选择的时间范围、测点、监测类型，生成测点监测数据的时程曲线，监测时程变化曲线（包括监测值、累计值、变形率、变形差值、变形曲线等。

②根据选择测试时间，自动生成相关监测曲线和表格，并进行监测数据预测分析。

2）断面分布曲线分析。

①系统能够自动汇总各方报送的数据，根据选择的选择测试时间，生成某一断面下各测斜点的监测断面分布曲线（包括监测值、累计值、变形率、变形差值、变形曲线等）。

②根据选择测试时间，自动生成相关监测曲线和表格，并进行监测数据预测分析。

4. 考核管理

（1）月度考核。

上报月度考核文档，形成考核记录、给出月度考核排名，并给出不合格原因统计情况表。

（2）综合评价。

上报建设方综合评价记录，形成台账。

（3）考核台账。

系统能够形成考核台账，台账的统计方式可照线路、标段、工点、单位及时间等方式进行生成，能形成历史问题统计，并能将台账以Excel表格方式导出。

5. 信息上报

（1）工点基础信息。

1）工程概况。

上报工程基本情况描述，平（立）面图、水文地质条件、施工工法、工艺，施工组织及应急管理措施等信息进行记录。

2）风险源信息上报。

从静态风险评估报告中提取各标段工点的风险源清单，风险源信息包括：编号、名称、风险源分类、风险等级、里程、影响时间、管控时间、风险源描述、处置措施。

3）测点、测组管理。

添加、修改测组、测点信息，在测点分布图上标注测点位置，对测点施工监测初始值进行管理，能在测点分布图上根据测点的安全状态区分显示。

4）质量检测信息。

实现质量检测文档上报及查询。

5）现场巡视。

现场巡查管理主要用于记录监理单位、第三方监测单位现场巡视的时间、安全状态、施工进度、重难点，施工主要风险点以及已经或拟采取的措施与效果。

6）工况信息。

施工单位按照施工方案，定期发布工程的施工工况信息，包括工况时间、施工进度、工况信息的具体描述等，为地铁公司、第三方监测方、监理方与设计方提供及时的工况信息。

7）监测文档。

施工监测、第三方监测数据及监理单位进行日报、周报和月报等上报。对各种监测文档进行归类和汇总，保证文档的保密性、完整性，为技术分析人员提供详细的信息资料。

8）监测数据上报。

具备监测数据采集功能，提供给各方监测单位监测数据采集的报送的窗口。监测单位按批次（测次）分测组进行监测数据录入功能。录入时，填写录入测点的监测数据并记录录入时间、温度、天气等环境信息，并根据录入变化值自动计算测点累计变化值和变化速率。

6. 资料管理

系统实现以工程数据库方式将城市轨道交通工程所有工点资料文件等进行标准化、规范化，并通过信息系统共享，实现参建各方随时随地都能通过信息系统第一时间查阅、下载地质、环境、设计、施工、检测评估等工程资料。工程数据库管理工程资料包括：

（1）地质资料。

包括：初勘、详勘、补勘及地质核查等资料。

（2）环境资料。

环境调查、评价等资料。

（3）设计资料。

工点设计、专项设计等资料。

（4）施工资料。

施组、施工方案、保护方案、应急预案等资料。

（5）检测评估资料。

评估方案、评估报告等资料。

7. 质量检测管理

各单位根据工程质量信息管理制度，进行质量信息的收集、分析、整理，上传、下载工程质量检测文档。质量检测管理文档包括：

（1）检测信息。

建立质量检测清单（分类分层次），清单给出需要进行检测的工程项目和数值指标，可对该清单进行动态更新。通过上报检测报告等相关文档，对清单中逐项进行维护，实现进度信息管理。

（2）施工监控报告。

上报桩基、地墙、主体、钢结构、预应力，对施工和检测单位的报告。

8. 应急管理

（1）应急基本管理。

提供应急救援组织机构信息、应急队伍信息、应急物资信息和应急专家信息。

各标段、各工点应急队伍和应急物资，

（2）应急管理。

和条件验收关联。应急预案，包括事故时的集结路线。

1）应急预案管理：各标段预案、演练情况；

2）应急队伍管理：（队伍、人员、设备）业主、施工单位；

3）应急信息管理：信息内容、报送方式。

（3）经典案例三维展示。

在三维模型中以演示脚本的方式制作经典案例，针对不同的危险事故（塌陷、涌水等），制定不同的应急处理方案，包括：事故发展态势、事故人员逃生路线、现场消防车进入通道等。演示的脚本可以自动播放。

9. 综合管理

（1）大事记管理。

以通知公告方式记录项目产生的大事公告信息。

（2）通知公告管理。

管理安全检查、整改通知、地铁公告、检查通报、管理制度、会议纪要及监测分析及结果的公告，能按照时间倒序排列，能设置公告关键字、重要级别、文档时间、报告撰写人、摘要、附件、传阅人员的回复等。

（3）站内短信。

平台中深入集成手机短信平台功能，实现监测数据预警、现场巡视预警、安全预警信息、风险预报、突发事件等信息的手机短信发送，使得设管理公司及其他参建各方负责人能够第一时间收到现场安全预警情况，及时组织实施事故预防或应急救援措施。

（4）设备管理。

对第三方监测和施工监测的监测设备进行登记，记录设备名称、型号、厂家，能自动提醒设备到期维修并能动态记录设备维修记录。

10. 基础数据管理

实现对工程线路、工点的创建、编辑及修改，能对测点、测组、控制指标、单位等基础信息进行综合管理。

（1）工点管理。

1）区域管理：设定线路工点分布图、显示效果、默认显示的位置、默认显示比例；

2）线路管理：管理线路及线路相关标段、工点信息，标注工点在工点分布图上的显示位置；

3）工点分布图：工点分布图中根据工点的安全状态区分显示，根据工点施工状态控制是否显示。

（2）测点、测组管理。

能添加、修改测组、测点信息，能在测点分布图上标注测点位置，能对测点施工监测初始值进行管理，能录入测点的监测数据并记录录入时间、温度、天气等环境信息，能在测点分布图上根据测点的安全状态区分显示。

（3）控制指标管理。

控制指标包括：控制值和控制速率等双控指标，变形值，能设定两级预警的控制指标，能实现测点监测数据依据控制指标进行测点预警。

实现对工程线路、工点的创建、编辑及修改，能对测点、测组等基础信息进行综合管理。

11. 系统管理

系统管理功能是对安全技术风险及安全隐患排查治理信息化系统的用户功能权限和数据查阅等权限进行分配，通过对系统管理功能的设计，实现对用户使用权限的灵活分配和管理，不同参建方人员具有不同的线路或工点查阅范围和权限，确保工程建设资料及相关信息的保密性。

（1）角色管理。

针对不同参与角色进行管理。

（2）权限管理。

配置用户权限以及不同角色的数据访问权限。

（3）用户管理。

对用户信息以及用户与业务之间的关联进行管理。

（4）单位管理。

对参与单位信息以及与用户、权限之间的关联关系进行管理，系统能管理轨道交通公司及各参建单位各标段工点的单位信息、部门信息及人员信息。

12.5.2 安全隐患排查治理管理系统

1. 综合信息功能模块

主要包括用户需要处理的隐患信息，近期需要重点关注的工点，以及近期的政府通报、媒体信息、新闻动态等。

2. 隐患编码功能模块

根据隐患类型、隐患等级因素对隐患进行唯一性的编码，方便隐患上报、隐患检索等。例如编码 A101 含义如下：字母 A 代表隐患检查类型为施工材料类，第一个数字 1 代表隐患级别为一级，后两个数字 01 代表隐患检查分项为“采购材料不符合要求，使用假冒伪劣产品”。

3. 隐患地图功能模块

可实现通过 GIS 地图查询隐患的级别，隐患的数量等信息。一级隐患为红色，二级隐患为橙色，三级隐患为黄色，四级隐患为蓝色。

4. 隐患上报功能模块

展示隐患上报可通过网页报送和手机客户端报送。页面报送为登录系统平台，填报隐患类型、检查项目、隐患级别、检查分项、现场照片等内容，如果用户熟悉隐患编码，可直接填写。

5. 手机报送功能模块

为手机客户端安装“隐患管理移动办公平台”程序，即可实现隐患上报、隐患处置、隐患查询等功能。手机端客户增加隐患管理的时效性与快捷性。

6. 隐患响应功能模块

为具有此隐患响应权限的用户进入此页面进行隐患的处置。此功能可发布领导指示、处置措施、处理建议、会议记录等。

7. 综合分析模块

该模块包含事故统计分析、管理人员结构分析、危险源统计分析、安全质量评价 4 个内容，得出具有指导意义的统计性结论，提供决策支持。

12.6 其他集成系统

集成系统包括：盾构管理系统、门禁管理系统、实名制管理系统、远程视频监控系统。

12.6.1 盾构管理系统

通过接口集成，实现盾构参数集成到 BIM 模型。集成的盾构信息包括开挖进度、土压力、扭矩、推力、注浆量、泡沫用量、膨润土用量等盾构机掘进参数；设定掘进参数的合理范围，并集成超出范围的掘进参数自动预警信息。

12.6.2 门禁管理系统

通过接口集成，实现基坑门禁系统单点登录。实现对现场施工人数进行严格管控，有效对工地进行安全防范管理。

12.6.3 实名制管理系统

通过接口集成，实现与实名制管理系统单点登录。实现项目经理等负责人到岗管理，杜绝代打卡考勤事件的发生，实现考勤管理制度的方便性、高效性、公正性，加强施工过程安全控制。

12.6.4 远程视频监控系统

通过接口集成，实现远程视频系统单点登录。监控管理人员通过远程视频系统实时获取现场视频监控信号，实时监控施工作业面的工作情况、各施工现场工程进度与施工安全与质量情况。发现视频监控异常，给相关单位推送提醒。

12.6.5 自动化监测系统

通过接口集成，作为对外数据服务层，客户端通过接口程序，向服务器发送指令，接收自动化监测数据，同时客户端程序根据用户需要，实时显示数据列表和数据动态曲线。

第13章 远程自动化实时监测系统

13.1 概 述

城市轨道交通在现代城市交通中扮演着重要的角色，它带给我们的方便与快捷是其他交通方式无法替代的。在轨道交通建设过程中，工程施工会对周边土体产生扰动，土体应力重分布，从而对工程结构自身的稳定和周边环境安全风险状态产生影响，因此安全技术风险管理工作的重要性不言而喻。

对于工程结构自身而言，无论是明挖基坑还是暗挖隧道，由于土体开挖、结构自身负荷变化等因素，难免会造成工程局部出现裂缝、位移和沉降甚至失稳等情况；对于周边环境而言，地铁施工扰动会导致地面沉陷、周边建筑、桥梁、道路以及既有线和地下管线等设施的变形，甚至在建隧道结构产生线形的变化。因此，必须对轨道交通在建工程以及周边环境进行实时地、连续地、长期地变形监测，以便及时发现和预报这些安全隐患。当前，不论是国内还是国外，传统的人工监测方法在重要施工影响期都难以满足工程需要，自动变形监测技术以其可靠、准确、及时、自动化的监测优势成为城市轨道交通变形监测的潮流所向。目前较为常用的自动化监测系统主要为测量机器人系统、静力水准仪系统和应力应变监测系统。

国外关于自动化监测系统的研究较早，主要是基于测量机器人的开发。像瑞士徕卡、美国天宝、日本拓普康等国际领先的仪器生产商很早就开始研制基于智能全站仪的自动化监测系统。其中，瑞士徕卡公司是最早生产该系统的公司，在80年代该公司生产的自动化监测系统就已经应用于欧洲和新加坡地铁，给地铁建设和运营期间的安全提供了保障。随着科学技术的发展，新型的自动化监测系统随之涌现，表现出更高的智能化、自动化，而且精度也越来越高。例如徕卡公司研制的新一代的GeoMoS自动化监测系统，在实际工程中监测精度达到了亚毫米级。静力水准测量系统利用相连容器中的液体总是具有相同势能的原理，测量和监测参考点彼此之间的垂直高度差异和变化量，适用于多点相对沉降测量，以其精度高、效率高、全天候、自动化性能高等优势在城市轨道交通既有线的运营监测中得到广泛应用。此外，以轴力计、应力计和应变计等作为自动化监测元件的应力应变监测系统正逐步得到发展和应用。

近年来，国内关于自动化监测系统的研究也得到了迅速地发展，主要以测量机器人和静力水准仪为主。一些测量专家和学者研制了符合我国需求的基于智能全站仪的自动化监测系统，并在桥梁、大坝、地铁隧道等变形监测工程中进行了应用。例如2001年，解放军信息工程大学与郑州欧亚测量系统有限公司联合开发了ADMS（Automatic Deformation Monitoring System）自动变形监测系统。该系统是在结合国内用户的实际需求基础上研制的，是一款完全本土化的自动化监测系统，并且在广州地铁1号线进行了实践应用，获得了令人满意的效果。另外，国内关于静力水准系统的研究也取得了较大突破。由于早期的静力水准系统精度较低，所以主要用于山体、大坝以及地壳变形监测的研究。随着液压式静力水准仪的诞生，加之具有精度高、自动化性能好、实时监测的优势，因此被广泛地应用于一些桥梁、地铁隧道等变形监测工程中，且达到良好的监测效果。

13.2 作用及意义

远程自动化监测系统在获取基准点和监测点的初始点位信息后，能够在以后的观测任务中自动完成数据采集，并通过电脑及移动通信设备实现可视化管理，实现监测数据的实时计算、分析、上传与储存。将传统的人工监测转变成自动化监测，并使各种自动化监测设备集成到一个平台系统，实现硬件上与主流的监测设备对接，并集成无线传输模块，软件上针对不同监测方法实现自动计算、分析、储存，避免了人工处理大量数据的繁琐，大大地提高了监测效率，降低了人员成本，提升了监测作业水平。

轨道交通在建工程现场自动化监测，可弥补传统人工监测频率低的不足，自动化监测的实时性、连续性以及自动报警功能在工程抢险过程中将发挥巨大作用；对地铁施工扰动导致的周边市政设施变形进行自动化监测，可以实时监控相应设施的健康状态，并准确预报可能发生的安全隐患或事故，避免造成损害国家财产及人民群众利益的工程事故；既有地铁以及既有铁路在正常运营期间，传统监测技术无法实施作业，加之常规的监测方法监测周期长，自动化监测系统具有实时性、连续性监测的优势，并能及时提供可靠的动态监测数据，较好地解决了传统监测技术无法在高密度行车区间内实施作业的技术难题，而且最大限度地降低了人工监测与既有地铁与铁路运营之间的相互影响。

自动化监测系统无论在精度上还是在时效性上完全可以真实反应被监测目标的变形情况，加之其能够全天候无人值守不间断观测，因此更能满足轨道交通基坑隧道等工程安全保护监测的要求。通过自动化监测系统可以对被监测目标的异常情况、潜在或突发事故实现实时监控。大量的监测数据自动传输至监测中心，借助配套的系统软件对数据进行处理和比较验证，并迅速做出数据分析结果，能够为建设各方提供及时可靠的数据信息，以便及时评估轨道交通的健康状态，对可能发生的事故提供及时、准确的预报，使有关各方有时间做出反应，避免重大事故的发生，确保轨道交通安全运营以及周边环境的正常。

13.3 需求分析及系统框架

远程自动化实时监测系统需满足一定的条件，具体表现为以下几个方面：

（1）自动化。在相关参数和测量任务设定完成之后，监测系统应该严格按照制定的监测计划进行全自动观测，并能够自动地存储数据、处理分析数据和准确预警。

（2）智能化。地铁运营过程中，监测点难免会被列车遮挡，因此自动监测仪器应该具备良好的自动识别目标的能力，能够自动进行若干次的尝试观测或者隔段时间再测，直至监测工作恢复正常。另外，由于地铁隧道中特殊的空间限制，决定了其监测点的布置较为紧密，要求自动监测仪器针对接近度较高的两个监测点能进行准确分辨并测量。

（3）监测数据的远程实时传输和存储。为了解决地铁运营过程中监测人员无法进入隧道进行作业以及无法第一时间获取监测数据的难题，监测系统必须具备远程实时传输数据的功能，与此同时，监测系统应该对传送回来的大量数据进行科学有效地存储和管理，以便用户进行查询和分析。

（4）数据处理。自动化监测系统能够利用配套的数据处理软件对原始数据进行实时处理，消除或削弱误差对监测数据的影响，提高测量精度，真实地体现被监测目标的变形情况。

（5）成果输出形式多。自动化监测系统应以 Excel 或者文本形式输出原始数据和误差改正后的数据，并将实时监测的数据以曲线形式呈现出来，以便更直观地了解被监测目标的变形情况，包括沉降曲线图、位移曲线图、速率图等。

（6）自动实时预警、报警。当观测数据超过系统设定的限差时，监测系统必须能及时地发出预警、报警，并以短信、电邮等形式向工作人员发出报警信息。

只有满足以上几点才能实现真正意义的远程自动化实时监测。然而，实际工程应用中，各种自动化监测系统很难同时满足以上要求，尽管静力水准仪、测量机器人及应力应变测量系统越来越多的应用在隧道工程与穿越既有工程的监测中，但是仍然存在产品多样化、无线传输设备相对独立，计算处理方法不同等问题。针对以上情况，将各种自动化监测设备集成到一个平台系统显得尤为重要。突破不同监测方法、不同类型传感器之间的屏障，将传统的各自动化监测项目有效整合到一个系统平台，可实现对各监测项目自动、连续的观测。下面分别介绍一下静力水准仪、测量机器人以及应力应变三种自动化监测系统。

静力水准仪是用于精密测定多个测点的垂直位移及相对沉降变化的仪器监测系统。静力水准测量采用电容感应式静力水准仪，仪器由主体容器、连通管、电容传感器等部分组成。该仪器依据连通管原理的方法，测量每个测点容器内容器底面安装高程与液面的相对变化，再通过计算求得各点相对于基点的相对沉降量。通过数据收集系统将传感器收集到的数据进行汇总及处理，并与初始值进行比较从而取得监测数据。静力水准测量系统的传感器按照监测范围的大小来确定数量，每组含有数个到数十个不等。一般按照监测场所的空间范围依某个方向按一定间距布置，最后通过连通管连接成为整体。系统内的多传感器均为封闭系统，因此长期稳定性较好。系统仪器较小，能够适应隧道内有限的空间。由于静力水准仪等电容式传感器引入国内较早，因此该系统国产化程度较高，成本较低。

基于测量机器人的自动化监测系统，其测量原理则是通过利用安装于相对固定位置的智能全站仪来测量安装于需要监测部位的测量棱镜，将仪器采集的角度，距离数据进行计算并和初始值进行比较，最终取得监测数据。该系统实现了针对监测点位移监测过程的全部自动化，在地铁正常运营条件下，能够对被遮蔽的监测点具有自动判断并延迟测量的功能，并且可以实现全天候、全天时测量，实现了无人化操作，克服了传统测量方法在地铁既有线测量中的缺点，节省了人力资源。由于全站仪自身适应性较强，可以较好地适应地铁隧道内的环境，受列车振动、活塞风的影响较小，因此，基于测量机器人的自动化监测系统具备长期可靠性，并具有抵抗隧道内环境干扰的能力。

应力应变系统主要用于基坑围护结构监测，传统的人工监测项目例如基坑围护结构顶水平及竖向位移、围护结构体深层水平位移、支撑轴力、锚索拉力和地下水位等均可通过埋设自动化监测元件实现各监测项目监测数据的采集、传输自动化。

13.4　软件组成模块及功能

在已有的监测设备与技术成果上，通过在建地铁线路典型工点中的实际应用，逐步完善了轨道交通自动化监测智能集成系统，最终形成对轨道交通基坑隧道全自动监测平台管理。该自动化监测智能集成系统通过振弦与静态无线数据采集仪实现了对各监测项目的自动化监测数据读取与传输工作，及计算机与通信设备可视化管理，通过系统平台完成数据实时计算、分析、报警、上传等工作。图 13-1 为自动化监测智能集成系统的软件组成模块。

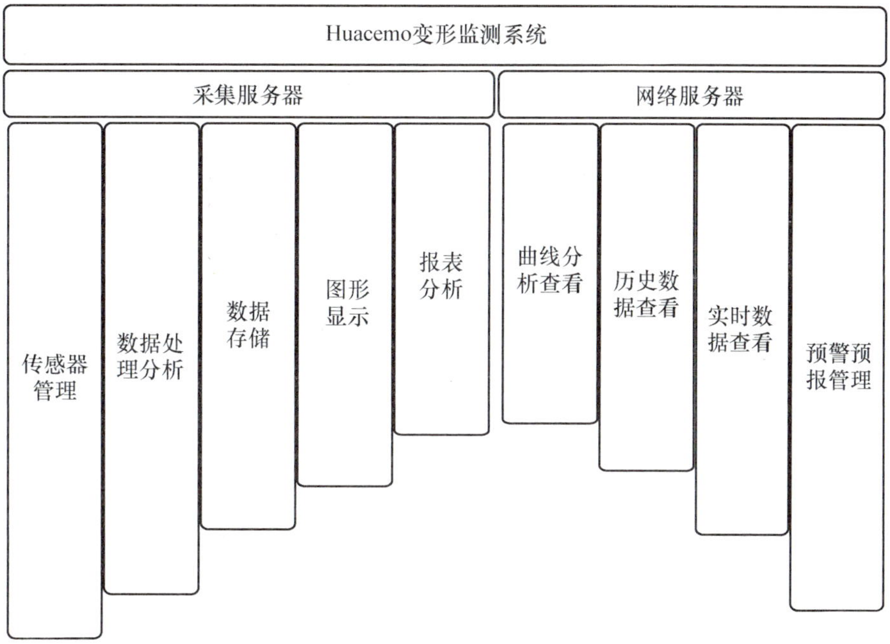

图 13-1　自动化监测智能集成系统

自动化监测智能集成系统主要包括两大模块，即采集服务器与网络服务器，以下为各个模块的主要功能介绍：

（1）采集服务器。

采集服务器主要通过振弦与静态无线数据采集仪实现对各监测项目的自动化监测数据读取与传输工作。振弦无线数据采集仪支持应变计、渗压计、钢筋计、锚索计、土压力计、位移计等各类振弦式传感器，以及支持各类型电流电压信号输出的传感器和 RS485、RS232 数字信号输出的传感器。静态无线数据采集仪适用于静力水准仪、测量机器人等电感调频、光学式、涡流式等监测设备。采集服务器对该系统中的多种传感器获取的监测数据进行汇总并向网络服务器上的主控计算机传输。

（2）网络服务器。

网络服务器上的主控计算机通过专业技术软件对传输来的数据进行计算与分析，并输出成果文件，成果文件包含阶段与累计变化量、变形速率、变形曲线等信息。通过设置工程信息、数据库、传感器管理、采集周期、预警与短信通知等，实现对各工点独立的管理。同时，网络服务器通过远程通信系统将数据传输到地铁建设各方，实现数据的远程实时传送。地铁建设各方将根据监测数据的变化，采取相应的施工方案或者运营方案，以实现地铁结构变形的动态监控，确保地铁安全运营。图 13-2 为自动化监测智能集成系统的数据传输示意图。

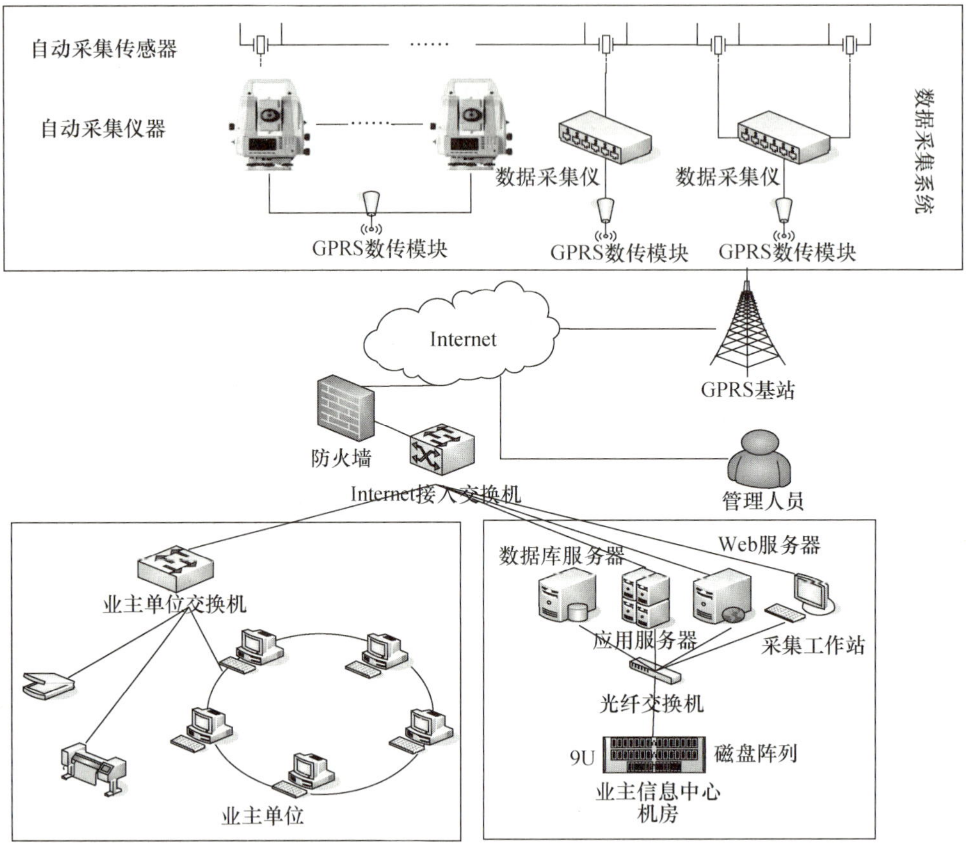

图 13-2　自动化监测智能集成系统数据传输示意图

数据采集系统由采集传感器、自动采集仪器、监测数据采集模块、GPRS 数传模块、GPRS 通信网络组成。采集工作站可以实时采集传感器信号，同时在采集传感器本地存储，存储缓冲时间可以根据采集传感器存储空间设定，环形缓冲。可以通过采集工作站设定传感器（或采集仪器）的采集参数，控制采集数据，定时通信以诊断传感器工作状态。采集工作站在数据采集工作进程出现故障时能够自动切换到重启进程或自动重启系统。

一台采集工作站可连接多个同类型的传感器（比如振弦式传感器）由数据采集系统存储入数据库，并将各信号通道进行标识；通过 GPRS 无线网络发送至数字化平台；由数字化平台对数据进行异常分析，对由于环境等外界原因引起的异常数据，自动进行判别，自动激发重新采集数据等操作。数据确认无异常后由数字化平台进行抽取分类，按照各数据采集系统的标识情况存入相应数据库，由数字化监测管理系统实时调用，真正实现全天候 24 小时自动实时监测。

综上所述，远程自动化监测系统无论在精度上还是在时效性上完全可以真实反应轨道交通建设工程及周边环境的变化情况，并能及时对其异常情况、潜在或突发事故做出判断及预警，真正实现了非接触式、高精度、高可靠性、高稳定性以及快速响应的监测，有效指导了轨道交通现场施工，确保了轨道交通安全运营以及周边环境的正常。因此，远程自动化监测系统在城市轨道交通安全技术风险管理工作中扮演者极其重要的角色。

第14章　全国典型城市案例

以北京、天津、宁波、青岛、西安五个城市为例，分析这五个城市的风险管理及隐患排查的特色，可作为其他城市开展相关工作的参考。

14.1　北　　京

14.1.1　北京地铁建设管理有限公司

以北京地铁建设管理有限公司为例，开展风险管理及隐患排查情况如下：

1. 完善的体系

拥有完善的管理体系，落实各方责任，加强对各单位的履约考核。2016年北京地铁建设管理有限公司通过对安全风险管理体系的全面升级继续夯实基础工作，并通过全面落实新版体系，加强现场风险管控力度，确保现场安全可控。

2. 开展风险管理

(1) 坚持初步设计阶段安全风险评估报告必须专家评审的原则，为施工图阶段深化设计提供了基础及依据；

(2) 坚持定期分析风险的原则。严格执行总经理周风险分析例会制度和参加各方日风险分析例会制度，加强对风险管控趋势的分析，对突出问题要专事专办，必要的立案专项调查，有针对性提出加强改进的建议，制定整改措施。

(3) 坚持组织专家现场巡视原则。加强对带水作业、深基坑工程、暗挖作业、过既有线、过桥桩、过河湖等高风险工程的现场巡视，及时发现问题，及时处置问题，及时保障人员生命安全，把损失减到最小。各级领导靠前指挥，加强值守，确保出现问题指挥得当、措施有力、处置有效。

(4) 加强对风险源的管控。

3. 提高隐患排查与治理实效

(1) 季度综合检查。加强季度检查的专家化、标准化，聘请专业强、能力强、经验丰富的业务骨干，严格遵循有关法律、法规和强制性标准，制定符合现场实际的检查标准，加大力度，加大检查覆盖面，开展检查活动。

(2) 专项检查。针对一段时间内施工现场反映的突出问题和薄弱环节，针对一个阶段安全质量工作重点，开展扬尘治理、重要时段安全保障、消防安全、标准化建设、安措费使用、质量通病治理等专项治理活动。

(3) 日常检查。采取“四不两直”(不发通知、不打招呼、不听汇报、不陪同接待，直奔基层、直奔现场) 的方式，突出领导带队检查常态化，突出夜查、突击检查常态化，督促施工、监理单位加强日常检查频次和整改力度，强化责任意识和责任制度，及时消除各类隐患。

4. 信息化

(1) 安全风险管理平台。

2008年起，为了有效推进轨道交通安全风险管理工作，研发了北京轨道交通工程施工安全风险监控系统。一直沿用至今，不仅为建管公司的风险控制提供了信息化，更为其他城市提供了标准做法。

（2）隐患排查平台。

2013 年起，为有效推进轨道交通工程建设安全质量隐患排查与治理工作，促进安全质量隐患排查与治理的科学化、规范化、标准化、信息化，该公司开发了“轨道交通工程建设安全质量隐患管理信息系统”，“系统”的运用进一步落实了施工单位、监理单位的安全主体责任，实现隐患排查全面彻底、治理及时有效，控制事故的源头，大大降低了北京地铁工程建设的安全隐患与事故，减少了人员伤亡与经济损失、社会影响，取得了良好的社会与经济效益。

14.1.2　北京城市快轨建设管理有限公司

北京城市快轨建设管理有限公司开展风险管理及隐患排查情况如下：

（1）安全风险管理平台。

2005 年，北京城建勘测设计研究院承担了北京市轨道交通首都机场线（以下简称机场线）工程全线风险源第三方监测。在做好监测工作的同时，开发了安全风险管理平台，从此开创了城市轨道交通建设信息化管理的先河。

根据全线风险源监测的工作特点和信息化施工的工作要求，为了将监测数据、巡视情况及施工情况更有效地汇总、查询、分析与发布，勘测院自主研发了《轨道交通土建施工监测信息管理系统》，实现了全线各工点监控信息的汇总及统一管理。监测人员基于该系统形成报告、报表；业主、设计单位基于该系统自动生成的预警、报警信息快速了解全线风险源的安全状态，并可根据系统生成的变形曲线了解风险工程的变形规律，根据系统存储的施工资料、地质资料、设计资料以及监测资料分析风险源的安全性，以指导后期施工。该系统丰富了信息反馈的手段，提高了信息反馈的效率，促进了信息化施工的开展，成为联系业主、设计单位、施工单位、监理单位、产权单位的重要纽带，使各方能够及时掌控监测数据，及时采取措施，群策群力做好各项工作，见图 14-1。

利用信息系统、网络、电话、短信及书面等不同形式及时反馈监测信息，监测过程中，共发布包括预警信息发布预警信息一百多次，召开专家会、现场会几十次，最终全部解除危险，真正实现了信息化施工，为今后类似工程，积累了丰富的经验。通过勘测院及时反馈监测成果，机场线施工未出现任何工程结构自身及周边环境的安全事故，避免了经济损失，得到了很好的社会效益。并且为以后的监测信息化提供了有力的技术支持。

（2）除安全风险管理平台外，该公司也建立了自己的安全风险管理体系，并开展了安全隐患排查治理工作。

14.2　天　　津

14.2.1　天津市

1. 风险管控

（1）设计阶段风险管理。

在初步设计阶段，天津地铁集团组织勘察单位对线路沿线工程水文地质进行初勘，并

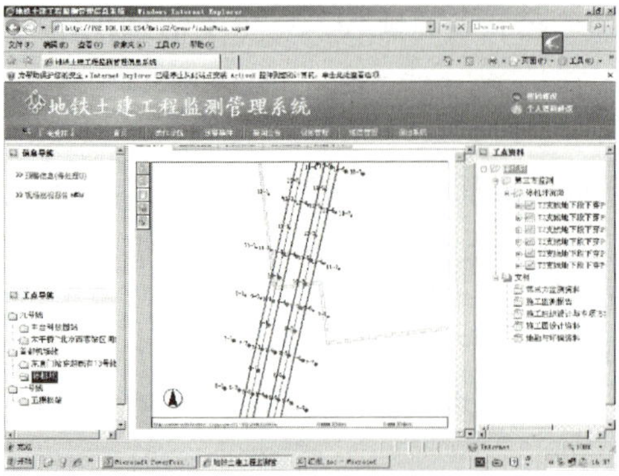

(a) 自动报警系统

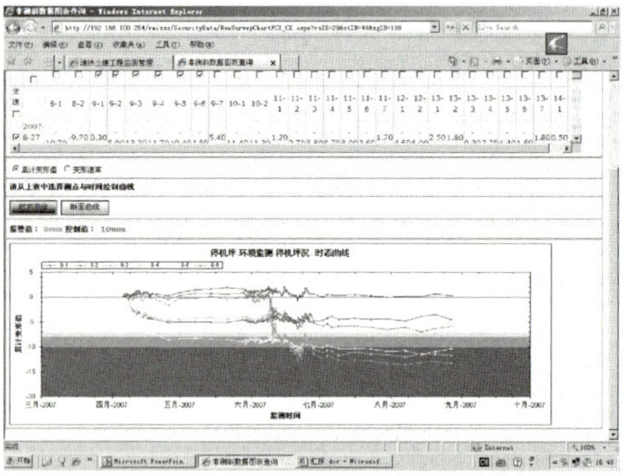

(b) 数据分析

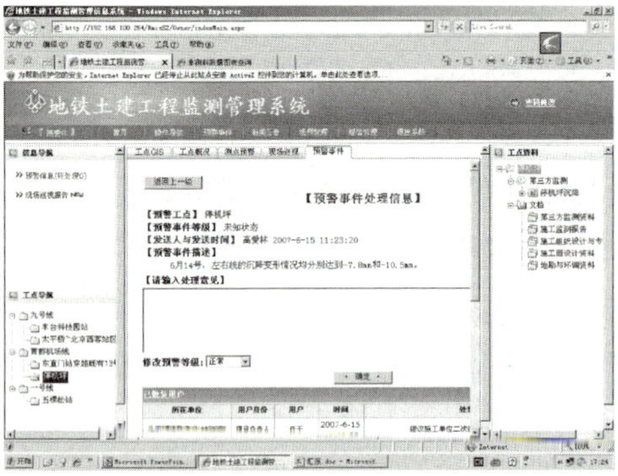

(c) 监测预警事件发布

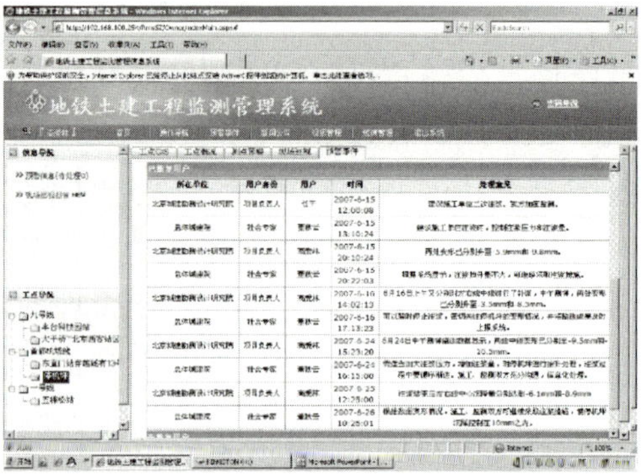

(d) 监测预警事件处理

图 14-1 轨道交通土建施工监测信息管理系统

对周边环境进行调查。设计单位针对工程水文地质条件及周边环境，进行风险分析评估，确定减低或规避沿线重要工程的设计点，开展设计方案比选，汇总风险源和风险等级，并制定处理措施，在施工图中做单项风险设计。施工图设计阶段，设计单位对Ⅰ、Ⅱ级风险源进一步深化分析，进行专项设计。在出正式施工图前，天津地铁集团组织专家对风险评估报告进行论证。在进行设计交底时，设计人员对风险源、风险源的控制指标、处理措施进行设计安全交底。

（2）施工过程风险管理。

工程施工前，施工单位在设计单位所做的环境风险评估基础上，进行工程踏勘、环境核查，仔细全面地熟悉施工设计图纸，对工程周边环境做详细调查核实，深入识别风险因素，形成周边环境调查报告和风险评估报告。周边环境调查结束后，施工单位编制《周边环境调查报告》。如果设计方案变化或周边环境调查资料与设计资料不符，施工单位将组织专家对风险评估报告进行论证。

风险源部位施工时，总监理工程师、总监代表或安全总监每天组织风险日例会，若风险部位出现异常情况时，由总监理工程师组织风险日例会。风险日例会会议纪要每日上传监控平台。

施工监测单位和第三方监测单位按照《工程监控量测管理办法》《工程安全监控系统管理办法》的要求，进行监测方案报审，实施施工监测和现场安全巡视，及时对监测数据进行比对、分析、反馈，并及时将监测数据和巡视信息上传监控平台。按照《工程监控量测管理办法》《工程安全风险预警、响应、消警管理办法》，当现场出现预警情况时，监理单位、施工单位、第三方监测单位及时发布预警信息，监理单位接到预警信息后会立即组织建设、设计、监理、施工、监测单位五方会议，研究处置措施。施工单位立即进行应急响应，落实处置措施，避免险情的进一步扩大。地铁集团和监理单位要跟踪预警处置措施，督促施工单位积极响应，并及时将现场处置情况上报安全监控中心。风险源部位施工结束后，地铁集团组织相关人员召开专题会议确认风险解除，形成会议纪要各方签认。

2. 隐患排查与治理体系建设

（1）制定隐患排查标准体系。

依据现行行业标准《建筑施工安全检查标准》JGJ 59、《城市轨道交通工程质量安全检查指南（试行）》等国家、地方、行业安全质量相关的法律、法规、规范、制度及地铁集团安全质量管理相关文件，制定了《隐患排查管理办法》，并按照分部工程梳理隐患要点 26 类，共计 1089 条，涵盖土建施工、装修与设备安装、试运行全过程。根据不同风险等级将隐患分为 2 级：一般隐患是指危害和整改难度较小，且能够及时消除的事故隐患；重大隐患是指危害或整改难度较大，应当全部或局部停工，并经过一定时间整改治理方能排除的隐患，或因外部因素影响致使工程参建单位自身难以排除的隐患。针对不同隐患等级分级管理，对排查的频率、排查的内容、对施工单位主题进行处罚的办法、整改响应时限进行了详细要求，定期进行考核、奖惩。

3. 信息化

采用安全风险管控系统和隐患排查系统相结合的方式，利用信息化加强管理。

14.2.2　天津泰达

由于天津泰达还在初步准备阶段，尚未到开工阶段，故采用以下方法为以后续的工作提供：

1. 完善风险管理体系

2. 建立隐患排查体系，强化岗位职责

（1）摸清项目建设底数，试行分级分类监管。

摸清项目建设的底数，根据施工类型和安全生产状况分类分级，对监管职责范围内的施工项目按照不同等级进行监督管理。其核心内容概括为“各司其职，各负其责，按类分级，分级监管”，明确各单位安全生产职责。

（2）制定科学严谨的隐患排查治理标准。

按照科学性、全面性和系统性原则，考虑不同工法和部位可能存在隐患的区别，将隐患特点相近的归为一类，制定隐患排查标准。

（3）建立清晰明确的工作职责，通过理顺施工单位。

（4）建立隐患排查治理考核制度。

（5）开发功能完善的信息系统。

（6）开展隐患自查自报。

3. 增强安全风险智能监控中心管理平台

14.3 青　　岛

1. 风险管控

（1）规划设计阶段。通过线路规划、站位调整、优化工法方案等手段，制定风险管控措施，并对复杂地质区段重点勘察、重点分析，对重大风险及薄弱点进行专项设计、专项评审，从根本行规避、降低和转系工程安全风险。

（2）施工准备阶段。加强对周边环境风险的调查梳理，建立线路影响范围内“查体”制度，对重要建（构）筑进行安全鉴定，对地下管线、不良地质段进行详细查勘，及时掌握风险状况。委托专业机构，定性与定量相结合，对每一处风险分析、评估，评定风险等级。组织环境调查、勘察设计、评估咨询、管理产权等单位进行风险交底，确保参建各方全面、准备掌握周边环境风险状态，及时采取针对性的管控措施。

（3）施工阶段。建立集团、线路建设单位、参建单位三级管控机制，落实风险源清单管理，进一步完善“日评估提示、周简报总结、月例会调度、季手册宣贯、年总结部署”动态风险管控机制和“安委会每季度调度、安委办每月调度、安质部每周调度”的风险调度部署机制。配备专业评估人员 50 余人，每日对在建 5 条线路 900 多个作业面风险状态进行评估，及时对安全状态、恶劣气象等进行提示预警。充分利用智能化、信息化手段，完善安全风险监控平台功能，将风险监视、数据采集、风险评估、趋势研判、提示警示、远程监控、信息共享、通知公告等功能集于一体，对不同等级的安全风险，实行差异化管理。并引入自动化监测技术，研发手机 APP，实时监控工程风险状态。

2. 深入开展隐患排查治理

（1）健全全员排查机制。定期开展质量安全月度检查，并根据季节特点和现场实际组织专项检查，及时对检查、复查、处罚情况进行通报。组件督查大队，全天候对施工现场质量安全情况进行巡查，集团领导、职能部门通过突击夜查等方式，不定时开展安全抽查。组件青岛地铁检查专家库，定期组织施工、监理、勘察、设计、监测等方面专家，参照住建部模式开展隐患排查，并主动邀请安全、建设等主管部门指导工作。建立安全隐患举报制度，设立 24 小时举报电话，积极拓展隐患排查渠道，实现全员群查。重视整改落实，建立隐患台账，定期梳理分析，组织“回头看”，严格重复问题治理，依据“责任到人、追究到位”原则严肃处理。

（2）完善隐患排查内容。根据质量安全检查指南，深入统计分析青岛地铁隐患特点，并经数十轮细致讨论与意见征询，邀请行业内资深专家进行评审，形成《青岛城市轨道交通建设安全质量隐患排查要点》。隐患共分为 TBM/盾构法施工、明挖法施工、暗挖法施工、机械设备等 23 类安全隐患，以及围护结构、高架桥质量等 14 类质量隐患，合计 2000 余条检查要点，实现隐患排查依据标准化。将隐患分为重大事故隐患和一般事故隐患。其中，重大事故隐患按法律法规规定进行上报，并制定专项方案进行治理；一般事故隐患又分为一级隐患、二级隐患和三级隐患，一级到三级的隐患危害程度大小和整改难易程度逐级降低。按照岗位不同，分别赋予集团，线路建设单位、参建单位相应管理任务与权限，定岗、定责、定人，确保每一项隐患有人跟踪负责。

（3）丰富信息化管理手段。建立隐患排查治理系统，实现从排查、整改、复查到核销全过程跟踪监督，每一步工作留痕，确保每条隐患彻底得到消除。创新考核机制，实现“排查一治理”分离考核，从是否排查、排查是否到位、排查是否及时、整改是否及时等角度进行考核，强化责任主体落实，从源头上鼓励自查自纠，提高工作积极性。借助互联网+，研发手机 APP，引入二维码，有效提高了隐患排查效率。基于累计的大数据，运用科学分析方法深入挖掘，实现隐患管控态趋势分析，便于及时调整管控方向和重点，为后续工作开展提供有力支撑。

14.4　西　安

1. 风险管控

强化质量细部管理，按月组织质量专项巡查，从源头上加强质量，下发质量简报。同时，根据巡查内容，从发生的“现象”剖析施工人员“质量行为”的不规范，从而纠正其行为，从根本上解决质量通病问题。在保证工程质量，强化验收的前提下，进一步加强样板工程引路，实行样板工序验收，充分发挥样板工程的引领作用，有效地保证了施工工程质量。同时，加强工程质量检测监测管理，严格做到未按规定进行检验检测或检验检测不合格的材料和配件一律不得用于功臣，未按规定开展第三方检测工作的，不得组织分部工程验收和单位工程竣工验收，对出现异常监测情况时要有原因分析及相应的处置措施，确保工程质量。

2. 隐患排查

根据安全质量隐患危害大小和整改难度，将隐患分为一级、二级、三级共三个等级。一级隐患：危害较大，可能造成重大的安全生产事故和质量事故，在国家、省市范围内造成不良社会影响的；或隐患整改难度大，需全部或局部停工，并经过一定时间整改治理方能消除的隐患。二级隐患：危害较大，可能造成安全生产事故和质量问题，或整改难度较大，需要经过一定时间整改治理方能消除的隐患。三级隐患：危害和整改难度不大，发现后能够立即整改消除的隐患。

按照“政府监督、业主监管、企业治理”的原则开展进行。一方面，省、市政府安全主管机构不定期抽查地铁在建工地隐患排查治理情况；另一方面，地铁公司监督督促施工、监理单位开展隐患排查治理工作，进一步落实地铁参建单位的主体责任，有效发挥施工、监理单位在地铁建设施工阶段自查、自改、自控的安全质量责任意识。

3. 信息化

采用安全风险管控系统和隐患排查系统相结合的方式，利用信息化加强管理。

14.5　宁　波

加大风险管控，预控能力不断强化：

结构风险控制方面，认真梳理在建项目的结构本体和环境风险，分别印发了上半年和下半年“工点风险管控通知”文件，明确管控措施，有效监测预警，及时处置警情，基坑开挖施工风险控制效果较为明显。在基坑地连墙施工、土方开挖、支撑架设等重要工序阶段严格管控，始终围绕以宁波轨道交通监管层、监测监控管理中心、现场监测分中心的三级监控管理体系开展工作，保证了基坑的稳定性。

行为风险控制方面，认真总结工程建设和运营管理阶段风险管控重点，以“四不两直”的检查方式，对工程建设开展了高处作业、临时用电、起重吊装、安全防护和培训，各单位对施工用电标准要求进一步认知和落实，取得了明显成效。通过各次专项活动，逐个解决顽疾、补上短板。通过系列专项控制与治理，有效降低了施工过程中人的不安全行为、物的不安全状态，违章违纪现象逐渐减少，作业安全有序，行为风险管控良好。